선생님 어서 오세요.
손 잡아드릴게요.

서준호 선생님의
토닥토닥

서준호 선생님의
토닥토닥

초판 1쇄 발행 2019년 7월 26일
초판 2쇄 발행 2019년 8월 9일

지은이 ㅣ 서준호, 노동현

발행인 ㅣ 최윤서
편집장 ㅣ 허병민
디자인 ㅣ 김수경
펴낸 곳 ㅣ 교육과실천
도서문의 ㅣ 02-2264-7775
인쇄 ㅣ 031-945-6554 두성 P&L
일원화 구입처 ㅣ 031-407-6368 ㈜태양서적
등록 ㅣ 2018년 4월 2일 제2018-000040호
주소 ㅣ 서울특별시 중구 창경궁로 18-1 동림비즈센터 505호
ISBN 979-11-90113-01-4 (13370)

* 사람과교육 은 교육과실천과 함께하는 출판 브랜드입니다.

힘들고 지친
교사의 마음
안아주기

서준호 선생님의
토닥토닥

○

서준호, 노동현 씀

사람과교육

이 책을 읽으면서 함석헌 님의 시 한 구절을 계속 되뇌었습니다.

그 사람을 그대는 가졌는가?

다 읽고 나서 되뇌던 말들을 몇 자 적어보았습니다.

교실에서 일어난 일로 고민할 때
수업을 망치고 가슴 아파할 때
아이에게 상처받아 눈물 흘릴 때
학부모 민원으로 지옥을 헤맬 때
관리자의 한 마디가 비수로 꽂힐 때
과한 업무에 허덕이며 무기력해질 때
따뜻한 목소리로 위로하며
지혜로운 한 마디로 손잡아주는
그 사람을 그대는 가졌는가?

저에게 '그 사람'이었던 선생님 한 분이 떠올랐습니다. 군 전역하고 서울송파초등학교에 발령 났을 때 카풀을 하며 학교를 함께 다녔던 선생님이 있습니다. 그 차 안에서, 어려움을 겪고 있던 신규 교사인 저에게 4년 동안 참 많은 위로와 격려 그리고 지혜를 주셨던 허필영 선생님입니다. 제가 무너지지 않고 용기를 내어 한 걸음 더 내디딜 수 있었던 것은 '그 사람'이 있었기 때문입니다. 그리고 저도 다른 누군가에게 '그 사람'이 되기 위해 노력하며 살았습니다.

이 책을 펼친 여러분에게도 '그 사람'이 있을 것입니다. 참 다행입니다. 하지만 안타깝게도 '그 사람'이 없을 수도 있고, 위로하고 힘을 주는 사람이 아니라 상처 주고 좌절하게 하는 사람을 만났을 수도 있습니다.
참 다행입니다. 여러분이 지금까지 교사로서 어떤 삶을 살아왔고, 어떤 사람을 만났고, 어떤 경험을 했든 이제 '그 사람'을 갖게 될 테니까요.

이 책에는 6가지 영역의 26가지 주제가 있습니다. 많은 선생님이 궁금해하고 어려워하는 부분이지만, 속 시원하게 답을 듣기 어려웠던 이야기입니다. 26가지 주제가 선생님들이 어려워하는 모든 것은 아니지만, 이것들을 충분히 이해하고 잘 해낼 수 있다면 선생님들이 경험하는 더 많은 일도 잘 해낼 수 있는 기본기를 갖추게 될 것입니다. 이 많은 일을 풀어가는 데 밑바탕이 되는 마음가짐과 원리들을 터득하게 될 테니까요.

노동현 선생님의 질문을 읽으면서 저의 경험으로 다시 질문을 했습니다. 그리고 서준호 선생님이 바로 내 옆에서 내 이야기를 듣고 있다고 상상했습니다. 그 이야기를 듣고는 손을 잡아주기도 하고, 자신의 교실을 보여주기도 하며, 지혜를 전해주고 격려해주는 상상을 했습니다. 많은 것을 이룬 대단한 교사로서 가르침을 주는 것이 아니라 먼저 그런 경험을 하며 실수하고 고민하고 공부하면서 알게 된 것들을 들려줍니다.

좋았던 것, 근사한 것이 아닌 실패하고 좌절했던 이야기부터 들려주자.
내가 받은 상처를 후배들이 받지 않지 않도록 도와주자.

밑줄 친 서준호 선생님의 이야기입니다. 제가 그랬던 것처럼, 여러분도 이 책을 읽으며 밑줄을 많이 치게 될 것입니다. 어떤 문장들은 따라서 말하고 있을 것입니다. 그리고 교실에서 그 이야기들을 자신과 상황에 맞게 말하고 있는 것을 발견하게 될 것입니다.

왜냐하면…. 이제 그대는 그 사람을 가졌으니까요.

정유진, 사람과교육연구소 대표

학교에서 어떤 감정들이 쌓여 더는 감당하기 힘들어하던 어느 날, 『마음 흔들기』를 통해 처음으로 서준호 선생님을 만났습니다.

'괜찮아, 많이 아프지? 널 이해해. 하지만 난 네가 이겨낼 수 있을 거라고 믿어. 아프면 도망쳐도 돼. 그러나 너를 외면하지는 마.'

서준호 선생님의 책에서 저는 그런 위로를 느꼈고, 그 위로는 신규 교사였던 저에게 큰 버팀목이 되어주었습니다. 이 책을 읽으면서 '선생님은 그때와 변함이 없으시구나'를 새삼 느낍니다.

언젠가부터 학교라는 곳이 설렘이 아닌 두려움의 장소가 되고 말았습니다. 이 책에는 그 두려움을 조금이라도 극복할 수 있는 실마리가 서준호 선생님의 목소리로 차근차근, 구체적으로 설명되어 있습니다. 서준호 선생님의 응원이 향기처럼 퍼져 지금 이 책을 읽는 선생님의 가슴에 새로운 토닥토닥의 씨앗으로 움트길 염원합니다.

김현선, 전남 대동향교초등학교 교사, '초임공카페' 신규 멘토링 카톡방 운영

차례

3장. 학생

4장. 학부모

5장. 동료

6장. 업무

프롤로그

나는 교사가 내 적성에 맞지 않다고 생각했다. 다른 선생님들은 각자의 방법으로 아이들을 지도하는데, 그중 어떤 방법도 나에게 맞는 것은 없어 보였다. 아이들에게 친절하게도 대해보고 무섭게 화도 내어보았지만, 교실은 달라지지 않았다. 둘 다 내 옷은 아닌 것 같았다. 아이들은 수업시간이 되어도 자리에 앉지 않았고 내 말은 전혀 먹히지 않았다. 지시를 하면 말대꾸로 되돌아왔다. 여기저기서 고자질이 난무하고 싸움이 끊이지 않았다. 나는 온종일 다툼을 중재하는 기계가 되어갔다. 날이 갈수록 지쳐갔고 교실에서 뛰쳐나가고 싶었다.

이러한 어려움에서 벗어나고 싶은데 도움을 요청할 사람을 찾기가 어려웠고, 누구도 친절하게 가르쳐주지 않았다. 그리고 각자의 일에 바쁜 학교에서 나 역시 일과 시간에 내 일을 하기에도 벅찼다. 그래도 가끔 다른 선배 선생님들의 교실 문을 두드리고 찾아가 여쭤보기도 했지만, 일단 교육관 자체가 다른 경우가 많았다. 교사 모임이나 연수에도 참여해봤지만, 교육관은 비슷해도 나오는 성향이 다르거나 교실 상황이 다르기도 해서 그곳에서 알게 된 방법을 적용하는 것도 어려웠다.

그러던 중 서준호 선생님이 이끄는 성장교실에 함께하게 되었고, 그 과정에서 나와 주변 사람들을 이해하고 다독일 수 있는 힘을 얻게 되었다. 신체적으로도 자유로워지고, 감정의 흐름도 이전에 비해 자연스러워졌다. 그리고 내가 겪고 있던 어려움에 대해 서준호 선생님이 알려준 여러 조언이 학교와 교실 그리고 아이들에 대한 내 관점을 바꿔주었다. 한편으로는 한두 번의 질문으로도 이렇게 달라졌는데, 조금 더 만나면 어떨지 더 기대가 되기도 했다. 그리고 질문했을 때 서준호 선생님만큼 섬세하게 답을 해주시는 분은 없었다. 그래서 찾아가서라도 물어보고 싶었다.

성장교실을 운영하면서 동현샘을 만났다. 그는 말없이 사람들 속에서 관찰하고 기록하는 것을 좋아했다. 교실을 더 낫게 만들기 위한 기법, 사람들이 주고받는 좋은 정보를 꼼꼼하게 챙기면서 더 나은 교사가 되기 위해 노력했다.

하지만 성장교실 안에서 고민을 들어보면, 그의 노력과 달리 교실은 자꾸 엉망이 되어가고 있었고, 학생들은 그를 함부로 대하고 상처를 주고 있었다. 내게 보내준 수업 영상에서 그의 어려움이 보였다. 학생들이 수업을 방해하는 상황을 만들 때면, 난감해하면서 어색한 미소만 지으며 멍하니 서 있었다. 감정과 몸이 일치되지 않았고, 학생들에게 행동을 바꾸길 요구하거나 잘못된 일이라고 말하지 못했다.

성장교실에서도 밥을 먹을 때면 반찬을 더 받으려 배식대 쪽에 갔다가 사람들이 서 있으면 멈칫멈칫하며 혹시 줄 서 있는 사람들에게 피해를 줄까 봐 눈치를 보며 이러지도 못하고 저러지도 못했고, 쉬는 시간에 여러 사람이 나누는 이야기에 관심이 생겨 끼어들고 싶지만 근처에서 쭈뼛거리며 미소만 짓고 서 있었다. 나는 동현샘에게 이런 패턴이 생기게 된 이유가 궁금했다.

그러다 성장교실 안에서 교실 속 어려움에 대한 심리극을 진행할 기회가 있었다. 그래서 그의 패턴이 어디에서 왔는지 찾아 들어가 봤다. 아빠와 엄마 사이에서 중재를 해야 하고, 엄마에게 더 나은 아들이 되어야 하는 등 수많은 스토리와 상처와 고민이 그의 성장 과정 안에 있었다. 자라면서 경험한 여러 복합적인 일과 관계가 그를 친절하고 따뜻하게 만드는 데 기여했지만, 한편으로는 문제 상황에서 속마음을 제대로 표현하지 못하게 만들었다.

그러다 보니 교실에서 발생하는 여러 상황에 바로 대처하지 못하고 속으로 끙끙대고 있었고, 관리자와 부장 등 선배가 부당한 일을 줘도 마음은 불편하지만 거절하지 못하는 패턴으로 연결이 되었다. 그리고 자기 부모와의 여러 스토리가 현재 교실 아이들의 학부모와 연결되어 제대로 대화를 나누거나 현명하게 대처하지 못했다.

동현샘은 이렇게 자신의 패턴이 만들어진 흐름을 찾아낼 수 있었다. 그 뒤로 이런 상황에서 어떻게 말을 하고 거절하는지 연습을 했으며, 이 외에도 성장교실에서 내가 나눠준 여러 조언을 자신의 교실로 돌아가 적용해보았다. 성장교실에서 생긴 작은 변화는 큰 변화로 이어져 시간이 지날수록 그의 몸과 얼굴, 사람들과의 관계 패턴까지 변화되는 것을 볼 수 있었다.

삶이 바뀌는 것이 그에게도 기쁜 일이었나 보다. 내게 하는 질문이 늘어났고, 내가 하는 많은 일에 더 많은 관심을 보였다. 그리고 더 많은 것을 교실과 삶에서 실천해보려고 했다. 성장교실 1년 과정을 마치고 나와 헤어진 뒤에도 기차를 타고 내가 사는 지역으로 교실 속 자신의 문제를 들고 여러 차례 찾아왔다. 나는 그의 노력과 변화가 너무나 좋아 더 많은 도움과 조언을 주고 싶었다. 몇 달간 동현샘에게 내 삶에서 생긴 이해와 통찰을 흘려보내 주었고, 그것이 도움이 되었는지 동현샘과 교실에 더 큰 행복과 즐거움이 생겨 기뻤다.

시간이 지나면서 그의 고민이 신규, 저 경력 교사 대부분의 고민이겠단 생각이 들었다. 그래서 구글 설문을 이용해 전국의 1~5년 차 교사들에게 학교에서 어떤 어려움이 있는지 물어보았다. 많은 분이 참여해 자신들의 아픔을 나와 동현샘에게 들려주었다.

설문 내용을 읽어가면서 선배로써 참 부끄러웠다. 그리고 후배들에게 미안했다. 다수의 선배는 후배들의 고민과 아픔에 손을 내밀어주지 못하고 어렵고 힘든 업무를 떠넘기고 있었고, 선배인 우리가 저 경력 때 했던 고민들이 현재에도 여전했다. 안타까웠다.

위로받지 못하고 혼자 끙끙 앓고 있는 후배가 많다는 생각에 그들을 위로하고 도움이 되도록 뭔가 하고 싶었다. 그래서 동현샘과 내가 나눴던 이야기를 정리해보고 설문 속의 여러 어려움을 바탕으로 학생, 학부모, 수업, 학교 내 관계에 대한 26개의 질문과 답을 정리해보았다.

이 책에 풀어낸 내 생각과 경험은 완벽하지 않다. 아마 조금 더 경력이 쌓이고 이해와 통찰이 생길수록 현재의 답보다 더 나은 답을 후배들에게 줄 수 있을 것이다. 그리고 각자 근무하는 환경이 달라 약간의 괴리도 있을지도 모른다. 그래도 이 책이 꼭 필요한 몇 사람을 생각하며 최선을 다했다.

잘 살펴보면, 우리 각자의 학교에 경험과 지혜가 있는 사람들이 있다. 내 부족한 부분은 그들이 보충해줄 거라 믿는다. 그러니 뒤에 나올 여러 이야기를 넘어서 같은 학교에 있는 따뜻하고 좋고 편안한 선생님의 교실 문을 두드리고 약간의 폐를 끼치자. 관계라고 하는 것은 서로 약간의 폐를 주고받는 것이기도 하다. 그러니 혼자 끙끙 앓지 말고 가까이에 있는 동료, 선배들과 함께 해결해나가길 바란다. 그리고 잘 해결되었다면, 차

한 잔 들고 가 "덕분입니다!"라고 고마움을 돌려주는 것을 잊지 말자.

그런 마음으로 동현쌤과 나눈 26개의 이야기를 소개한다. 위로와 격려가 되길 바라고 힘이 되길 바란다. 그리고 동현쌤이 삶과 교실에서 변화를 만난 것처럼 여러분에게도 작은 변화가 찾아오길 응원한다.

1장

교실과 학급

교실을 어떻게 꾸며야 할까요?

교실 환경 정리가 너무 어려워요. 일단 환경 정리 시기가 다가오면 마음이 급해져요. 먼저 교실 앞 공간은 텅 빈 상태로 놔두자니 허전해서 학교에서 공지하는 안내 사항을 게시해두거나, 인성적으로 아이들에게 지도하고 싶은 것을 교사 커뮤니티에서 내려받아 게시해두기도 해요. 처음에는 뭘 게시할까 고민이지만, 하나씩 추가하다 보면 어느 순간부터는 게시할 자리가 부족해질 때도 있어요. 교실 뒷공간은 별생각 없이 아이들 작품으로 채우지만, 막상 채우고 나면 예쁘지 않아요. 다른 반은 어떻게 했나 궁금해서 들여다보면, 다들 예쁘면서도 깔끔하게 정리되어 있더라고요.

학부모 상담과 학부모 공개수업 때가 되면 교실 환경에 더욱 신경 쓰여요. 학부모들이 교실에 들어왔을 때, 혹시나 제가 너무 신경을 안 쓰고 있다고 느낄까 봐 걱정돼요. 작품을 어떻게 처리할지도 고민되더라고요. 아이들이 가지고 있기에는 작품이 클 때가 많은데, 버리기에는 아까워서 제가 보관하기도 하지만 공간을 많이 차지해요. 아이들이 보관할 수 있는 크기인 경우에는 아이들에게 다시 나눠주면서 클리어 파일에 정리해두도록 하지만, 작품뿐만 아니라 활동 자료들을 아이들에게 가지고 있게 했더니 쓰레기통에 버려져 있거나 서랍이나 사물함 구석에 찢기고 구겨진 채로 박혀 있는 일도 많았어요.

가끔 교탁을 보면 제 자리 역시 만만치 않게 지저분하다고 느껴요. 안내장과 수합한 자료가 뒤죽박죽이고, 필요한 물건이 어디 있는지 기억이 안 날 때도 많아요. 환경이 정리가 안 되니 아이들도 더 어수선해지고 저도 정신없는 것 같아요. 깔끔하게 정돈된 교실에서 좀 더 행복하고 평화롭게 지내고 싶은데, 어떻게 하면 교실 환경을 바꿀 수 있을까요?

교실을 안정적이고 따뜻하게 만들기 위해선 교실 환경 구성이 중요하다. 교실은 교사와 학생이 머무는 장소이고, 학습이 이뤄지며, 놀이와 휴식 등 여러 활동을 하는 곳이다. 그래서 교사도 학생도 편안하게 머물 수 있도록 신경 써야 한다. 무엇보다 존중과 따뜻함을 중심으로 만들어가야 하며, 아이들의 삶이 드러나면 좋다. 그리고 교실 환경엔 교사의 취향과 관심이 자연스럽게 나타난다.

교실은 교사와 학생이 함께 만들어가는 곳

먼저 교실은 교사 혼자서 꾸며 나가는 공간이란 생각을 내려놓자. 교실은 교사와 학생이 함께 만들어가는 곳이다. 학년 초, 아이들과 만나기도 전에 교실 환경을 다 준비해놓은 멋진 인증사진이 SNS에 올라오기도 한다. 그런 사진을 보면 나도 그렇게 해야 할 것 같고, 미리 준비하지 않으면 내가 교사 자격이 없는 것처럼 느껴질 수 있다. 하지만 괜찮다. 교실은 교사와 반 아이들이 함께 만들어가는 곳이기 때문에 꾸미지 않은 교실로 아이들을 만나는 것이 좋다. 학년 초부터 반 아이들이 교실을 함께 꾸밀 수 있게 기회를 주자. 그리고 나와 내 반 아이들이 꾸며가는 교실을 초라하게 생각하지 말자.

다른 반과 비교당할 거란 불안한 마음 때문에 모든 교실에 같은 디자인과 같은 배치를 고집하는 교사도 있다. 남에게 보이는 것에 마음이 간다는 것은 중심이 나와 내 반 아이들이 아닌 타인들에게 쏠려 있는 것이다. 그러면 내 교실의 장점보다 단점이 눈에 들어오고 나와 내 반 아이들의 노력을 초라하게 생각한다. 교실이 꾸며진 모습이 다른 반에 비해서 조금 부족할 수도 있지만, 나와 반 아이들이 최선을 다해 노력한 것이라 생각하자. 그러니 남에게 어떻게 보이느냐를 신경 쓰고 다른 교실과 비교하면서 고개 숙여 나와 반 아이들의 노력을 가치 없게 만들지 말자.

보이는 것에 집중하다 보니 돈을 들여 다양한 물품과 도구로 교실을 채우기도 한다. 편하고 좋지만, 최소한으로 사용하자. 커뮤니티 사이트에서 자료를 내려받더라도 그대로 사용하기보다 내 교실에 맞게 살짝 바꿔 나가보자. 그리고 너무 의존하지는 말자. 교실은 교사와 반 아이들의 활동과 개성이 담기는 곳인데, 공장에서 찍어낸 듯 같은 방식으로 꾸며진 교실이 만들어지는 현재의 추세도 돌아봐야 한다.

앞쪽은 최대한 깔끔하게

될 수 있으면 필요한 것만 배치하자. 정말 많은 작품과 문구를 교실 앞, 뒤 그리고 옆에 더덕더덕 붙여놓는데, 교실은 학습을 하는 곳이니 아이들의 집중을 방해하지 않도록 고민하자. 무엇보다 아이들이 정면으로 마주하는 앞쪽은 집중과 몰입이 방해되지 않도록 깔끔하게 구성하자. 수많은 문구와 안내문으로 칠판 가장자리를 채우고 아이들의 작품을 칠판 위까지 가득 덕지덕지 붙여놓는 경우가 있는데, 오히려 학습의 집중과 몰입이 깨진다는 것을 기억하자. 좋은 문구를 자주 볼 수 있게 해두면 아이들에게 도움 될 것으로 생각하지만, 너무 자주 봐서 감동이 사라지는 반대 효과도 있다.

나는 가운데 칠판은 깔끔하게 비워두고, 양쪽 판을 약간만 신경 쓰는데, 단체 사진 한 장, 기본 약속을 적은 1~2개의 문구로 왼쪽 판을 끝낸다. 오른쪽 판은 기본적으로 안내해야 하는 시간표, 급식, 자리표, 청소구역, 주간학습안내만 붙여둔다.

뒤쪽에는 아이들의 결과물을

나는 교실 뒤판을 5등분 해서 사용한다. 가장 왼쪽 1/5은 사진이 매달 바뀌는 학급앨범으로, 가장 오른쪽 1/5은 아이들의 글쓰기 결과물들을 게시하고, 가운데 3/5은 미술 작품이 자리한다. 중앙 상단에는 내가 주로 사용하는 문구인 '나 너 그리고 우리'를 붓으로 정성껏 써 붙이는데, 교실 안에서 나도 좋고 친구도 좋고 선생님도 좋아야 한다는 기준을 요약한 것이다. '사진'은 한 달에 한 번 현상해서 아이들에게 나눠주고, 교실 뒤판에 붙인다.

　가운데는 아이들의 미술 결과물들을 붙이는데, 학년 초에는 디자인을 고려해 사포 위에 크레파스로 그린 그림을 붙이거나, 흰색 달걀판을 구입해 그 위에 따뜻한 색 물감을 칠한 뒤 게시판에 붙이거나, 도화지에 밝은색 크레파스로 여러 원을 그리고 어두운색 물감으로 바탕을 칠한 작품을 붙인다. 그렇게 하는 것만으로도 뒤 게시판이 깔끔하고 좋았다.* 각 작품엔 반 아이들의 이름을 미리 스티커로 인쇄해 오른쪽 가장자리에 쉽게 붙이는 것도 좋았다. 그리고 가운데 판 아래는 한 달에 한 번씩 아이들의 웃는 얼굴을 사진으로 찍어 이름이 적힌 나무 집게로 붙였더니 아이들도 오는 사람들도 기뻐했다.

---

* http://blog.daum.net/teacher-junho/17033095

내 교실 뒤판 왼쪽엔 거울이 있고, 오른쪽엔 작은 판이 하나 더 있는데 이곳은 '우리는 하나입니다' 라는 문구에 맞춰 작품이 자리한다. 학년 초엔 손을 종이에 연필로 본을 떠서 다양한 색으로 칠하게 한다.(내 마음을 나타내는 등 의미 부여를 하는 것도 좋다) 문장을 중심으로 손끝이 문장을 향하도록 돌려 붙이면 근사한 화합의 이미지가 만들어진다. 때론 모두가 흰 도화지에 사람들의 마음을 따뜻하게 만드는 여러 문구('너를 믿어', '잘 될 거야', '함께하자', '넌 소중해' 등)를 작성하여 꾸미고 얼굴 사진을 찍은 뒤, 현상된 사진에서 사람을 오려 붙여도 따뜻한 느낌을 연출할 수 있다.

그 외에도 교실을 조금 더 따뜻하게 만들기 위해 작은 식물(다육식물)을 활용하기도 했다. 아이들에게 작은 화분을 하나씩 나눠주고 흰색 아크릴 물감으로 화분을 칠한 뒤 말리고, 그 위에 따뜻한 문구를 적어 교실 옆에 나란히 세워놓는 것도 예뻤다.* 교실 뒤판 아래엔 사물함이 있는데, 입체적인 작품(독서 책 만들기, 구조물 만들기, 찰흙작품 등)을 두었다. 이런 기본적인 세팅과 자리를 만들어놓은 뒤, 비슷한 결과물이 나오면 이전 작품은 집으로 가져가고, 새로운 작품을 전시하는 방식을 사용했다.

교실을 따뜻하게 만드는 다양한 소품

미술 작품뿐만 아니라 나와 반 아이들에게 도움 되는 것들을 세팅해놓으면 좋다. 우유를 다 마신 사람은 자기 이름이 표시된 자석을 거꾸로 붙여놓거나 집게를 붙여놓아서 표시하는 방식의 확인 판을 교실 구석에 두

---

* http://blog.daum.net/teacher-junho/17033091

면 좋다. 그리고 우유는 항상 같은 자리에 놓아 반 아이들이 익숙하게 오가며 마실 수 있도록 하자.

책장 위에는 여러 개의 바구니를 놓고 나눠준 안내장을 수합하는 곳으로 만들어놓는 것도 좋다. 이때 명렬표를 옆에 두고 안내장을 낸 사람은 표시하도록 하면 교사의 일거리도 줄어든다.

재활용 쓰레기는 오고 가면서 버려야 하니 이동 카트를 활용하는 것이 좋았다. 미국 초등학교에 갔다가 예쁜 카트에 재활용 종이를 모으는 것을 보고 내 교실에서 활용하게 됐는데, 아이들이 끌고 가서 버리고 돌아오기에 편해서 좋았다. 간혹 무거운 것을 끌거나 옮길 때가 있어서 교실 한쪽에 접이식 카트 하나를 따로 두기도 했다.

좋은 향기가 나도록 교실에 디퓨저를 놓아두는 경우가 있는데, 원치 않은 향기를 계속 맡아야 하는 것을 힘들어하는 아이가 있을 수 있으니 조심하자.

청소와 정리

청소는 중간놀이 시간이나 5교시 후 쉬는 시간 등 시간을 정해 동시에 모두가 할 수 있도록 하면 좋다. 자리 배치 프로그램을 이용해 교실 청소와 1인 1역 등을 2~3주에 한 번씩 바꾸자. 그리고 각 책상 옆에 미니 쓰레받기와 빗자루를 걸어놓고 책상 아래가 지저분해지면 바로 쓸게 하자. 수업을 하려는데 교실이 지저분하면 "잠깐, 자리에서 일어납니다. 지저분한 교실을 조금만 정돈해 볼까요?"라고 하고 1분 정도만 각자 자리 아래와 주변을 미니 빗자루로 쓸게 하면 금세 깔끔해진다.

교실은 아무래도 먼지가 많은 곳이니 반 아이들이 돌아간 뒤에 진공청소기로 한 번 청소하자. 1인 1역에 하교 후 진공청소기 담당을 정해두는 것도 좋다. 청소기 안에 먼지가 모이는 것을 확인하면 교실에 얼마나 많은 먼지가 쌓이는지 알 수 있다. 반 아이들에게 청소기의 먼지 통을 보여주면서 함께 생활하는 곳을 깔끔하게 함께 청소하면서 살아야 한다는 것에 관해 이야기 나눌 수 있다.

그리고 사물함에 각자 물티슈를 하나씩 보관하도록 해 가끔 "물티슈 한 장을 빼서 자기 책상과 의자를 닦아주세요"라고 하면서 지저분한 책상 위를 닦기도 하고, 물티슈 두 장을 빼서 복도에서 스케이트 타듯 여러 번 반복하면서 닦기도 하고, 창틀의 먼지 등을 닦아내기도 했다. 그 외에도 청소에 유용하니 물티슈를 보관하도록 하는 것이 좋다.

예쁜 교실에 방문해 노하우를 배우자

교실 환경을 어떻게 꾸미고, 청소와 정돈을 어떻게 해야 교실을 깔끔하게 할 수 있을지 고민할 때가 많았다. 하지만 돌아보면 함께 근무하던 선생님들의 교실이 모두 배움터였다. 복도를 지나가다가 예쁜 교실이 있으면 커피 한 잔 들고 가서 물어보고 배웠고, 동학년 회의하면서 서로 아이디어를 나누고 환경 꾸미기를 돕기도 했다. 그리고 각 교실의 예쁜 환경판을 사진으로 찍어 보관했다. 그러다 보니 내 개성이 담긴 교실 환경 스타일이 만들어졌다. 그러니 가까운 교실부터 "교실이 예뻐요", "교실 환경판이 특별해요"라고 말하면서 문을 두드려보자. 시간이 지날수록 교실 환경에 대한 고민이 줄어들 것이다.

이것만은 꼭!

✓ 교실은 교사 혼자 꾸미는 곳이 아니다.

✓ 나와 내 반 아이들이 함께 꾸민 교실을 초라하게 생각하지 말자.

✓ 교실은 학습에 집중하는 곳이니 앞쪽은 최대한 깔끔하게 놓자.

✓ 교실 뒤판은 미술 작품, 글쓰기, 사진 등 아이들의 결과물을 놓자.

✓ 교실을 따뜻하게 만드는 다양한 소품들을 활용해보자. (다육식물, 토
  닥토닥 단어 등)

✓ 안내장 수합하는 곳을 따로 만들어놓자.

✓ 재활용 쓰레기는 이동식 카트를 활용하면 좋다.

✓ 미니 빗자루 세트를 활용하자.

✓ 사물함에 물티슈를 비치하도록 하자.

✓ 학교 내 예쁜 교실에 방문해 노하우를 배우자.

완벽하지 않아도 돼요.

· 아침과 쉬는 시간 ·

아침 시간과 쉬는 시간도
잘 활용하고 싶어요

수업시간이 무엇보다 중요하지만, 수업 이외의 시간을 어떻게 보내야 하는지에 대해서 고민이 있어요. 가장 먼저 고민이 되는 시간은 1교시 수업을 시작하기 전까지의 아침 시간이에요. 이 시간에 아이들에게 무엇을 하게 해야 할지가 고민이었는데, 어떤 반은 악기 연습을 시키기도 하고, 또 어떤 반은 독서를 시키기도 하더라고요. 저도 아이들에게 독서를 하라고 했지만, 아이들이 책을 읽지 않고 떠들고 놀기만 했어요.

또 아이마다 등교하는 시간이 모두 다르다 보니 한 명씩 교실에 들어오는 과정에서 소란스러워졌어요. 그래도 초반에는 소음이 크지는 않아서 문제를 못 느꼈는데, 나중에는 점점 더 심해지더니 아침 시간도 쉬는 시간처럼 노는 분위기가 되어버렸어요. 그래도 수업시간은 아니니까 괜찮다고 생각했는데, 결국엔 수업에도 영향을 미치는 것 같아요. 1교시부터 공부 분위기가 갖춰지지 않고 많이 떠들더라고요.

쉬는 시간을 잘 보내는 것도 고민이에요. 급한 업무를 처리하느라 아이들을 제대로 못 보다 보니 아이들 사이에서 문제가 더 많이 생기는 것 같고 저와 아이들과의 관계도 멀어지는 느낌이 들어요. 그래서 가끔은 아이들과 가까워지기 위해 아이들이 하는 것에 관심을 갖고 아이들이 하는 놀이를 함께 하며 쉬는 시간을 보내기도 해요. 그런데 어떨 때는 쉬는 시간에 학급에서 일어난 일들을 처리하느라 제가 힘들다 보니 수업을 할 마음의 준비가 되지 않은 적도 있었어요. 이름은 쉬는 시간이지만, 교사의 처지에서는 쉼을 기대하기가 힘든 것 같아요.

아이들과 함께하는 것도 아이들의 행동을 지켜봐 주는 것도 그리고 제가 쉬는 것도 모두 필요한 것 같은데 이런 것들을 다 하기가 쉽지 않네요. 어떻게 하면 좋을까요?

시작은 정말 중요하다. 첫 단추를 잘 끼워야 하루를 안정적으로 보낼 수 있다. 그래서 교사가 출근하고 학생이 등교해 교실에 들어가는 순간부터 교실의 안정과 평화를 위해 모두가 노력해야 한다. 수업이 시작되기 전까지 아이들이 교실에서 어떻게 자리해야 하는지를 잘 만들어놓으면 다른 활동에도 많은 도움이 된다. 3월과 4월 교사가 인내심을 갖고 반아이들이 차분히 자리할 수 있도록 지도해보자. 그리고 쉬는 시간도 시스템을 잘 만들어놓아야 한다는 것을 기억하자. 수업에 몰입할 수 있고 모두가 안정적으로 자리할 수 있으려면 아침 시간과 쉬는 시간에 어떻게 해야 하는지 경험을 살짝 나눠본다.

수업 전 독서 활동으로 차분함을

차분한 교실을 만들고 싶다면, 등교해서 수업 전까지 독서 시간을 운영하는 것이 좋다. 먼저 교실에 들어오면 앞쪽으로 걸어와 조용히 선생님에게 인사를 하고(이때 교사가 알아야 할 특별한 일이 있다면 이야기해주기로 약속되어 있다) 자기 자리로 가 하루를 준비하도록 하는데, 친구들의 독서에 방해되지 않도록 조용히 사물함에서 그날 수업 책을 빼서 책상 속에 넣어놓고, 내야 할 안내장이 있다면 정해진 곳에 넣어두고, 읽을 책을 가지고 와 자리에서 책을 읽도록 하자. 교사는 조금 일찍 와서 교실 앞쪽에 앉아 함께 독서를 하거나 수업 준비를 하면 좋다. 교사가 자리에 앉아 있는 것만으로도 교실이 차분해진다.

독서를 하지 않고 장난을 치려 하거나 소음을 만들었을 땐, 그 즉시(!) 조용히 앞으로 불러내 이야기를 나눠야 한다. "우리 반 모두가 조용히 책을 읽고 있는데, 방해될 정도로 큰 소리를 낸 특별한 이유가 있니?" "조금 전 네가 했던 것은 우리 반 모두와 선생님에게도 좋은 것일까?" "어떻게 하면 좋을까?" 이렇게 물어본 다음 다시 자리로 돌아가 독서를 하도록 한다. 그리고 독서 시간이 끝나면 따로 불러서 노력해준 것에 대해 잘했다고 피드백을 해주자.

만약 책을 읽을 수 없을 정도로 소란스럽다면, 아이들에게 그 시간이 왜 중요한지 '이해' 시켜줘야 한다. 아침 독서가 중요한 이유도 알려주고, 독서할 때 집중하는 것이 나와 친구들에게 어떤 좋은 영향을 주는지 알려줘야 한다. 아이들이 이해하면 함께 바꿔나갈 수 있지만, 이해하지 못하면 평소 패턴에서 벗어나지 않는다. 칠판에 커다랗게 뇌 그림을 그린

다음, 눈으로 독서하면서 뇌 활동이 진행되는데 귀로 들어온 소음이 집중을 방해하는 이미지를 더해가면서 친구를 방해하지 않아야 하는 이유를 이해시켜주는 게 좋았다. 소란스러운 아이를 다듬어갈 때도 앞서 나눴던 '집중'에 관한 이야기가 도움 되었다.

그리고 아이들이 읽을 만한 책이 없을 때 아이들의 소란이 커진다. 그래서 학교 도서관에서 학급용 도서로 한 달에 한 번씩 잔뜩 빌려와 비치하고, 아이들도 집에서 각자 한 달에 한두 권씩 책을 가지고 와 서로 나눠 보고, 나도 자녀들이 더 이상 보지 않은 책들을 가져와 교실에 두었다. 그리고 학부모에게도 사정을 설명하고 책을 기증받기도 했다.

책을 읽으면 그것이 내 안에 쌓인다는 것을 조금 더 구체적으로 전달하기 위해서 교탁에 책을 쌓아가며 보여주는 것도 좋다. A는 일주일에 한 권, B는 일주일에 다섯 권을 읽었다고 가정하고, 4주 되면 A는 4권, B는 20권을 읽게 된다는 것을 책을 쌓아가며 보여주자. 그리고 칠판에 그림을 그려가며 일 년 뒤, 그리고 더 많은 시간이 지난 뒤 내 안에 쌓이는 책이 어느 정도 차이가 있는지 비교해주는 것도 좋다.

교실 앞에 머물러 있자

간혹 커피 한잔을 하거나 동학년 교사들과 이야기를 나누기 위해 자리를 비우곤 하는데, 그 또한 아이들의 집중을 깬다. 무엇보다 교실에선 교사의 '임장지도'가 중요하다.(독서 시간도, 쉬는 시간도 중요!) 교사의 친목도 중요하겠지만, 더 중요한 것은 내 반 아이들이다. 교사가 교실에 머물러 있는 것만으로도 교실에 안정감이 생긴다. 반 아이들이 스스로 잘할 수 있도록 시스템을 만들어놓는 것도 중요하지만, 그 시스템이 안정적으로 정착되려면 한동안 교사가 교실에 머물러 줘야 한다. 시스템을 만들면 바꾸지 말고 학년 말에 헤어질 때까지 꾸준히 운영해야 한다. 그러므로 따뜻한 차 한 잔을 마시거나 교실을 나가서 해야 할 일이 있다면, 가급적 출근하자마자 하고 수업 전엔 교실 앞에 머무르자.

앞쪽 가운데 조용히 앉아 독서(또는 수업 준비)를 하면서 반 아이들의 얼굴을 살펴보며 특별한 일은 없는지 파악하고, 아이들이 조용한 가운데 독서할 수 있도록 도와주자. 교사의 독서 시간보다는 아이들을 파악하고 하루를 준비하는 중요한 시간이라고 생각하자.

나는 일찍 출근하는 편이다. 반 아이들이 도착하기 훨씬 전에 학교에 도착하면, 일찍 출근한 나에게 음악 한 곡과 커피 한 잔을 선물해준다. 그런 다음 미리 준비해둔 수업 자료 등을 챙기고 다시 한번 그날 할 수업을 점검해본다.

그런 뒤 자리에 앉아 책을 읽기 시작한다. 아이들은 내가 읽는 책에 굉장히 관심이 많다. 나는 이런 점 또한 전략적으로 이용하여 아이들이 흥미가 생길 수 있도록 읽는 도중 작게 감탄사를 내뱉거나 책 내용에 따라 표정을 바꿔가며 정말 몰입해서 읽는 모습을 보여준다. 그래서 책도 아이들의 수준에 맞는 것으로 고르고 가끔 시간이 날 땐 책 이야기를 조금 해준다. 그러면 궁금해진 아이들이 그 책을 돌아가면서 읽기도 하고 도서관에 가서 그 책이 없는지 찾는 모습을 볼 수 있었다.

1교시 시작 전 5분을 잘 활용하자

1교시 수업 시작하기 5분 전은 교사와 반 아이들에게 중요한 순간이다. 9시에 수업이 시작한다면, 55분에 에너지 차임을 한 번 친다. 그러면 반 아이들 모두 책 읽기를 멈추고 나를 바라본다.(이렇게 시스템을 만들어 놨다. 그전까지는 조용히 독서한다) 그런 다음 "곧 오늘 하루를 공식적으로 시작할 텐데요, 혹시 아프거나 선생님이 알아야 할 특별한 일이 있는 사람 있나요?" 하고 물어본다. 특별한 일이 없다면, 에너지 차임을 한 번 친 뒤, 모두 눈과 눈을 맞춘다. 그리고 나서 가장 중요한 하루의 '첫인사'를 한다. "오늘 하루 시작 인사를 하겠습니다. 여러분, 안녕하세요!" 하루의 시작과 끝을 알려주는 것은 매우 중요하기 때문에 가장 집중한 상태에서 가장 공들여 인사한다.

그런 다음 하루를 간단히 안내한 뒤, "자, 1교시 수업을 준비해주세요. 수업 중에 화장실에 가는 일이 없도록 지금 조용히 다녀오고, 필통을 열어 연필심도 확인합니다"라고 하며 1교시를 준비하는 시간을 준다. 아이들은 조용히 읽던 책을 책장 또는 책상에 넣고, 1교시 수업에 필요한 책을 책상 위에 올려놓은 뒤, 1교시 시작 인사를 기다린다. 이 5분은 수업을 준비하는 귀한 시간으로 아이들과 약속되어 있다.

모두에게 유익한 쉬는 시간

쉬는 시간에 교사가 무엇을 어떻게 해야 할지 고민하는 경우가 많다. 나는 초임 때 쉬는 시간은 아이들과 놀아주고 함께 머물러주는 시간이라 생각해서 바닥에 앉아 공기도 하고, 보드게임도 했다. 아이들은 재잘대며 내 주변에 머물렀고, 때론 내 옷과 머리를 잡아당기면서 장난도 쳤다. 아이들이 내 주변으로 와 북적거리며 즐거워하는 모습을 보며 참 뿌듯했다.

그런데 몇 년 지나면서 아이들이 쉬는 시간에 노는 것을 내게 의존하고 있다는 생각이 들었다. 아이들끼리 다양한 관계를 맺고 다양한 즐거움을 만들어야 하는데, 내가 그 기회를 뺏고 있었다. 또한 성격 유형 상 내게 다가오는 것이 편한 아이도 있었지만, 내 주변에 오는 아이들을 부러워하는 아이도 있다는 것을 알게 됐다. 그리고 수업을 조금 더 여유있게 준비하고 싶은 마음이 들었다. 그래서 쉬는 시간에 아이들과 놀아주기보다 서로 놀 수 있도록 도와주는 것으로 역할을 바꿔 나갔다.

이를 위해 쉬는 시간은 선생님에게도 중요하다는 것을 아이들에게 이해시켜주었다. 학교에선 수업이 중요한데 수업을 준비하지 않으면 선생님 마음이 불편할 수밖에 없고, 최선을 다해 매시간 수업을 하면 에너지를 많이 쓰기 때문에 다음 수업을 위해 약간의 휴식이 필요하다는 것을 이야기했다. "너희에게도 쉬는 시간이 필요한 것처럼, 선생님에게도 휴식이 필요하단다. 더 나은 다음 시간을 위해 선생님도 준비하고 쉬어야 한단다." 대신 좀 더 여유가 있는 점심시간에 아이들과 함께 놀고 아이들 옆에 조금 더 머무르는 등 '나도 좋고 아이들도 좋을 지점'을 찾았다.

무엇보다 교사가 아이들 속에 있으면 그 주변만 보인다. 하지만 교사는 교실 전체를 넓게 봐야 한다. 아이들 사이에 어떤 일이 벌어지는지, 관계는 어떤지, 아이들이 쉬는 시간에 어떻게 휴식하고 노는지를 살펴야 한다. 그래서 일부 아이들 안으로 들어가 있는 것이 아니라 교실 전체를 바라볼 수 있는 위치와 장소와 여유를 확보해야 한다.

아이들 스스로 놀이할 수 있도록 돕자

아이들에게 놀이를 알려줄 때 보통 레크리에이션 강사의 방식으로 진행하는 놀이를 운영하곤 하는데, 사실 그런 놀이는 교사 의존도가 높기 때문에 교사가 없으면 놀지 못한다. 그래서 아이들끼리 놀 수 있는 다양한 놀이를 알려주려고 했다. (내 책『서준호 선생님의 교실놀이백과 239』에 있는) 베스킨라벤스 31, 손 씨름, 아파트 놀이, 우정 테스트 V, 369 등을 알려주면서 그 외에도 다양한 놀이를 친구들과 해보게 했다.

이런 놀이도 좋지만, 보드게임의 도움을 받는 것이 더 좋았다. 보드게임을 하다 보면 함께 즐거운 시간을 보낼 수도 있지만, 때론 다투기도 한다. 그러다 규칙을 수정해가고 더 나은 놀이 시간을 만드는 모습을 보게된다. 부루마블이나 인생 게임, 클루처럼 시간이 많이 필요한 놀이보다 다빈치 코드, 할리갈리, 블로커스, 원카드 클래식, 붐 폭탄게임, 도블, 젠가, 공깃돌 세트, 직소 퍼즐이 인기가 좋았다.

이런 놀이 안에서 다양한 문제가 발생하기도 하는데, 그 또한 자연스러운 현상이기에 먼저 아이들끼리 해결해보게 하고, 해결이 어려울 땐 내게 찾아와 도움을 요청하도록 도왔다. 순간 흥분하고 격해질 수 있는 놀이는 제외하거나 회의를 통해 규칙을 정하도록 하고, 다른 친구들의 놀이에 방해되지 않도록 놀기로 했다. 그래도 놀이 속으로 들어가면 주변이 보이지 않기 때문에 큰 소리가 생길 수 있다. 그런 경우엔 '나도 좋고 친구들도 좋고, 선생님도 좋아야 한다'는 규칙을 두고 1교시와 2교시 사이엔 조용한 놀이(스도쿠, 점 잇기, 퍼즐 맞추기 등)를, 중간놀이 시간엔 보드게임을, 3~4교시 사이엔 조용한 놀이를, 점심시간엔 야외 놀이와 보드게임 등으로 운영한 적도 있었다. 그리고 이런 시스템이 내게도 좋았다.

물어보고 배우자

아침 시간에 차분하고 집중을 만들어가며 생활을 잘하는 교사가 많다. 부끄러워하거나 쑥스러워하지 말고 아이들이 하교한 후에 커피 한 잔 들고 찾아가 물어보고 배우자. 알려준 것은 내 교실에서 실험해보고 좋은 것들은 취하고, 나와 맞지 않는 것은 조금씩 바꿔 나가보자. 이미 많은 교사가 아침 집중을 잘 만들어가고 있다. 앞에 소개한 내 방식도 하나의 소스일 뿐이다. 자기 교실에 맞게 만들어 가보자.

쉬는 시간 또한 그렇다. 평가하는 눈이 아니라 배우고 도움받고 싶어하는 눈으로 쉬는 시간에 여러 반을 살짝 살펴보고, 그 선생님에게 노하우를 얻어보자. 내가 완벽하지 않은 것처럼 다른 교사들도 완벽하지 않다. 그러니 이야기 나누고 나도 좋은 것들을 알려주면서 서로 협력하여 더 나은 아침과 쉬는 시간을 만들어 가보자.

이것만은 꼭!

✓ 수업 전에 만드는 안정감이 하루의 안정감을 만든다.

✓ 수업 전에 독서 활동을 하는 것이 좋다.

✓ 교사는 교실 앞에 머물러 있자.

✓ 재미있는 책들을 잘 준비하자.

✓ 교사의 친목보다 임장지도가 중요하다.

✓ 학년 초에 반 아이들에게 시스템이 생기도록 공을 들이자.

✓ 일찍 출근해서 학급을 만들고, 정시에 퇴근하자.

✓ 아이들의 호기심을 자극할 만한 책을 교사가 읽는 것도 좋다.

✓ 수업 전 5분을 잘 활용하자.

✓ 쉬는 시간에 교사는 수업을 준비하고 다음 수업을 위해 휴식을 취해야 한다.

✓ 일부 아이들 안으로 들어가기보다, 교실 전체를 바라보는 위치에 자리하자.

✓ 교사 의존도가 높은 놀이보다, 아이들 스스로 놀이할 수 있도록 돕자.

✓ 보드게임의 도움을 받아보자.

✓ 쉬는 시간 문제가 생기면 함께 의논해 수정해보자.

· 급식 지도 ·

어떻게 하면 즐겁고 행복한
점심시간이 될 수 있을까요?

급식을 먹으러 갈 때 아이들 지도하기가 너무 어려워요. 출발할 시간이 다 되어 가는데 장난치면서 늦게 오는 아이들도 있고, 줄 서 있는데도 떠들고 멋대로인 아이들 때문에 가는 시간이 자꾸 늦어져요. 큰 학교다 보니 학년별로 급식 시간이 정해져 있는데, 늦게 가니 다른 학년에 불편함을 주게 돼요. 그래서 좀 떠들어도 그냥 출발하기도 했는데, 그랬더니 역시나 장난이 더 심해져서 가는 길에 다툼도 일어나고 그걸 중재하려니 시간이 두 배로 더 들어요. 떠드는 아이들을 뒤로 보내는 방법도 써 보았는데, 떠드는 아이들이 뒤에 몰리게 되어 더 크게 떠드는 문제가 생겨서 어떻게 해야 할지 답답했어요. 특히 제 시야에서 벗어나 있는 아이들은 더 심합니다. 계단을 내려가거나 모퉁이를 돌 때 제가 아이들을 볼 수 없는 상황이 되면 더 크게 이야기하고 장난을 쳐요.

급식실 안으로 들어와서 기다리면 급식실에 있는 다른 학생들의 소리가 너무 커서 제 반 아이들이 떠드는 소리가 묻혀요. 이런 분위기라 반 아이들이 더 떠들게 되는 것도 있나 봐요. 밥 먹을 땐 저에게서 멀리 있는 아이들일수록 떠드는 경향이 커요. 그리고 다 먹은 아이들이 친구를 기다린다고 밥 먹고 있는 아이 옆에 서서 떠들기도 해요. 그러다가 식판을 들고 지나가는 아이가 그 아이와 부딪쳐서 반찬을 다 엎기도 했어요. 아이들은 먼저 다 먹은 아이들로 인해 빈자리가 생기면, 그 자리로 가서 친한 친구와 함께 밥을 먹으려고 하기도 해요. 처음에는 괜찮을 것 같아서 별생각 없이 허락해 줬는데, 너무 시끄러워서 후회돼요.

어떤 아이들은 다른 친구의 반찬을 탐내서 문제가 생기기도 해요. 반면, 급식 검사를 할 때 보면 밥을 거의 안 먹다시피 하는 아이들이 있어요. 그중 한 명은 학부모님이 급식 지도를 부탁하기도 하셨어요. '이건 가정에서 해야 할 일 같은데…' 하는 생각이 들면서도, 부탁을 하시니까 조금이라도 지도하게 돼요. 그런데 사실 생각해보면 저도 다 못 먹을 때가 있는데 아이들에게 어느 선까지 밥을 먹도록 지도해야 하는지 모르겠어요.

이런 불편함 때문에 아예 선생님들끼리 밥을 먹으면 좋겠다는 생각이 들기도 해요. 그래서 동학년 선생님들과 식사를 해봤는데, 아이들을 멀리 두고 앉아 있자니 마음이 편안하지만은 않았어요. 실제로 아이들 사이에 문제가 더 많이 생겨서 힘들어지기도 했고요.

식사 시간을 즐겁고 행복하게 보내고 싶은데, 줄 서는 것부터 밥을 다 먹는 것까지, 어느 하나 쉬운 게 없네요. 어떻게 하면 아이들과 좀 더 행복한 점심시간을 보낼 수 있을까요?

급식 지도가 잘 되기 위해서는 생활지도와 학급운영이 먼저다. 교실에서 서로 존중하고 시스템이 잡혀 있어야 급식실을 오가는 여러 일이 수월하다. 반 아이들이 급식실에서 어떻게 행동하고 생활하느냐는 그 반의 교실 문화를 나타낸다. 조금만 관리하지 않아도 아이들은 소리를 지르며 급식실로 달려가거나 조금이라도 밥을 빨리 먹기 위해 새치기하고 다투는 모습을 보인다. 밥을 먹을 때도 조금이라도 더 빨리, 더 많이 놀기 위해 음식을 한입에 몰아넣거나 게걸스럽게 먹으며 음식을 흘리는 아이들도 있다. 먹을 것 앞이라 그런지 이성보다 본능(동물적)에 가깝게 느껴질 때도 있다. 교실에서 엉망인 아이들은 급식실에서 더 엉망이 된다. 급식 지도만 따로 바꿀 순 없다. 그래서 먼저 교실을 잘 조각해야 한다는 것을 기억하자.

아이들이 떠들 수밖에 없는 급식실 구조

아이들은 급식실에서 떠들 수밖에 없다. 교사가 지도를 못 해서 그런 것이 절대 아니다. 먼저 구조상의 문제가 있다. 급식실은 소음이 줄어들게 하는 '흡음'이 전혀 고려되지 않고 지어졌다. 소리는 벽이나 물건을 만나면 반사된다. 울퉁불퉁한 물건이나 촘촘한 천에 닿으면 난반사가 되어 소리가 줄어드는데, 급식실의 벽과 바닥은 반질거리고 밋밋하며, 중앙 공간이 비어 있는 구조여서 소리가 확장되고 증폭될 수밖에 없다. 급식실에 있는 유일한 흡음 장치는 고개를 들면 보이는 살짝 홈이 파인 (싸구려에 기능성이 없는 장식과도 같은) 보드뿐이다.

급식실은 수많은 학생이 모이는 곳이니 소음이 발생할 수밖에 없다.

그런데 소리가 사라지지 않고 울리고 증폭되고, 그 소리 때문에 옆 친구 목소리가 잘 들리지 않아 더 목소리를 키우게 되고, 그 목소리는 다시 반사되고 증폭되어 소음을 키우는 '자극제'로 활용되는 악순환이 된다. 스마트폰 앱으로 측정해보면 급식실이 공사장보다 소음이 더 크다는 것을 확인할 수 있다. 벽과 천정에 흡음 공사만 해도 소음이 크게 줄어들고 조금 더 차분한 분위기에서 밥을 먹을 수 있다. 하지만 예산이 많이 드는 일이라 학교 건축 단가가 올라갈 수밖에 없고 관리하는 데 어려움이 있어 시공하기엔 어렵다.

그래서 나는 이런 구조를 아이들에게 설명해준다. "급식실은 목소리가 증폭되는 구조를 지니고 있단다. 그래서 우리가 자꾸 큰 목소리로 이야기하는지 몰라. 지금까진 이유도 모르고 얼떨결에 크게 이야기했다면, 우리부터 목소리를 줄여보자꾸나." 그냥 급식실에서 조용히 해야 한다고 하는 것보다 구조를 이해시키고, 소음 앱을 보여주면서 급식실의 소음이 얼마나 큰지 알려준다. 이렇게 아이들의 이해를 도왔더니 급식실 내에서 시끄럽게 이야기하는 것이 줄어들었다.

급식실을 관찰할 기회를 주자

때론 반 아이들에게 급식실을 관찰하도록 할 때도 있다. 밥을 모두 먹은 뒤 잠깐 모여 급식실을 관찰하면서 어떤 점이 신경 쓰이고 걱정되는지 '선생님의 눈'으로 살펴보게 했다. 1~2분 정도 조용히 관찰한 다음 교실로 돌아와 급식실의 모습을 떠올려보게 한다. 그리고 급식실에서 남에게 피해를 주는 행동이 무엇인지 찾아보라고 한다. 그런 다음 포스트잇을 나눠주고 적게 한 뒤 칠판에 붙여보게 했다. 아이들은 수저를 떨어 뜨리고 줍지 않는 것, 몰래 음식을 바닥에 버리는 것, 급식실 안에서 뛰는 것, 줄 서면서 떠드는 것, 음식을 많이 남기는 것 등을 적어 붙였다.

주제별로 분류해본 뒤, 내가 만약 선생님이라면 뭐라고 조언해주고 싶 은지 다른 포스트잇에 적은 뒤 칠판에 붙이도록 했다. '음식을 많이 버리 지 말아요', '조용히 줄을 서 주세요', '먹기 싫은 음식을 몰래 바닥에 버 리지 말아요' 등 다양한 말들이 나왔다.

"여러분이 써준 내용이 사실 선생님 마음이기도 합니다. 급식실에 갈 때면 보이는 것도 많고 부탁하고 싶은 것이 많아요. 여러분이 선생님의 눈으로 봤던 것을 기억하면서 급식실에 가기로 해요. 고맙습니다"라고 이야기했다. 이후에는 정말 아이들이 급식실에 갈 때 서로 챙기고 알려 주면서 차분해지는 모습이 보여 좋았다.

급식실 줄 서기

급식실 줄을 어떻게 서느냐도 참 중요한 문제다. 아이들은 밥을 빨리 먹으면 조금 더 놀 수 있기 때문에 줄 서는 순서에 대해 정말 민감하게 생 각한다. 어떤 순서 규칙으로 줄을 서느냐에 대해 오랫동안 반 아이들과 이야기를 나눠보았는데, '공정함'을 정말 중요하게 생각한다는 것을 알 수 있었다. '어떻게 하면 모두가 돌아가며 가장 앞에서 먹을 수 있을까?' 를 주제로 회의를 했다. '번호표를 뽑아요', '자리 바꾸는 프로그램을 이 용해서 순서를 정해요', '보상제를 운용해 스티커가 많은 순서대로 서 요' 등 여러 의견이 나왔다.

그중에서 아이들이 찾아낸 방법은 '번호순서대로'였다. 1번부터 차례로 줄을 선 뒤 밥을 먹고, 다음 날엔 1번이 줄 가장 뒤로 가면 2번이 가장 앞에서 밥을 먹고, 다음날엔 2번이 가장 뒤로 가면 3번이 가장 앞에서 밥을 먹는 등 매일 순서를 바꾸는 것이 가장 공정하다고 생각했다. 이 방법으로는 밥 먹는 짝이 항상 같다는 것이 불만이라며 회의를 요청하는 학생도 있었지만 '돌아가면서 앞에서 먹는 방법'이란 거대한 명분에 막혀 번호대로 밥을 먹는 방법이 언제나 사용되곤 했다. 그러다 보니 내 앞이나 옆에 앉는 아이들이 매일 바뀌면서 이야기도 나누고 관찰할 기회가 생겨 좋았다. 교사가 처음부터 줄 서는 방법을 제시할 수도 있지만, 아이들에게 방법을 찾아보게 하는 것도 추천한다.

이야기 나누고 다시 해보기

급식 시간이 되면, "천천히 걸어가 손을 씻고 와주세요. 오늘 급식 먹을 순서대로 조용히 서서 친구들을 기다려줍니다. 모두 모이면 출발하겠습니다"라고 말한 뒤, 반 아이들을 관찰한다. 몇 번 반복하면 대부분 조용히 차분하게 서는데, 학년 초엔 익숙하지 않아 떠들거나 우왕좌왕하면서 줄서기가 제대로 되지 않을 수 있다. 그럴 땐 다시 자기 자리로 돌아가 앉도록 한 뒤 "혹시 떠들면서 줄을 서게 된 특별한 이유가 있나요?"라고 물어보고, 미소와 함께 "할 수 있어요. 안 되면 몇 번씩 연습하다 보면 잘된답니다. 자, 다시 한번 줄을 서 볼까요?"라고 말한다. 그러면 조금 더 바르게 줄을 선다. 밥 먹을 시간이 조금 늦춰지는 불편함을 줄이려고 서로 노력해 줄을 선다.

나는 이와 같은 '이야기 나누고 다시 해보기'를 애용한다. 급식실로 가는 도중 시끄럽게 떠들고, 교사에게서 멀리 있는 아이들이 장난을 치거나, 가는 도중 학급팻말을 점프해 손으로 치는 등 줄이 엉망으로 변해간다고 생각되면, 가던 길을 멈추고 차분히 함께 가자고 부탁한다. 그래도 변화가 없다면, 그냥 조용히 몸을 돌려 함께 교실로 돌아온다. "급식실 가는 도중 차분히 걸어가지 않고 떠들고 장난을 치는 학생들이 있었는데, 무슨 특별한 이유가 있나요? 궁금해서 그래요" 하고 물어본다. 그렇게 이야기 나누고 원인을 찾아본 뒤, 다시 급식실로 걸어가 보자고 말한다. 더 효과 있게 하려면 "급식실 가던 도중 교실로 돌아왔는데 지금 마음은 어때요?"라고 묻고 포스트잇에 자신의 감정을 한 문장으로 쓰고 칠판에 붙이게 한다. 여러 속상한 마음을 확인할 수 있다. 그러면 그걸 분류하고 읽어주면서 "여러분 마음이 이해가 됩니다. 선생님도 속상해요. 친구 탓을 하기보다 함께 만들어 가봅시다. 지금은 익숙하지 않아서 그래요. 할 수 있어요. 다시 급식실로 가봅시다"라고 이야기하고 파이팅을 외쳐준다.

간혹 급식실 근처까지 가면 선생님이 귀찮아서 다시 교실로 가지 않을 것이라고 생각하는 아이들도 있다. 맞다. 앞의 과정을 교실로 돌아가 진행하기엔 나도 솔직히 번거롭고 배가 고프다. 하지만 멀리 생각하고 식판에 밥을 받기 바로 직전이라도 교실로 돌아와 '이야기 나누고 다시 해보기'를 진행한다.

때론 한두 명 때문에 교실로 돌아가야 하는 것에 불만이 생기기도 한다. "침묵하지 말고 함께 알려줘야 한단다. 익숙하지 않아서 그런 거니

따지는 투가 아니라 친절하게 알려주고 함께 하자고 말해보자. 그럴 땐 선생님에게 도움을 요청해도 된단다"라고 말하고 개인의 노력도 중요하지만, 함께 만들어가는 것임을 이야기 나눈다.

극약(?) 처방을 할 때도 있다. 떠들고 멋대로인 아이는 줄 가장 뒤로 가게 한다. 차분해지면 다시 제 자리로 보내는데, 그렇지 않으면 그다음 반 가장 뒤로 보낸다. 한 번 그 자리에서 밥을 먹도록 한 뒤 어떤 생각이 들었는지 이야기 나누고 잘할 수 있다고 응원하기도 한다. 이건 정말 가끔 사용한다.

선생님의 자리는 어디에?

밥을 먹을 때 교사는 '반 아이들 대부분이 눈에 들어오는 자리'에 앉으면 좋다. 반 아이들을 신경 쓰지 않고 밥을 따로 먹거나, 동학년 선생님들이 모여 이야기 나누며 밥을 먹고 싶은 마음이 생기는 건 당연하다. 하지만 반 아이들 전체가 보이는 자리를 골라 아이들 가까운 곳에서 밥을 먹길 추천한다. 급식을 먹다가 토하거나, 가시가 목에 걸리거나, 음식 때문에 일이 생기기도 하니 가끔 고개를 들어 반 아이들을 살펴보다가 문제 상황이 보이면 그 즉시 가서 해결해주어야 한다. 그리고 담임교사가 아이들 가까이에 앉아 있는 것만으로도 급식 예절이 좋아진다. 때론 학생을 불러 이야기 나누면서 식사 예절을 조금씩 조각할 수 있다. 그리고 스마트폰을 보면서 밥을 먹는 것도 삼가자.

다른 친구의 음식을 탐하거나 시끄럽게 떠드는 학생이 있을 땐 즉시 불러 이야기 나눠야 한다. "친구의 치킨에 욕심이 생긴 이유가 있니?"

"급식실에선 조용히 밥을 먹기로 함께 약속했는데, 큰 목소리로 말한 이유가 있니?" 물어보고, 어떻게 하면 좋을지 스스로 찾아보도록 하면 좋다. 젓가락을 떨어뜨리거나 음식을 떨어뜨리는 학생도 따로 불러서 "어떻게 하면 좋을까?" "치우는 분들 고생하시니까 주워서 정리할 수 있겠니?"라고 먼저 물어보고 스스로 고쳐보도록 제안하자.

교사로부터 멀리 있거나 교사가 등지고 있을 때 장난을 치거나 떠드는 아이들은 '눈치 보는 아이'라 할 수 있다. 이런 아이도 교사의 시선이 미치는 범위에서 차분히 밥을 먹는 시간이 누적되면, 점차 눈치 보는 것이 사라지고 우리 반 급식 분위기에 적응해 안정적으로 밥을 먹게 된다. 약간의 인내심이 필요하겠지만, 계속 반복해서 응원해주고 잘한 것은 따로 불러서 칭찬해주자. 꾸중하기보다 바뀐 부분에 대해 칭찬해주는 것이 눈치 보는 아이들을 바꾼다.

필요한 만큼만 먹게 하자

음식은 다 먹게 하기보다 필요한 만큼만 먹게 하자. 교사마다 생각이 다르겠지만, 과거 자신의 경험 때문에 다 먹도록 지도하려는 마음이 생겼을 수도 있다. 내가 초등학생 때 우리 학교는 급식 시범 학교였는데, 교장 선생님은 급식실 입구에 서서 음식을 다 먹어야 밖으로 나갈 수 있게 했다. 음식이 남았으면, 선 채로 먹어야만 했다. 세월이 흘러 2002년 초임 근무지에서도 교장 선생님이 급식실 문 앞에 서 있었고, 그다음 근무지에서도 교장 선생님은 문 앞에 서서 스티커를 나눠주며 음식을 모두 먹도록 했다.

이런 경험 때문인지 반 아이들에게 급식을 다 먹도록 했지만, 어떤 음식이든지 모두 먹어야 한다는 것을 폭력적으로 생각하는 학부모도 많다는 것을 알게 된 뒤엔 원하는 만큼만 먹게 했다. 이런 부분도 나 혼자 결정하지 않고 반 아이들과 함께 정했다. 아이들은 '원하는 만큼만 받기'를 하고, 받은 음식은 '먹을 수 있는 만큼' 먹기로 약속했다.

잘 살펴보면 맛이 좋거나 선호하는 음식이 나왔을 땐 아이들이 남김없이 먹는다. 영양사 선생님이나 조리사님이 바뀌면 음식을 더 잘 먹거나, 반대로 많이 남기기도 한다. 나는 오랫동안 피트니스 운동과 다이어트를 해왔는데, 음식이 몸에 어떻게 작용하는지를 알고 나서는 염분 때문에 국물을 남기게 됐고, 흰쌀밥을 피하게 됐고, 기름진 것을 줄이게 됐다. 그래서 급식을 받은 뒤에도 조절해 먹어야 했다. 그래서 반 아이들에게 음식을 남기지 않고 모두 먹어야 한다는 말을 하지 않게 됐다.

교실 급식을 한다면

교실 급식을 하는 학교라면, 우선 상황을 받아들이고 좋은 점을 먼저 바라보자. 교실 급식은 급식실로 오가는 이동이 필요 없기 때문에 아이들의 시간이 조금 더 확보된다. 그리고 교사가 조금 더 차분하게 밥을 먹을 수 있는 분위기를 만들 수 있다. 또한 급식실에서 만큼의 소음으로 고생하는 것이 줄어든다.

문제가 생기면 함께 이야기 나누고 고쳐가는 게 좋다. 밥풀이나 음식이 떨어졌는데 치우지 않았다면, 사진으로 찍어 모아놓은 뒤 교실 속 불편함을 해결하기 위한 회의 때 보여주고 개선할 방법을 찾아보자. 밥풀이나 음식을 밟아 불편했던 경험을 찾도록 하고, 어떻게 하면 줄일 수 있는지 각자 포스트잇에 적어 칠판에 붙여보고 이야기 나눌 수도 있다.

무엇보다 급식 카트가 오갈 때 뜨거운 밥과 국물에 델 수 있으니 항상 신경 쓰고, 다치는 일이 없도록 잘 살펴야 한다. 밥과 반찬이 부족한 상황이 생길 수 있는데 그럴 때는 어떻게 할지 동학년 선생님들과 이야기 나눠보면서 연락을 주고받도록 하자.

누군가 식판을 엎거나 밥을 먹다 토하면, 그것을 처리하는 교사는 밥 먹기 불편할 수 있고 식은밥을 먹어야 할 때도 있다. 가끔 생기는 일이니 속상하게 생각하지 말고 괜찮다고 나를 다독이자. 급식 시간은 교사 혼자 만들어가는 것이 아니고 반 아이들과 함께 만들어가야 한다는 것을 잊지 말고, 이런 일이 자주 생긴다면 반 아이들에게 감정을 이야기하고 함께 해결할 방법을 만들어 가보자.

잘못된 부분은 바로 고치자

식판을 누군가 잘못 놓으면, 그 뒤에 놓는 학생들은 잘못 놓인 식판을 고치려 하지 않고 그냥 그 위에 마구 쌓는다. 때론 교사들도 그냥 지나친다. 누군가 고쳐놓을 것으로 생각해서, 때론 힘들고 귀찮아서 그럴 때도 있다. 급식 지도 또한 그렇다. 이상한 부분이 있으면 바로 고쳐가야 한다. 잘못 놓인 식판 하나를 바로 고쳐서 제대로 놓으면, 그 위에 식판이 잘 놓이는 것처럼, 급식 지도와 관련해 혹시 틀어진 부분이 있다면 지금이라도 조금씩 바꿔보자.

이것만은 꼭!

✓ 급식 지도가 잘 되기 위해선 생활지도와 학급운영이 먼저다.

✓ 급식실 구조 때문에 아이들의 목소리가 커질 때도 있다.

✓ 아이들에게 급식실을 관찰할 기회를 주자.

✓ 아이들이 교사의 눈으로 급식실 여러 곳을 살펴보도록 하자.

✓ 아이들은 번호대로 줄 서는 것을 선호했다.

✓ 이야기 나누고 다시 해보기 방식을 사용해보자.

✓ 반 아이들이 눈에 들어오는 곳에 앉자.

✓ 음식을 모두 먹게 하는 것은 폭력적일 수 있다.

✓ 식판을 제대로 놓자.

체험학습이 걱정돼요

　체험학습을 갈 때면, 걱정이 생겨요. 아이들은 들떠서 일주일 전부터 온갖 질문을 다 해요. 스마트폰은 쓸 수 있냐고 물어보기도 하고, 앉고 싶은 사람이랑 앉으면 안 되냐고 물어보는데 어떻게 해야 할지 판단이 잘 서지 않아요. 동료 선생님 한 분은 스마트폰도 하지 못하게 하면 아이들이 더 떠들고 난리라고 하시더라고요. 그래서 스마트폰이라도 하게 해줄까 하는 생각을 했는데, 스마트폰이 없는 아이들 때문에 허용하기가 고민됐어요. 안 된다고 했더니 불평불만 소리를 냈지요. 음악은 들어도 되냐고 물어보기에 고민 끝에 허용해 줬더니 음악을 듣는 척하면서 게임을 하거나 영상을 보더라고요.

　자리 배치도 고민입니다. 친한 아이끼리 앉게 놔두면 일단은 아이들이 좋아하긴 하겠지만, 소외되는 아이가 있을까 걱정이 되고, 나중에 더 떠들까 봐 불안해요. 버스를 타고 갈 때면 너무 소란스럽게 떠드는데, 제가 일어서서 근처에 가면 잠시 조용해졌다가도 제가 자리에 앉으면 다시 떠들어요. 그대로 놔두자니 점점 더 떠들어서 결국에는 도가 지나칠 정도로 시끄러워지더라고요. 그렇다고 계속 조용히 시키자니 한시도 아이들에게서 눈을 뗄 수가 없게 되어서 제가 너무 힘들었어요.

버스에서 내려서 이동할 때는 줄이 너무나 흐트러지고 질서가 없는 상태에서 많이 떠들어요. 멈추고 줄 세워서 이야기해도 뒤쪽에 있는 아이들은 잘 듣지도 않고, 겨우 집중시켜도 잠시뿐이고, 금세 흐트러져요. 아이들도 많고 활동하게 되는 범위가 정말 넓은데 저 혼자 감당하려다 보니 힘들고 부담돼요. 처음으로 체험학습 다녀왔을 때는 다음 날에 목도 다 쉬고, 하루 종일 몸이 아팠어요.

점심 도시락을 함께 먹을 때도 고민이에요. 너무 많이 싸 와서 음식이 남아 저에게 먹어달라고 하는 아이도 있고, 쓰레기를 그대로 버리고 가서 지저분해져 있는 모습을 보고 창피한 적도 있었어요. 체험학습 때 동학년 선생님들과 도시락을 함께 먹는데 아이들이 시야에 없을 땐 불안해요.

한편으로는 이제 옛날과 다르게 가정에서 충분히 체험학습을 다녀올 수 있는데, 굳이 학교에서 체험학습을 데리고 가야 하나 싶어요. 문제가 생기면 책임은 교사가 지는데, 그러면서까지 힘들게 체험학습 인솔을 해야 하는지 회의감이 들기도 해요. 선배님, 체험학습 때 조금 더 질서 있게 만들고 제 말에 집중해서 안전하게 다녀오는 방법이 없을까요?

체험학습은 교사에게 가장 어려운 일 중 하나다. 제멋대로 구는 아이들을 통제하느라 매 순간 신경 쓰다 보면 녹초가 된다. 간혹 뉴스에 안전사고 소식이라도 나오면 체험학습 내내 불안감이 가득하다. 출발 전부터 버스, 점심 식사 등 교사가 순간 판단해서 해결해야 하는 일이 가득하다. 그리고 예상치 못한 일이 생기면, 원망스럽기도 하고 당황하게 된다. 하지만 기본적인 시스템을 어느 정도 만들어놓으면 조금 더 수월하게 오갈 수 있다. 아이들은 체험학습을 준비하는 순간부터 마무리할 때까지 매 순간 자신들이 원하는 대로 하려고 하는데, 자신의 즐거움과 편함을 생각하지 다른 아이들의 마음을 크게 고려하지 않는다. 이 또한 나도 좋고 친구들도 좋고 선생님도 좋은 것이 뭔지 살펴보도록 하자.

사전답사를 하자

체험학습 가기 전에 '사전답사'를 하면 좋다. 아이들이 걸어갈 곳을 미리 걸어보고, 체험도 미리 해보면 활동 수준과 안전에 대해 조금 더 수월하게 파악할 수 있다. 그리고 사전답사로 알게 된 것을 바탕으로 아이들에게 생생하고 현실적인 조언을 줄 수 있다. 그러니 번거롭더라도 미리 가서 눈으로 보고 체험해보자. 그리고 위험한 곳은 사진이나 영상으로 담아 오자. 학년부장이 대표로 가는 경우가 있는데, 함께 가면서 말동무도 해주고, 체험학습에 대한 걱정과 궁금한 것을 물어보면서 배워보는 것도 좋다. 동학년 선생님이 함께 가면 더 보게 되고 고려하게 되는 것들이 생긴다.

사전답사로 확인한 내용을 바탕으로 PPT를 제작해 미리 알려주면, 아이들은 실제 그 장소에 갔을 때 조심하고 서로 알려주면서 훨씬 안정감 있는 모습을 보여준다. 안전한 체험학습을 위해 안전교육을 해야 한다는 것을 기억하자. 이때 서로 존중하고 배려하면서 다녀올 수 있도록 알려주자.

사전답사를 하기 힘들다면, 다른 방법으로라도 최대한 정보를 취해보자. 지도 앱을 통해 인공위성에서 촬영한 사진과 로드뷰를 이용해 건물 입구와 근처 시설까지 자세히 볼 수 있다. 여러 선생님의 후기가 있는 커뮤니티 사이트에서 정보를 구하는 것도 요령이다. 하지만 직접 가서 눈으로 확인하는 것이 가장 좋다.

꼭 챙겨야 할 것들

체험학습 때 가장 먼저 챙겨야 할 것은 '호루라기'다. 야외에서는 호루라기가 가장 효과적으로 집중시키고 신호를 줄 수 있다. 작게 삑삑– 불면 반 아이들이 박수를 짝짝짝 박자에 맞춰 치게 하고 박수가 끝나면 교사의 눈을 보게 하자. 모두 교사의 눈을 바라볼 때 중요한 이야기가 잘 전달되기 때문이다. 전자식 호루라기는 소리가 어디에서 나는지 아이들이 혼동할 수 있기 때문에 호루라기를 부는 것처럼 입 쪽에 대고 소리 내는 것이 좋다. 소리 강약을 쉽게 조절할 수 있는 일반 호루라기를 추천한다.

그다음으로 보건실 도움을 받아 간단한 '비상약'을 챙기자. 체험학습이 매번 있으니 보건 선생님이 따로 준비해주는 것들이 있지만, 반 아이들의 특성에 맞춰 조금 더 챙길 수 있다. 멀미약은 각자 준비하게 하지만, 혹시 깜박하는 아이가 있을 수 있으니 조금 챙겨두자.

'비상 연락망'을 꼭 챙기자. 안전사고가 발생하면, 가장 먼저 '연락'을 취해야 하는데 연락처가 없으면 정말 당황하게 된다. 학교 대표전화번호, 교장 선생님과 교감 선생님 그리고 학부모님의 연락처를 다 챙기자. (학부모회가 있다면 대표 엄마에게 혹시 상황이 생기면 해당 학부모에게 연락을 취하도록 도와달라고 할 수도 있다) 생각보다 연락할 상황이 많다. 내 경우엔 팔이 부러진 아이, 배탈이 난 아이, 고열이 올라 중간에 돌아가야 하는 아이 등 생각지도 못한 상황이 생겼다. 학부모 도움을 받아야 하는 상황에서 연락처가 없어서 정말 당황스러웠는데, 교무실로 전화해 연락처를 겨우 알아내 진땀 흘렸던 적이 있다. 그리고 교사 혼자서 모든 아이를 챙겨야 하다 보니 한 학생을 혼자 두거나 보살필 수 없으니 비상시엔 교감 선생님 또는 학부모님이 오셔서 도와주실 수 있도록 체험학습 전에 부탁드리자.

체험학습을 떠나기 전 스마트폰 전원을 충분히 충전하고 '보조배터리'도 챙기자. 아이들 사진도 찍고 중간에 학급커뮤니티 앱에 소식을 올려야 할 때도 있고, 혹시 모를 상황에 스마트폰 전원이 꺼지면 정말 난감하기 때문이다. 휴대하기 편한 크기로 한 번 완충할 수 있는 정도의 보조배터리를 잘 챙겨놓자.

'검정 비닐봉지'도 몇 개 챙겨놓자. 생각지도 못한 상황에서 아이들이 구토를 하거나 오물이 생길 때가 있다. 투명하면 처리하는 교사도 힘들기 때문에 검정 비닐봉지를 이용하자.

아이들이 나를 잘 찾을 수 있도록 작은 깃발이나 모자 또는 눈에 띄는 옷 등을 준비하자. 교사의 패션이나 편안함, 기분 냄도 중요하지만, 반 아이들이 필요한 순간 교사를 찾아낼 수 있는 것이 더 중요하다. 교사를 잃어버리지 않고 조금 더 집중할 수 있도록 아이템을 정하고 반 아이들에게 미리 알려주자. 훨씬 통제가 쉬워진다.

버스로 이동하기

버스에 타기 전에 미리 번호판을 사진으로 찍어두자. 기사의 명함도 받아놓는 것이 좋다.(잃어버린 물건 관리 등 때문에) 버스에 아이들을 태울 땐 가장 앞자리는 비워두는 게 좋다. 두 번째 줄부터 아이들을 앉게 하고 멀미가 난 학생이 있으면, 그때 그 학생을 비워둔 가장 앞자리에 앉도록 하는 것이 좋다. 교사는 오른쪽 통로 자리에 앉아서 언제든지 고개를 돌려 반 전체를 볼 수 있어야 한다. 무엇보다 버스로 이동하는 중에는 잠을 자거나 책을 보거나 음악을 듣는 등 개인적인 시간으로 보내기보다 아이들의 소음을 줄이거나, 버스 기사가 혹시 졸지 않는지 확인하거나, 그 외의 변수가 생기는 것을 대비해 깨어 있는 것이 좋다.

버스 온도는 조금 낮게 하는 것이 좋다. 온도가 높으면 아이들의 멀미가 더 심해진다. 기사님에게 "온도가 조금 높으면 아이들이 멀미를 하던데 에어컨을 틀어줄 수 있나요?"라고 말해보자. 마이크가 있다면 버스가 출발하기 전에 사용법을 익혀놓자. 안전에 대한 이야기도 하지만, 때론 중간에 아이들에게 전해야 할 말이 있거나, 소란스러움을 줄여야 할 때 적절히 사용해보자.

버스 안에서는 음식물 섭취를 최대한 하지 않도록 하자. 이 또한 멀미로 이어지는 경우를 많이 경험했다. "조금 참았다가 도착해서 내리면 차분히 먹자"라고 하며 아이들에게 설명하자. 음식을 먹기 시작하면 바닥이 엉망이 된다. 물을 마시거나 사탕 한두 개 먹는 정도로만 하자.

버스에 아이들이 타면 항상 인원 파악에 신경 쓰자. 반 아이들이 서로 있는지 확인하도록 하고, 교사도 앞에서 뒤로 가면서 한 번 세어보고, 뒤에서 앞으로 가면서 한 번 더 세어보자. 그와 함께 안전띠도 확인하면 좋다. 카톡방을 만들어놓고 선생님들끼리 버스 인원 파악이 끝나면 서로 알려주거나, 버스로 이동하면서 체험학습에 관한 대화를 나누는 것도 도움 됐다.

학생들도 버스에 타고 자리에 앉는 순간 바로 안전띠를 착용하도록 시스템을 만들어놓자. 버스에서 내릴 때, 학생들에게 내리면서 다른 사람 자리도 살펴보면서 두고 내린 것은 없는지 확인해달라고 하자. 교사는 아이들이 안전하게 버스에서 내리고, 안전한 곳에 모이도록 한 뒤, 마지막으로 한 번 더 각 좌석을 확인하거나, 그날 반장(임원)에게 확인하고 오게 하자. 이렇게 하는 것이 조금 번거로워도 물건을 버스에 두고 내려서 찾으러 가거나 나중에 받아야 하는 수고에 비하면 낫다.

그리고 꼭 버스 타기 전에 화장실에 다녀오게 하자. 버스가 오가는 시간이 얼마나 되는지 미리 알려주는 것도 아이들이 소변을 조절하는 데 좋다. 막연하게 참는 것이 아니라 그 시간에 맞춰 소변을 참는 신기한 일도 많았다. 항상 소변을 참아 힘들어하는 학생이 있을 수 있으니 버스에서 내리면 화장실에 다녀올 수 있도록 챙겨주자.

스마트폰 사용은 어떻게 할까?

버스에서 스마트폰을 사용하려는 학생이 많다. 교사마다 다르겠지만, 어느 정도까지 허용해야 할지 애매할 때가 많다. 아이들이 떠들기 때문에 스마트폰 사용을 허락하는 교사도 있고, 음악을 들으며 여행 가는 기분을 만들어주려는 교사도 있다. 하지만 막상 스마트폰을 허용했더니 스마트폰이 있는 아이들과 없는 아이들의 기분이 차이가 났고, 음악만 허용했는데 눈치 보다가 게임을 하는 경우가 매번 생겼다.

체험학습은 교실 밖 배움이라고 생각한다. 스마트폰에 집중하고 음악을 듣는 것은 개인 중심의 활동이다. 스마트폰은 체험학습 외의 상황에서 얼마든지 사용할 수 있다. 체험학습 가기 전에 스마트폰 사용을 허락해달라는 요구가 매번 있는데, "체험학습과 스마트폰 사용은 어떤 연결이 있니?" "스마트폰이 없는 학생들은 어떻게 하면 좋을까?" "체험학습의 목적은 뭘까?" "체험학습 또한 배움의 시간인데, 스마트폰을 사용하려는 특별한 이유가 있니?" "스마트폰 사용 외에 버스에서 할 수 있는 것은 없을까?"라고 질문하는 것이 좋았다. 물어보고 물어보자. 때론 '체험학습 오가는 도중 스마트폰 사용'에 관해 학급 회의를 열 수 있다.

친구를 차별하지 않는 자리 배치

앉는 자리에 대해 질문하는 학생이 많다. 아이들 의견에 따라 자유롭게 앉도록 하면 소외되는 학생이 있고, 랜덤 뽑기를 하면 짝에 따라 울거나 화를 내거나 감정표현을 서운하게 하는 학생들이 있다. 평소 교실에서 자리를 바꿀 때 짝이 된 친구를 평가하고 속 마음을 상대방에게 들리도록 표현하는 것은 '차별하는 마음'이라고 공부했는데, 이처럼 체험학습 버스에서 누가 내 옆에 앉느냐에 따라 격하게 반응하는 것 또한 '차별하는 마음'이라는 것을 함께 이야기 나눴다.

반대로 내가 짝이 되었는데, 실망하거나 재수 없다고 했을 때 느낀 감정을 통해 간접 경험해보면서 이야기 나눌 수 있다. "너희들이 누가 짝이냐에 따라 반응하는 것 자체가 누군가를 차별하는 것은 아닐까?" "누군가는 서운한 상태일 텐데 그렇게 좋아하면 그 친구들은 어떤 마음이 들까?" 등의 질문으로 차분해지게 할 수도 있다. 그리고 자리를 뽑을 때 "친구를 차별하지 않습니다. 내가 차별당하는 것이 싫은 것처럼 친구도 차별당하는 것이 싫습니다. 어떤 자리에 앉더라도 동의하겠습니다"라고 함께 외치고 자리를 뽑아보면 좋다.

나는 버스를 둘로 나눠 한쪽은 여학생이 둘씩 앉고 한쪽은 남학생이 둘씩 앉는 구조를 좋아한다. 체험학습을 즐겁게 가는 것도 중요하지만, 그보다 중요한 것은 '안전'이다. 그러니 불편함이 있더라도 정해진 자리에 앉아서 가자고 이야기한다. 아이들 의견에 따라 아이들이 원하는 대로 몇 번 앉게 해보았지만, 시끄럽고 통제가 되지 않아(이 부분은 뒤에서 따로 설명하겠다) (아이들이 서운할 수도 있겠지만) 초반에는 내가 주도하려 한다. "원하는 친구끼리 앉으면 3명 그룹은 찢어질 때도 있고, 때론 혼자 외롭게 있을 친구도 생길 텐데, 어떻게 하면 좋을까?" "여기에 대해 대안은 있니?" "즐겁게 가는 것도 중요하지만 차분하고 안전하게 가는 것도 중요한데, 원하는 대로 앉다 보면 시끄러워질 때가 많았단다. 네가 선생님이라면 어떻게 하고 싶니?" "네가 말하는 방법은 너도 좋고 친구들 모두 좋고 선생님도 좋은 방법이니?" 이렇게 물어보자.

안전을 위한 소음 조절

버스에서 아이들은 정말 시끄럽게 떠든다. 몇 번 조용히 시켜보지만 이내 떠드는 아이들을 차분하게 만들 방법을 찾고 싶었다. 다른 방법들과 비슷하게 반 아이들을 이해시키는 것이 가장 낫겠단 생각이 들었다. 이 또한 '안전'에 초점을 맞췄다.

먼저 반 아이들과 함께 버스 기사 아저씨의 마음을 이해해보려 했다. 우리가 작은 목소리로 이야기 나눴을 때 운전에 집중하는 정도와 큰 목소리로 이야기를 나눴을 때 운전에 집중할 수 있는 정도의 차이를 알아보았다. 운전하는 기사님이 사용할 수 있는 집중이 10이라고 한다면, 우리가 떠드는 소리로 5 정도를 뺏기고 남은 5를 가지고 운전했을 때 어떤 일이 벌어질 수 있을지 떠올려보게 했다. 마음을 분리해 운전해 집중하고 싶어 하는 기사 아저씨 그리고 우리를 조용히 시키고 싶어 하는 기사 아저씨로 나누고 앞에 갑작스러운 사고가 났을 때 대처할 수 있는 정도를 함께 이야기 나눴다.

실험도 했다. 한 사람에게 간단한 문제를 풀도록 하고 뒤에 10명 정도를 마음껏 떠들게 했다. 그리고 비슷한 문제를 풀어보는데 이번에는 뒤에 10명이 속삭이면서 대화를 나누도록 했다. 그런 다음 어떤 상황이 문제를 푸는 데 더 집중이 잘 되는지 물어보았다. 이런 과정을 거쳐 가며 버스에서 시끄럽게 떠드는 행위는 기사 아저씨의 집중을 깨는 것임을 돌아보게 하자. 그런 뒤 "여러분이 즐겁고 재미있게 버스 안에서 이야기 나누고 싶어 하는 마음이 이해됩니다. 선생님도 그렇게 하고 싶어요. 하지만 우리의 즐거움이 기사님의 운전을 방해한다면, 그래서 혹시 생길 위험한 상황에서 집중을 깨지 않을까 걱정이 됩니다. 우리 조금만 더 조용하게 이야기 나눌까요?" 하고 이야기한다. 이렇게 이야기 나누면, 버스 안에서 내가 조용히 시킬 때도 큰 소리를 내지 않아도 아이들이 재빨리 목소리를 수정하고 바꾸었다.

익숙한 줄로 서자

줄을 설 때면 키 순서대로 설 때가 많았다. 체험학습 중 여러 돌발 상황이 벌어지는데 평소 교실이나 운동장에서 서는 익숙한 방식으로 다니면 좋다. 필요한 순간 한 줄로 만들거나 다시 두 줄로 만드는 등 대형을 잘 유지할 수 있고, 버스를 타기 전이나 내렸을 때도 자연스럽게 아이들이 줄을 서서 기다린다. 그러니 체험학습 땐 새로운 방식으로 가기보다 이 또한 안전을 위해 평소 반 아이들과 섰던 익숙한 줄로 가자. 정말 가끔 키의 역순으로 서는 때도 있었다. 뒤에서 장난을 자주 하는 아이들이 많을 때 사용하곤 했다. 사실, 체험학습을 차분히 다녀오기 위해선 일상적인 생활이 안정되어 있어야 하고, 간단하면서도 효율적인 줄 서는 방식을 찾아내야 한다. 평소 생활을 잘해왔다면 체험학습 때도 크게 걱정하지 않아도 된다.

즐겁고 안전한 점심시간

점심을 먹을 때는 아이들의 돗자리를 서로서로 연결해서 앉게 하면 좋다. 마음대로 앉으라고 하면 또 애매한 상황이 발생한다. (그래서 때론 교사가 앉는 방식을 지정해주는 것도 좋다) 돗자리만 연결해도 옹기종기 모여 앉아 밥을 먹는 풍경이 만들어진다. 교사가 서 있는 곳을 중심으로 원을 그려 앉도록 한 뒤 함께 동그랗게 모여 앉아 먹을 수도 있다. 때론 교실에서의 모둠끼리 앉아서 먹도록 할 때도 있다.

아이들이 밥을 먹다가 음식이 목에 걸릴 수도 있고, 음료수 뚜껑을 열어줘야 할 때도 있고, 밥 먹다가 다투는 경우도 있다. 그래서 교사도 함께 밥을 먹으면 좋다. 급식 지도를 할 때와 마찬가지로 반 아이들 전체가 보이는 곳에 앉아 밥을 먹자. 간혹 동학년 선생님끼리 따로 먹을 때가 있는데, 될 수 있으면 반 아이들과 함께 있으면 좋겠다고 말하고, 말하기 불편하면 그래도 반 아이들이 잘 보이는 방향으로 앉아서 먹자.

점심을 먹은 후 뛰고 놀다가 다치는 경우가 많았다. 그래서 동학년 선생님들끼리 장소를 정해 서서 바라보고 호루라기로 통제하기도 했다. 이런 것을 고려하여, 아이들이 밥을 먹을 때 교사가 함께 먹는 것보다 미리 먹고 반 아이들 점심시간을 관리하거나 아이들이 점심을 다 먹고 체험학습 프로그램 참여하러 갔을 때 뒤늦은 점심을 먹기도 했다.

아이들에게 자신이 가지고 온 쓰레기는 자신이 관리하게 하자. 작은 봉지나 자신의 가방에 넣도록 하면 좋다. 그래도 바닥에 쓰레기가 남아 있을 수 있으니 점심 먹고 함께 모였을 때 모두 쓰레기 몇 개씩 주워 선생님이 들고 있는 봉지에 넣어달라는 방식으로 운영하자.

아이들이 활동할 때 가까운 곳에 있자

아이들이 프로그램에 참여할 땐, 그곳의 선생님들이 활동을 진행하고 안전지도도 하겠지만 교사가 가까이에 있는 것도 좋다. 돌아다니면서 아이들 사진도 찍고, 아이들과 함께 배우거나 체험하는 것도 특별하다. 그리고 담임교사가 있으면 아이들도 조금 더 예의를 지키며 활동에 참여하고 진행하는 강사도 반 아이들을 함부로 대하지 않는다. 간혹 아이들이 활동하는 동안 편하게 쉬라며 선생님들을 한 곳에 보내는 곳도 있다. 그럴 땐 한두 명이 돌아가면서 가끔 살펴보고 사진도 찍으면서 잠깐이라도 아이들 옆에 머물러주자.

간혹 수련회나 수학여행 때 교사들이 모여 술을 마시는 곳도 있다. (과거엔 정말 많았지만, 지금은 줄어들었다) 그럴 땐 단호히 거절하자. 체험학습(그리고 수련회나 수학여행은)은 교사가 즐기려고 가는 것이 아니다. 온전한 상태로 아이들에게 집중해야 하는데, 술을 마시면 피곤하고 노곤해져서 반 아이들을 살펴보지 못하는 경우가 생긴다. 정말 술을 마시면서 친목을 다지고 싶다면, 무사하게 체험학습을 마무리하고 돌아와서 함께 수고했다는 의미로 술을 마시자. 선배나 관리자가 술을 준다면 "반 아이들이 걱정되는데, 술 한 잔만 마셔도 얼굴이 빨개지고 잠을 자는 버릇이 있어서 걱정돼요. 끝나고 마실게요"라고 말하자.

체험학습이 끝나면 스스로 '수고했다'고 말해주자

체험학습 인솔은 혼자라 더 어렵다. 보조 교사가 있으면 담임이 앞에, 다른 한 명은 뒤에만 있어도 훨씬 안정감이 생기고 위험요소가 줄어들 수 있다. 교사는 혼자서 아이들을 끌고 가기 위해 앞을 봐야 하고 때때로 아무 일 없이 잘 따라오는지 몇 번씩 뒤를 돌아봐야 한다. 요즘 들어 더 '안전'에 신경 써야 하기 때문에 체험학습이 더 어렵게만 느껴질 수 있다. 하지만 많은 교사가 무사히 체험학습을 잘 마친다는 것을 기억하자. 그리고 체험학습이 끝나면 무사히 반 아이들을 데리고 돌아왔음에 내가 나에게 먼저 수고했다고 말해주고 맛난 음식과 휴식을 선물해주자.

이것만은 꼭!

✓ 사전답사를 하자.

✓ 호루라기, 비상약, 비상 연락망, 보조배터리, 검정 비닐봉지를 준비하자.

✓ 버스의 번호판을 찍어두고 기사님 명함을 받자.

✓ 버스 온도를 낮추면 멀미가 줄어든다.

✓ 이동 중엔 음식물 섭취를 줄이도록 하자.

✓ 반 아이들이 잘 보이는 곳에 앉자.

✓ 화장실을 잘 챙기자.

✓ 스마트폰보다 친구와 체험학습이란 배움에 집중하게 하자.

✓ 자리를 따로 앉으려는 것은 친구를 차별하는 행위이기도 하다.

✓ 기사님이 집중할 수 있도록 소음을 조절하자.

✓ 익숙한 줄로 서자.

✓ 점심을 먹을 때 아이들과 가까운 곳에 있자.

✓ 아이들이 활동할 때 가까운 곳에 있자.

✓ 체험학습이 끝나면 나 자신에게 수고했다고 먼저 말해주자.

· 운동장 ·

운동장에 나가기가 두려워요

　　운동장에 아이들을 데리고 나가기가 두려워요. 운동장에 나간다고 하면 아이들도 함성 지르며 좋아하고 저도 기분 좋게 나가지만, 막상 나가면 아이들을 통제하기가 너무 힘들어서 후회한 적이 많아요. 운동장이 공간도 넓고 관심 가질만한 것도 많아서인지 아이들이 교실에 비해서 훨씬 산만해져요. 준비운동 하려면 줄 서야 하는데 아무리 줄 서라고 외쳐도 집중하지 못하고 줄 서는 데까지 시간이 한참 걸려요. 줄 서서도 한시도 가만있지 못하고 떠들고 움직이는 아이들도 있고요. 활동을 설명하는데 설명에 집중하지 않고 떠들다가 활동할 때 규칙을 제대로 이해 못 하고 허둥대는 아이들도 있어요. 운동장이다 보니 제 목소리를 더 크게 해야 하는데, 그런 아이들 지적하고 두 번 세 번 이야기하느라 목이 아플 지경이에요.

　　그 와중에 승부욕이 강한 아이들은 자기가 이기려고 마치 목숨을 건 것처럼 하는데, 그러다가 다른 아이와 부딪치고 넘어져서 크게 다칠 뻔한 적도 있어요. 반대로 아예 운동장 활동을 싫어하는 아이들도 있어요. 그래도 같이 해야 한다고 말하지만, 그중 일부는 몰래 운동장 한쪽에 앉아서 다른 아이와 떠들고 있던 적도 있었네요.

아이들과 함께 즐겁게 활동하고 싶은 마음으로 운동장 놀이를 준비해서 나갔는데 이런 식으로 지친 적이 한두 번이 아니에요. 대부분 아이들은 운동장 놀이를 좋아하지만, 이런 일이 있은 뒤로는 웬만하면 운동장에 나가지 않고 싶어지더라고요.

어떻게 하면 힘들지 않으면서도 아이들과 조금 더 즐겁게 운동장 놀이를 할 수 있을까요?

아이들은 공간에 따라 몸 움직임이 달라지는데, 운동장은 자연스럽게 아이들의 에너지를 넘치게 만든다. 이곳에서도 이성보다 본능이 더 큰 힘을 발휘한다. 우리가 학창시절에 그랬던 것처럼 현재의 아이들도 운동장에서 놀고 싶어 하는 건 당연하다. 운동장은 재미있고 자유로운 곳이어서 아이들과 여러 활동을 하려면 통제가 어렵고 문제가 발생할 수 있다. 그래서 일부 교사는 운동장에서 말을 따르지 않는 아이들에게 소리를 버럭 지르거나, 운동장 활동을 금지하겠다고 협박하기도 하고, 말을 잘 들으면 운동장에 나가겠다며 선심 쓰는 듯 운동장 활동을 선물처럼 사용한다. 때론 애초에 문제가 생기지 않게 하기 위해 안타깝게도 운동장 사용을 아예 금지하기도 한다. 미세먼지와 폭염 등으로 운동장에서 활동할 시간이 갈수록 줄어들고 있다. 이런 시대를 살아가는 아이들에게 운동장에서 많은 시간을 보내게 해주고 싶은데 마음처럼 쉽지 않다.

운동장에서 잘 생활하기 위해선 먼저 교실에서의 삶이 잘 다듬어져야 한다. 교실에서의 생활지도와 시스템 구축에 실패하면, 운동장에선 당연히 실패할 수밖에 없다. 교실에서 줄을 서지 못하면, 운동장에도 강당에서도 서지 못한다. 그래서 교실에서 안정감을 만들고, 아이들이 교사의 눈을 바라보고, 교사의 말에 집중하도록 먼저 공을 들이자.

호루라기와 수신호

운동장에선 호루라기를 이용하면 좋다. 교실에서 "박수 세 번 시작"이라고 말하면 반 아이들이 '짝짝짝' 하고 박수를 치는 것처럼 호루라기를 입에 물고 "삑―삑―" 하고 불면 반 아이들이 '짝짝짝' 박수를 치고 교사를 바라보게 하자. 이렇게 집중을 한 상태에서 여러 안내를 해야 한다. 그렇지 않으면 안전사고가 발생할 수 있고, 다시 설명해야 하는 상황이 생길 수 있으니 밖에서도 호루라기로 집중을 만들어보자. 손으로 눌러 소리를 내는 전자식 호루라기를 사용할 땐 입 가까이에 대고 눌러주자. 아이들은 소리를 듣기도 하지만 눈으로도 확인하기 때문에 입으로 부는 호루라기가 아이들을 통제하기에 훨씬 좋다.

호루라기에 수신호를 더해보자. 기준을 정한 뒤, 호루라기로 "삐빅" 하고 짧게 불면서 교사가 양손을 옆으로 벌리면, 아이들이 두 손을 벌리면서 체조를 할 수 있을 정도로 넓게 서고 "삐빅!" 하고 짧게 불면서 양손을 밖에서 안으로 모으면 대형을 줄이는 식으로 수신호를 정하면 좋다. 두 손을 위에서 아래로 내리며 "삐~빅!" 하면 자리에 앉고, 두 손을 아래에서 위로 올리며 "삐~빅!" 하고 불면 일어나기로 하자.

줄 서는 것도 호루라기와 수신호를 이용해보자. 남자 한 줄 여자 한 줄로 선 상태에서 오른손을 높게 들어 손가락 두 개를 펴며 "삐~빅!" 하고 호루라기를 불면 짝수 번째에 서 있던 학생이 바깥쪽으로 나와 두 줄을 만들고, 그 상태에서 손가락 네 개를 펴고 "삐~빅!" 하고 호루라기를 불면 역시 짝수 번째 줄이 바깥쪽으로 나와 남학생과 여학생 네 줄을 만들도록 약속하자. 이렇게 호루라기와 손을 이용한 약속을 몇 번만 연습하면 교사가 크게 목소리를 내지 않아도 대형이 잘 통제된다.

문제가 생기면 그 즉시 다뤄야 한다

교실에서 운동장으로 나가는 동안이나 운동장에서 놀이를 하다가 여러 문제 상황이 발생할 수 있다. 그럴 땐 교실에서와 마찬가지로 즉시(!) 그 문제를 다뤄야 한다. 그 순간을 그냥 지나가면 다시 같은 문제가 발생한다. 그러니 반 전체가 영향을 받을 문제라면 그 즉시 멈추고 호루라기를 불어 모이게 한 뒤, 가까이에 앉도록 하고 그 문제를 다뤄야 한다. 소리치거나 협박하는 것보다 미소 지으며 안정감 있는 태도로 아이들이 스스로 돌아보게 하자.

예를 들어, 피구를 하는 중에 서로 비난하고 놀리는 행위가 자꾸 발생하면, 교사 앞쪽에 모이도록 한 뒤 "서로 비난하고 놀리며 놀이를 하고 있어 잠깐 점검하려고 불렀습니다. 우리가 밖에 나와서 놀이를 하는 이유가 뭘까요?"라는 질문부터 시작해보자. 아이들 입에서 다양하고 좋은 말들이 나온다. "운동장에서도 여러분이 행복하길 바라는데, 지금 여러

분이 사용하는 말이나 행동은 나와 친구들 그리고 선생님 모두를 행복하게 만드는 것일까요?" 하고 물어보고 스스로 돌아보게 한다. 그런 뒤, "어떻게 하면 좋을까요?"라고 하면서 방법을 찾아보게 하고, 할 수 있을 거라고 응원해주고 다시 피구를 하게 한다.

그래도 잘되지 않으면 "교실 밖이라 집중이 좀 떨어지는 것 같네요. 잠깐 교실에 올라가서 이 문제를 해결하고 내려오겠습니다"라고 말하고 모든 활동을 멈추고 교실로 간다. 그런 다음 포스트잇을 한 장씩 나눠주고 조금 전 운동장에서 마음이 불편해졌던 상황을 찾아 써보고 칠판에 붙이게 한다. 그런 뒤 다음과 같이 말한다.

"선생님만 그런 게 아니라 여러분도 마음이 불편했군요. 함께 행복해지기 위해 운동장에서 여러 활동을 하는데 이런 마음이 들었다니 속상합니다. 하지만 일은 생길 수 있답니다. 문제가 생기면 탓하는 것보다 어떻게 해결하느냐가 정말 중요하지요. 어떻게 하면 좋을까요?"

이렇게 말하면서 다시 포스트잇을 나눠주고 문제 해결을 위한 방법을 써서 칠판에 붙이도록 한다. 아이들이 써낸 생각들을 분류하고 그걸 토대로 간단한 약속을 만든 다음 이렇게 말한다. "잘 찾았어요. 여러분이 생각한 대로 한 번 도전해보세요. 또 잘되지 않으면 언제나 이렇게 우리를 돌아보고 점검해보고 새롭게 약속을 만들어가면 됩니다."

이렇게 차분히 몇 번 운동장을 오가며 방법을 찾게 했더니 효과가 좋았다. 그리고 선생님이 꾸중하거나 소리 지르지 않고 이 방법을 고수한다는 것을 알고는 문제가 생길 것 같으면 서로 중재하고 해결하는 모습까지 생겨 좋았다.

교사의 말을 따라 하면서 마음의 준비와 정리를 하게 하자

활동 전과 후, 함께 교사의 말을 따라 하는 것도 좋다. 대결 구도의 활동을 하기 전 함께 "때론 이길 때도 있고 질 때도 있습니다"라고 말해보자. 이 외에도 "이긴다는 것은 한쪽이 져줬기 때문입니다." "그래서 건방지거나 오만해 하지 않고 상대방 팀에게 감사한 마음을 갖습니다." "지면 속상한 마음이 들기도 하겠지만, 이게 최종 결과가 아님을 미리 이해하겠습니다" 등 다양한 말들을 따라 하게 하자. 따라 함으로써 자기 자신에게 알려주는 효과도 있고, 이렇게 따라 말하는 것 속에 함께할 활동에 대한 성격을 넣어 이해시켜주는 효과도 있다.

활동이 끝난 뒤에도 이긴 팀은 "우리가 이겼습니다. 덕분입니다"라고 하고, 진 팀은 "이긴 것을 축하합니다. 다음에 우리가 이겨보겠습니다"라고 말한다. 그런 뒤 이긴 팀에게 "우리가 이겼으니 기쁜 마음으로 정리는 우리가 하겠습니다"라고 말했던 것도 좋았다. 말을 따라 하도록 작은 앰프를 사용하는 것도 좋다. 해설사가 관람객에게 설명할 때 사용하는 정도의 작은 앰프를 허리에 차고 중요한 말을 전달할 때 사용해보자.

멋대로 하려는 학생

때론 멋대로 하려는 학생이 있다. 그럴 땐 그런 상황이 생기는 즉시(!) 따로 이야기 나눠야 한다. "네 마음대로 하려는 특별한 이유가 있니?" "운동장에서도 너와 친구들 그리고 선생님도 행복해야 하는데 조금 전 네가 했던 것은 이런 기준에 맞을까?" "혹시 친구들과 선생님에게 불편함을 주려고 한 것이니?" "어떻게 하면 좋을까?"와 같은 질문을 통해서 자신을 돌아보게 하고 조금 숨을 고르도록 해주자. "잠깐만 밖에서 놀이를 즐겁게 하는 친구들을 관찰해보자. 그리고 너도 저 안에서 즐겁게 놀 수 있는 방법을 찾아볼까?" "다시 놀이에 들어가기 위해 어떤 노력을 해보겠니?" "좋은 생각이구나. 한번 그렇게 해보렴." "조금 전처럼 불편해지면 함께 방법을 찾기 위해 또 부를 수 있단다." 이렇게 이야기 나누고 다시 놀이 안으로 들어가게 하자.

운동장 활동을 싫어하는 학생도 있다. 과거에 운동장 활동에서 상처받았거나 자신감이 없어서 그럴 수 있다. 불편함을 하나씩 제거해주고 활동 속에 들어온 것에 대해 잘했다고 말해주자. 때론 삶에서 힘들고 짜증나는 것들 때문에 무기력해서 운동장에서 제대로 놀지 못하는 경우도 있다. 그럴 때는 너무 격하고 승부가 과열되는 활동보다 짝이나 모둠끼리 하는 활동 중심으로 운동장 놀이를 준비하는 것도 좋다.

발목 깁스를 했거나 아파서 앉아 있어야 하는 아이들도 있다. 그럴 땐 보조 교사 역할을 맡겨 사진 촬영을 부탁하거나 반 아이들을 바라보면서 문제가 발생하면 선생님에게 알려달라고 부탁하는 것도 좋았다.

운동장이 싫다는 마음을 내려놓자

마지막으로 운동장이 싫고 피하고 싶은 곳이라는 교사의 생각부터 내려놓아 보자. 운동장은 학생들과 교사의 삶에서 떼려야 뗄 수 없는 소중한 공간이다. 우리가 학창시절에 그랬듯, 아이들이 에너지를 발산하고, 교실에서 하지 못하는 다양한 활동을 할 수 있는 중요한 공간이다. 내가 불편한 마음을 갖고 있을수록 운동장에서 생기는 크고 작은 일들에 더 민감하게 반응하게 되어 더 싫어지게 된다. 불편한 마음이 들거든 '그래, 싫은 마음 이해돼. 하지만 해낼 거야' 하고 스스로 다독이고 주변 사람들과 이런 고민에 대해 이야기 나누고 지혜를 얻어보자.

이것만은 꼭!

✓ 먼저 교실 시스템 구축과 안정감이 중요하다.

✓ 호루라기와 수신호로 집중을 만들어보자.

✓ 문제가 생기면 그 즉시 다뤄야 한다.

✓ 운동장에서 집중이 생기지 않으면, 교실에서 문제를 해결하고 다시 운동장으로 돌아오자.

✓ 활동 전후에 교사의 말을 따라 하면서 마음의 준비와 정리를 하게 하자.

✓ 멋대로 하려는 학생에겐 반 모두에게 좋기 위한 방법을 찾아보게 하자.

✓ 운동장이 싫다는 마음을 내려놓자.

2장

수업

· 수업 준비 ·
수업을 잘 준비하고 싶어요

　수업이 끝나고 업무 처리를 하고 나면, 다음 날 수업을 준비할 시간이 없어요. 조금이나마 시간이 나면 교사 커뮤니티 사이트에 들어가서 다른 분들이 수업한 내용을 보기도 하는데, 사실 그럴 시간조차 안 날 때가 많아요. 그럴 때는 교과서랑 지도서만이라도 잠깐 들춰보기도 하는데 그마저 시간이 안 돼서 수업 준비를 못 할 때도 있어요. 그러면 그냥 즉석에서 교과서를 펴고 교과서에 나온 대로 하거나, 유료로 지원되는 교수학습지원사이트를 활용하기도 해요.

　임용되기 전에는 절대 그렇게는 수업하지 말자고 생각했는데, 정작 교사가 되니 이렇게 할 수밖에 없을 때 착잡한 마음이 들고, 교사로서 정말 좌절감이 들어요. 정말 준비도 없이 그날그날 하루를 버텨가는 하루살이 같다는 생각도 들어요. 미리 수업을 준비해야 하는데 그러지 못하니 스스로 반성이 될 때가 많습니다. 죄책감에 퇴근 시간 이후나 주말에 시간을 좀 더 내서 수업을 준비할 때도 있지만, 제대로 안 되고 항상 부족한 느낌이에요. 게다가 가르치는 교과도 많다 보니 어느 한 가지도 제대로 되는 것 같지가 않아요.

가끔 마음먹고 수업 준비할 때도 있어요. 하지만 저는 정말 열심히 준비했는데, 정작 아이들은 제가 준비한 대로 따라오지 못하고, 그러다 보면 시간이 부족해져서 준비한 수업을 제대로 못 마칠 때가 많아요. 아이들과 즐겁게 수업을 하고 싶어서 정말 야심 차게 준비를 했는데, 해보지도 못하고 넘겨야 하는 부분이 생기면 너무 아쉬웠어요. 계속 이런 일이 반복되다 보니 한편으로는 '어차피 한 시간 수업이면 끝나고, 준비한다고 제대로 되는 것도 아닌데 그 한 시간을 위해서 이렇게까지 내가 힘들게 애쓸 필요가 있을까?' 하는 회의감이 들 때도 있어요. 수업 준비를 위한 시간은 부족한데 준비할 것은 정말 너무 많은 것 같아요. 시간이 부족해도 효율적으로 수업 준비를 잘하는 방법은 없을까요?

수업을 어떻게 준비해야 할까? 시간은 부족한데 여러 과목 수업을 매일 어떻게 준비해야 할까? 좀 더 경험이 쌓이면 요령이 생기겠지만, 그 시간까지 기다리고 있기에는 지금 당장 급한 부분이다. 그래서 누군가 먼저 수업하고 여러 자료를 올려주는 교사 커뮤니티 사이트에 더 의지하는지도 모른다. 매번 수업 준비는 벅차고 부족하게만 느껴지는 건 모든 교사가 느끼는 공통의 문제가 아닐까? 충분한 시간 동안 몰입해 준비하는 수업 연구보다 갈수록 마치 '하루 벌어 하루 먹는 사람'처럼 수업을 준비하는 패턴을 바꿀 방법은 없을까?

수업 준비가 부족하다고 자괴감 갖지 말자

먼저 말해주고 싶은 것은, 모든 수업을 완벽하게 준비하는 것은 불가능하다. 수업 준비는 언제나 부족하게 느껴지고, 아쉬움이 생길 수밖에 없다. 그러니 자괴감 갖지 말자. 수업을 준비하고 진행하는 것도 사실 교사의 '자존감'과 관련이 있다. 어느 정도 수업을 구상하고 준비하면 '이 정도로 충분해' '이 정도면 훌륭해!' '하다 보면 어떻게 잘 되겠지'라고 생각하는 유형이 있다. 하지만 자존감이 낮으면, 학생들의 눈치를 보거나 자신이 준비한 것들을 언제나 만족스럽게 생각하지 않는다. 그래서 '적당히'라는 말이 쉽게 나오지 않는다. 이런 유형은 수업 준비뿐만 아니라 업무에서도 완벽을 추구하려고 많은 시간을 들이다 보니 수업에 사용할 에너지를 적절히 분배하지 못할 때도 있다.

수업을 위해 내게 주어진 시간을 최대한 활용해 노력하고 고민했다면, 나를 깎아내리지 말고 나 자신에게 '최선을 다했어. 이 정도로도 충분해'라고 말하자. 때론 업무 때문에 수업을 준비할 여유가 부족했다면, 내게 수업 연구를 할 여유조차도 주지 않은 학교 시스템의 문제라고 생각하자. 자신을 수업 준비도 제대로 하지 않는 부족한 교사라 탓하지 말자. 조금 덜 준비해도 괜찮다. 업무 때문에 수업을 준비하기 힘들다는 건 다른 의미로 '업무가 줄어들어 여유가 생기면 훨씬 수업 준비를 잘할 수 있다는 것'이기 때문이다. 업무가 많을 땐 상황을 받아들이고 다른 사람의 도움을 받고, 업무가 줄어들면 조금 더 준비해서 수업하고 나누자.

수업 준비는 시뮬레이션을 한다는 의미다

수업을 준비한다는 것은 '시뮬레이션'을 한다는 의미도 있다. 자꾸 수업 상황을 떠올려보면 실제 수업에도 영향을 주고, 수업을 위해 자료를 찾고 읽은 모든 것이, 수업에 사용하든 사용하지 않든 나를 풍성하게 만든다. 그래서 조금이라도 준비를 하면 수업을 하는 교사의 목소리와 몸에 힘이 생기고 수업도 뚝딱 지나간다. 하지만 준비되지 않은 수업은 흐름이 중간중간 끊기고, 순간 에너지를 과하게 사용해야 하니 몸도 마음도 힘들고 지치게 된다. 그러니 미리 수업을 떠올려보고 시뮬레이션을 해봐야 한다.

주간학습안내를 작성해보자

교과서나 지도서를 읽어보면서 수업을 준비하는 게 일반적이겠지만, 먼저 '주간학습안내'를 작성해보면 좋다. 다음 주 수업을 위해 수요일 정도에 일주일간 수업 시간표를 만든다. 이때는 자세히 준비하기보다는 '수업 주제'를 살펴보고 교과서를 한 번 훑어보는 데 초점을 둔다. 이것만으로도 준비물이나 수업의 난이도를 파악할 수 있다. 사용하는 에너지의 양도 어느 정도 가늠이 되기 때문에 시간표 순서를 바꾸거나 수업을 블록으로 묶는 등 조절할 수 있다.

나는 모든 수업에 공을 들이기보다 어느 정도 평범한 수준의 수업으로 대부분 구성하고, '1주일에 특별한 수업 1시간'을 진행하려고 했다. 이 또한 주간학습안내를 작성하면서 더 선명하게 준비할 수 있었다. 수업 하나를 고르는 재미도 있었고, 내가 잘하고 싶어 하는 수업도 찾을 수 있

었다. 그런 수업은 촬영하고 자료로 만들어 다른 사람들에게 나누기까지
했다.

단원 마인드맵을 그려보자

두 번째로 '단원 마인드맵'을 그려보면 좋다. 단원은 몇 차시로 구성
되어 있는지, 각 차시는 어떤 주제로 구성되어 있는지, 어떤 활동이 있는
지 정말 간단한 마인드맵을 그려보는 것만으로도 단원의 흐름을 파악할
수 있다. 내가 조금 더 준비해야 하는 차시와 조금 더 수월하게 준비할 수
있는 차시도 알 수 있다. (씽크와이즈) 마인드맵 프로그램을 이용해 언제나
새로운 단원을 가르치기 전에 마인드맵을 그려보고 흐름을 기억하는 것
만으로도 큰 도움이 된다.

동학년과 수업 준비를 분담해보자

수업 준비를 동학년이 분담하면 좋다. 교사마다 각자 끌리는 과목이
있고, 조금 더 가르치기 수월한 과목이 있고, 조금 더 집중해서 연구하여
수업해보고 싶은 과목이 있다. 한 사람이 한 과목을 조금 더 준비하고, 수
업 자료와 수업 아이디어를 동학년 선생님에게 보내주자. 서로 보내고
받은 자료를 100% 사용하진 않겠지만, 각자 수업을 준비하는 데 큰 도움
이 된다.

내가 학년부장을 할 때, 이 방법을 제안하여 메신저를 통해 수업과 학
급운영 등 좋은 자료는 서로 나눠가며 생활한 적이 있었다. 나는 음악과
도덕 수업을 구성하고, 국어의 연극 수업, 사회의 영상자료를 찾는 데 능

했다. 하지만 수학과 영어 수업에는 자신이 없었다. 나는 내가 잘하는 것을 열심히 만들어 나눴고, 잘하지 못하는 부분은 열심히 받아서 감사한 마음으로 활용했다.

동학년 모두가 수업 준비를 나누어서 하기가 힘들다면, 마음에 맞는 2~3명이 서로 짝을 지어 주고받는 것도 요령이다. (이를 위해 서로 허용적인 동학년 분위기가 필요하다) 바로 옆 반 선생님과 이 부분에 관해 이야기 나눠 보고 한 과목이라도 분담해보자. 그리고 수업 준비를 분담하기로 했다면, 내가 담당하는 과목과 수업은 다른 선생님들보다 조금만 앞서 진도를 나가자.

그리고 동학년 선생님과 정기적으로 '수업 이야기'를 나누는 시간을 운영해보자. 했던 수업에 대한 이야기도 좋지만, 수업을 준비하는 것에 관한 이야기가 훨씬 힘이 된다. 어떻게 가르쳐야 할지 어려워하는 선생님에게 각자의 경험을 나눠주고 아이디어를 더해주고, 나도 아이디어를 받자. 각자의 성향과 경험이 다르기 때문에 생각지도 못한 아이디어를 만날 수 있다. 함께 이야기하고 준비하는 이 과정 자체가 수업의 질을 높인다고 생각하자.

너무 세밀하게 준비하기보다 뼈대만 잘 잡자

간혹 대본을 놓고 수업하는 후배 교사들이 있는데, 수업 준비는 너무 세밀하게 하지 말자. 그걸 준비하는 과정에서도 지치고, 실제 수업에서 대본대로 하면 정말 딱딱할 수밖에 없고 아이들의 집중도 떨어진다. 그리고 수업 준비에 에너지를 너무나 사용해 정작 수업 때 에너지가 부족하게 되는 상황이 생기지 않도록 조절하자. 수업은 상호작용이고 역동적이기 때문에 대본대로 되지 않는다.

그리고 파워포인트로 모든 수업을 준비하는 경우가 있는데, 몰입은 교사의 눈과 학생의 눈이 만났을 때 일어난다. 처음부터 끝까지 TV와 파워포인트를 이용해 진행하기보다 교사의 말을 중심으로 꼭 필요한 순간에 보조 자료로 사용하자. 정리하고 싶은 것도 파워포인트로 보여주는 것보다 칠판에 적거나 그려주는 게 아이들이 몰입하는 데 훨씬 좋다.

나는 큰 포스트잇 하나에 활동명 중심으로 적어 교과서에 붙이는 방식을 즐겨 사용했다. 일종의 수업 뼈대를 준비한다고 할 수 있다. 영상이나 파워포인트 자료 등은 미리 폴더에 담아뒀다가 수업 전에 미리 아래 창에 순서대로 준비해 뒀다가 꼭 필요한 순간에만 학생들의 활동과 흐름에 따라 적절하게 사용하곤 했다. 그리고 색과 크기가 다른 포스트잇을 이용해 주의사항 등을 붙이는 것을 함께 활용했다.

유료 교수학습지원사이트 사용에 죄책감 갖지 말자

유료로 지원되는 교수학습지원사이트를 사용하는 것에도 죄책감 갖지 말자. 처음부터 끝까지 틀면서 클릭하는 방식으로 사용하란 말이 아니라, 수업을 준비하는 과정에 어려움이 많다면, 잠깐 도움을 받아보자. 지도서를 봐도 이해되지 않는다면, 이런 사이트에 있는 정리와 영상 소개 자료 등을 확인하면서 어떻게 가르쳐야 할지 감을 잡아보자. 감을 잡고 나서 내 수업을 다시 그려보고, 나만의 수업을 준비해보자. 업무가 많고 제대로 자료를 찾아 준비할 시간이 부족한 상황이라면, 잠깐 도움받는 건 나쁘지 않다고 생각하자. 그리고 사이트 자체를 이용해 수업을 진행하지 말고, 꼭 필요한 부분만 따로 띄워놓는 방식으로 약간의 도움을 받아보자.

연속으로 같은 학년을 담임해보자

연속으로 같은 수업을 해보는 것은 나중에 수업을 준비하는 데 어려움을 줄여준다. 2년 연속 같은 학년을 담임해보는 것도 좋았다. 교과서와 지도서에 붙여놓은 포스트잇을 보면서 지난 수업을 떠올릴 수 있었다. 신기하게도 내가 했던 말과 행동의 일부까지 떠올라 수업을 다시 준비하는 과정에서 조금 더 수업 장면을 그려볼 수 있었고, 조금 더 나은 수업으로 바꿔나갈 수 있었다. 전에 했을 때와 달리 여유가 있었고, 문제 상황 등을 미리 경험했던 터라 수업 중 반 아이들에게 하는 말과 진행 방법이 달라져 조금 더 몰입감 있는 수업을 할 수 있었다. 그리고 자료 준비가 정말 수월했다.

교과전담 교사로 생활해보자

교과전담 교사로 생활해보는 것도 좋았다. 여러 수업에 아닌, 한두 과목 수업을 온전히 몰입해 준비할 수 있었다. 그 수업 하나를 여러 반에 들어가 진행하면서 앞 반에서의 경험을 가지고 수업을 약간 수정해 그다음 반에서, 또 그다음 반으로 가면서 하게 되는 약간의 수정 과정이 특별한 준비가 되어 내 수업을 완성하는 경험을 할 수 있어 좋았다. 학년이 바뀌고 과목이 바뀌어도 이렇게 쌓인 경험이 다양한 아이디어로 작동되어 수업 준비가 수월해진다.

너무 많이 준비하기보다 적절한 순간에 멈추자

더 나은 수업을 하기 위해 여러 사이트를 뒤적거리고 책을 읽고 자료를 만들어 준비해놓지만, 수업을 해보면 긴 시간 준비했던 것과 달리 진행되어 허탈한 마음이 생길 때도 있다. 때론 준비했던 것을 사용하지 못할 때도 있다. 그러니 너무 많이 준비하기보다 적절한 순간에 멈출 수 있어야 한다. 수업을 준비하는 것은 경험이 필요하며, 경험이 쌓이다 보면 요령이 붙을 날이 온다. 무엇보다 혼자 준비하는 게 아니라 함께 준비하는 게 좋다는 것을 기억하자.

이것만은 꼭!

✓ 수업 준비가 부족하다고 자괴감 갖지 말자.

✓ 수업 준비의 정도는 때론 자존감과 연결된다.

✓ 수업 준비는 시뮬레이션을 한다는 의미다.

✓ 주간학습안내를 작성해보자.

✓ 단원 마인드맵을 그려보자.

✓ 동학년이 수업 준비를 분담해보자.

- ✓ 동학년과 수업 이야기를 나누는 시간을 운영해보자.

- ✓ 수업은 너무 세밀하게 준비하기보다 뼈대만 잘 잡자.

- ✓ 유료 교수학습지원사이트를 이용하는 것에 죄책감 갖지 말자.

- ✓ 연속으로 같은 학년을 담임해 보거나, 교과전담 교사로 생활해보자.

· 수업 집중 ·

어떻게 온전히 집중하는
수업을 만들 수 있을까요?

"차렷", "경례" 하는 방식은 군대식이라서 그런 방식의 인사는 안 하는 게 좋다고 이전부터 어디선가 들었어요. 그래서 아침에는 아이들 모두가 가볍게 하이파이브 인사를 하고 전체 인사는 집에 갈 때만 했어요. 그런데 수업을 시작할 때는 그냥 인사도 없이 바로 수업으로 들어가자니 뭔가 허전한 느낌이 들어요. 아이들은 수업시간인지 쉬는 시간인지 구분을 못하고 어수선하고요. 교탁 위에 있는 종을 치며 수업시간이 됐다고 알려주지만, 그래도 돌아다니고 떠드는 아이들을 보면 화가 나요. 그리고 수업이 아직 끝나지도 않았는데, 시계만 보고 먼저 일어나려는 애들도 있고요. 어수선한 분위기에서 수업하다 보니 아이들은 자꾸 떠들고 저도 모르게 그 소리보다 크게 말하려니 목도 아프고 교실은 난장판으로 변해가는 것 같아요.

수업하는 데 더 많은 시간을 쓰고 싶지만, 떠드는 아이들을 꾸중하고 자세를 바로잡는 데 수업시간을 절반 가까이 날릴 때도 많아요. 특히 수업 중간에 제 말에 끼어들어서 분위기를 흐리는 아이가 있어요. 한 명이 한 가지 이야기를 시작하면 다른 아이가 그것을 받아서 이야기하고, 또 다른 아이가 다시 받아서 이야기해서 결국에는 전체가 소란스럽게 변해요. 그리고 가끔은 수업에 집중하지 않고 몰래 학원 숙제를 하거나 그림을 그리는 등 다른 것을 하는 아이도 있어요.

한편으로는 '내 수업이 재미없나?' 하는 생각도 들어요. 저는 아이들과 즐겁게 수업을 하려고 준비도 많이 하고, 아이들을 존중하며 수업하기 위해 노력해요. 그런데 수업을 방해하는 행동 때문에 수업이 제대로 안 될 때가 많아서 너무나 화가 나고, 내가 이렇게 수업 준비해봐야 무슨 필요가 있나 하는 자괴감이 들어요. 그러다 보니 열심히 저만 바라보고 집중하는 아이들에게는 미안한 마음이 들기도 해요.

정말 수업시간에 온전히 수업을 제대로 해보는 게 소원이에요. 어떻게 하면 아이들이 집중하는 수업 분위기를 만들 수 있을까요?

내 수업을 참관한 선생님들은 수업 내용과 내가 적용한 기술과 방법보다 '아이들이 수업에 온전히 집중해 참여하는 비결'을 궁금해하는 경우가 많았다. 아이들이 내 말을 조용히 경청하고, 필요한 순간에 손을 들고, 정해진 시간에 질문하며, 다양한 활동을 하다가도 내 신호에 바로 집중하고, 수업을 방해하는 행동을 하지 않는다는 것을 부러워했다. 그리고 내 교실에서 교과전담 수업이나 보결수업이 진행될 때도 집중하는 분위기가 좋다면서 비결을 물어보기도 했다.

사실 이 부분은 교직 초반부터 어떻게 온전히 집중하는 수업을 만들수 있을지 고민한 것도 있지만, 수많은 시행착오를 거치며 하나씩 알게 된 것도 많다. 수업에 관해서 많은 이야기를 나눌 수 있지만, 우선 수업을 위한 기본 바탕인 수업을 위한 구조 세팅을 살펴보자.

쉬는 시간과 수업 시작을 인사로 구분하자

학교에서 차임을 울려주는 경우도 있겠지만, 수업 시작과 끝에 교사와 학생이 함께하는 인사는 정말 중요하다. 내 교실 시스템은 내가 에너지 차임을 한 번 울리고 나서 아이들을 바라보고 있으면, 반 아이들은 정돈 하고 내 눈을 바라보며 내가 수업 시작 인사를 하길 조용히 기다린다. 모두가 준비되면, "지금부터 수업을 시작하겠습니다" 하고 따뜻한 미소와 함께 가볍게 고개 숙여 아이들에게 인사를 한다. 그러면 아이들도 미소와 함께 "열심히 하겠습니다"라고 인사한다.

이런 인사를 수업시간마다 하는 이유는 쉬는 시간에서 수업시간으로 전환됐음을 온몸으로 서로에게 알려주기 위해서다. 교사인 나는 열심히 수업을 하겠다는 신호와 다짐을 나에게 보내는 것이고, 학생들은 목소리("열심히 하겠습니다")와 몸을 이용해 스스로에게 수업이 시작됐음을 알려주는 것이다. 이것만으로도 서로 집중하는 수업 분위기를 만들 수 있다.

수업이 끝날 땐 에너지 차임을 한 번 울린 뒤, 미소를 지으며 아이들을 바라본다. 그러면 아이들도 수업이 끝난다는 것을 알아차리고 내 입에서 마지막 인사가 나오기를 기다린다. "열심히 수업에 참여해 줘서 진심으로 고맙습니다. 이상으로 수업을 마칩니다" 하고 고개 숙여 인사하고,

아이들은 "감사합니다"라고 말하며 함께 고개 숙여 인사한다. 이 의식행위를 해야만 쉬는 시간이 된다.

이때 학생들의 마지막 인사말이 중요하다. 이를 위해 학년 초에 "선생님은 이 수업을 위해 많은 시간 동안 준비를 한단다. 그리고 최선을 다해서 수업을 진행하지. 앞으로 선생님이 너희를 위해 더 열심히 수업을 준비할 수 있도록 수업이 끝날 때 해주면 좋은 말이 있단다. 그게 뭘까?"라고 물으며 아이들이 자연스럽게 "감사합니다", "수고하셨습니다" 또는 "고맙습니다"라는 말을 찾아내도록 한다. "집중해서 최선을 다한 너희에게 선생님은 고마움 담아 인사하고 싶구나. 너희도 열심히 수업을 준비한 선생님에게 앞으로 더 수업을 열심히 준비해 달라는 마음을 담아서 어떤 자세와 목소리로 인사하면 좋을까?" 이렇게 수업 마지막에 서로 감사함을 표현할 수 있도록 한다. 아이들이 진심 어린 눈빛으로 "고맙습니다"라고 인사해주면 뿌듯함이 들고, 수업을 위해 더 노력하게 된다.

서로의 말을 끝까지 듣는다

교사와 학생들이 자유롭게 말을 주고받으며 수업을 하면 좋겠다는 생각을 하곤 한다. 하지만 이렇게 하려다 보면, 교사의 말 중간에 치고 들어와 마구 이야기하거나, 필요 없는 말을 하려다 툭 던지거나, 교사의 질문에 짧은 답을 마구 던져 답을 맞히려는 등의 행위로 누군가의 말이 끊어지고 장난스러움만 가득해 실패한 수업이 되곤 한다.

자유롭게 말을 주고받기 위해선 '경청'을 해야 하고, 무엇보다 중요한 '끝까지 듣기'가 필요하다. 먼저 교사의 말이 학생들에게 전달되는 것이 방해되지 않도록 '교사와 학생의 말이 끊어지지 않도록 끝까지 듣기'를 부탁하자. 칠판에 머리와 뇌, 연결된 귀를 그려놓고 귀에 선생님 이야기가 들어가는 모습에 다른 학생들의 농담이 동시에 들어가는 모습을 그려가며 '집중과 몰입'에 관해 이야기해주자. 그런 다음 한 학생을 앞에 세워놓고 양쪽에 2명씩 배치한다. 양쪽의 학생들에게 가운데 학생의 귀에 대고 여러 이야기를 동시에 하게 하고는 교사가 글의 일부를 동시에 읽는다. 그리고 모든 것을 멈추고 선생님이 무엇을 읽어줬는지 물어보자. 아마도 '전혀 알 수 없었다'고 대답할 것이다. 그러면 아이들에게 "우린 이런 분위기 안에서 공부하고 있었던 거야. 내가 마음대로 하고 싶었던 말들이 이렇게 누군가의 귀에 들어가 수업을 방해하기도 한단다"라고 이야기해주자. 그리고 정말 중요한 "공부를 위해 누군가의 이야기를 끝까지 듣는 것은 굉장히 중요하단다. 끝까지 들어야 더 깊이 이해할 수 있고, 끝까지 들어주는 것은 그 사람을 존중한다는 의미란다. 학교에서 공부는 함께하는 것이고, 학교에서 공부는 존중 속에서 해야 한단다"라는 말을 나눠보자.

발문(교사의 질문)과 응답(학생의 대답)을 이용해 수업을 진행할 때, 발언권이 필요한 순간과 자유롭게 이야기 나눌 수 있는 순간을 구분 지어주면 좋다. 나는 아이들에게 질문을 할 때, 오른손을 들면서 말하는 것은 '중요한 질문이니 발언권을 얻고 말을 합니다'라는 의미로 약속했고, 두 손을 자연스럽게 앞으로 편안하게 벌리며 질문하거나 오른손을 들지 않고 말하면 '자유롭게 선생님과 이야기를 나눠요'라는 의미로 약속했다.

질문하는 시간과 장소를 만들어두자

교사의 말 중간에 질문을 하고 싶어 하는 학생이 있다. 교사의 말이 끊어지면, 학생들의 집중도 깨지기 때문에 학년 초에 끝까지 말하기의 중요성을 이야기해주고, 혹시라도 중간에 질문이 있을 때는 말로 표현하는 게 아니라 손을 높이 드는 등의 신호를 정해 기다렸다가 물어볼 수 있게 하자. 간혹 학생이 자신도 모르게 툭 던질 수도 있다. 그럴 땐 "질문은 조금 뒤에 한 번에 받겠습니다. 조금만 기다려주세요"라고 말하고 내 말을 끝까지 하자. 이렇게 나는 수업 중간중간에 "이 부분까지 혹시 질문 있나요?"라고 물어보고 질문을 받는 시간을 따로 운영한다. 질문을 따로 받는다는 것에 익숙해진 아이들은 내 말이 끝나는 순간 손을 들어 질문하는 모습으로 바뀐다. 교사도 존중받고 학생들도 존중받는 느낌이다.

모둠 활동이나 다른 활동을 하는 중에 이곳저곳에서 질문을 동시에 하는 경우가 있는데, 교사가 매번 움직여 다니기엔 동선도 불편하고, 툭 던지는 질문들 때문에 간혹 난감할 때가 있다. 이럴 땐 교실 앞쪽에 '질문을 하는 장소'를 따로 만들어놓자. 모둠 활동이나 전체 활동 중 선생님에게 질문이 있다면, 그곳에 서서 선생님이 올 때까지 기다리게 하자. 그리고 질문을 할 때도 따지듯 하는 게 아니라 도와달라는 의미로, 친절하게 가르쳐 달라는 의미로 공손하게 물어보게 하자. 몇 번만 해보면 수업 중에 선생님 말을 끊지 않고 따로 질문하는 시간이 있고, 활동 중엔 질문하는 장소가 있음을 아이들이 알게 되어 방해 없이 자연스럽게 흐름이 이어지는 것을 경험할 것이다.

스스로 바꿔볼 수 있게 하는 질문법

끝까지 경청하는 것을 위해 수업에서도 '나도 좋고, 친구들도 좋고, 선생님도 좋아야 한다'를 다뤄야 한다. 경청의 중요성을 이야기 나눴음에도 수업 중에 말을 함부로 하거나 분위기를 깨는 경우가 있다. 생활지도에서도 이야기했듯, 그 즉시 모든 것을 멈추고 다뤄야 한다. 그렇지 않으면 반복되기 때문이다. 수업 중에 이런 상황은 언제든 일어날 수 있으니 화내지 말고 약간의 미소를 지은 뒤, 그 학생의 눈을 바라보고 이렇게 말해보자. "선생님이 열심히 수업을 하고 있었는데, 네가 함부로 말을 하니까 선생님은 좀 속상해(또는 상처받았어). 혹시 선생님을 힘들게 하려고 그런 거니? 그냥 궁금해서 물어보는 거야."

그러면 보통은 "아니요"라고 하는데 "네가 조금 전에 했던 말(행동)은 너도 좋고, 친구들도 좋고, 선생님에게도 좋은 거니?" "우리 모두에게 소중한 수업이 잠깐 중단됐는데 음… 어떻게 생각하니? 혹시 우리 모두를 방해하려고 그런 거니?" 등의 질문으로 혼자가 아닌 '우리 모두'에 초점을 맞추게 하자. 아이의 말을 듣고 화내거나 꾸중하지 말고 "그래, 일부러 그런 것은 아니라고 생각해. 그렇다면 이제 어떻게 하면 될까?"라고 하며 교사가 답을 만들어주지 말고, 스스로 말을 찾아 답하도록 하자. 답이 늦어지면, "우리 모두에게 소중한 수업이 계속해서 멈춰지고 있는데, 우리가 수업을 하지 않았으면 하는 그런 마음이니?"라고 물어볼 수도 있다. 때론 수업이 끝나고 이 부분에 대해 이야기 나눠보자고 말하고 수업을 계속해서 진행할 수도 있다. 하지만 대부분 반성도 하고, 스스로 바꿔나갈 부분을 이야기하고, 행동을 줄이거나 멈춘다. 그러면 수업이 끝난 뒤, 꼭 따로 불러서 "선생님과 이야기 나눈 뒤에 네가 노력해주는 게 느껴져서 정말 고마웠단다"라고 하면서 학생이 노력한 것에 대해 꼭 언급해줘야 한다. 꾸중하기보다 교사의 감정을 말하고, 노력할 것을 찾고, 학생의 노력에 고마워하는 것. 이것이 수업 중 학생의 행동을 바꿔나가는 특별한 비법이다.

중앙에 위치하고 전체를 살펴보며 중심을 잡자

학생의 몰입과 자유로움을 위해 교사가 중심을 잡고 있어야 한다. 모든 것을 학생에게 맡기는 게 아니라 학생이 더 수업에 참여하고 더 주도적인 위치로 갈 수 있도록 교사의 역할이 중요하다. 수업 집중을 위해서는(학급운영과 생활지도도 마찬가지) 교사가 칠판 앞 중앙에 서야 한다. 중앙에서 교실 전체를 살펴야 하고, 필요한 순간에는 개입해야 하며, 중요한 전환 순간마다 학생들이 집중하고 몰입할 수 있는 위치에 있어야 한다. 연극에서 관객의 시선과 몰입을 위해 왼쪽, 오른쪽, 중앙, 앞과 뒤 등으로 무대에서의 위치가 달라지는 것처럼, 수업에서도 교사의 위치 선정이 중요하다.

교사가 마구 이동하면서 말하거나 몸을 자꾸 움직이면, 학생들의 시선도 계속 따라다닐 수밖에 없어서 집중이 깨진다. 말할 때는 중앙에 서서 하고, 학생들이 TV를 보거나 활동할 때 이동하고, 중요한 순간에는 다시 중앙으로 돌아와 똑바로 서서 수업을 진행하자. TV 쪽에 서서 수업을 하면, 학생들의 시선이 자연스럽게 TV나 TV 근처의 창문과 배경 쪽으로 쏠리게 된다.

아이들도 교사와의 거리와 균형이 중요한데 한쪽으로 쏠리지 않도록 중앙에 서면 좋다. 글을 읽을 때 시선이 왼쪽에서 오른쪽으로 자연스럽게 이동하듯 칠판에 뭔가를 써놓고 이야기할 땐 살짝 학생들이 보는 방향에서 오른쪽으로 이동해 칠판 내용을 이야기하고 다시 중앙으로 오는 것이 좋다.

"선생님이 어디에 섰을 때 너희 마음이 편하니?" 또는 "선생님이 어디에 서서 수업할 때 안정감이 생기니?"라고 물어보자. 교사가 몇 군데 서보면서 학생들에게 생각과 느낌을 물어본 뒤, "집중을 위해 선생님이 이곳에 서도록 할게요"라고 말하는 것도 좋다. 개인 성향과 과거 경험 때문에 학생들의 시선이 집중되는 것이 부담되어 옆으로 이동하는 경향을 지닌 교사도 있다. 학생 자리에 앉아보고 동학년 선생님에게 평소에 내가 서 있던 자리에 서달라고 부탁해보자. 학생의 눈으로 내가 어떻게 보이는지를 파악해보는 것도 의미 있다. 교사에게 집중되고 힘이 생기는 중앙에 서도록 하자.

소리가 둔탁한 종보다 맑은 소리가 나는 에너지 차임을 사용하자

수업 집중을 위한 도구와 세팅도 중요하다. 종은 집중을 만드는 데 중요한 요소다. 교직 초반엔 교탁 위의 종을 한 번 치면 '집중', 두 번 치면 '박수 3번', 세 번 치면 '엎드리기'로 신호를 정해 사용했는데, 집중하게 하는 데는 좋았지만 짧고 둔탁한 종소리도 싫었고, 매번 파블로프 실험 같은 신호를 주는 느낌이 들었고, 내가 초등학교 시절 때 사용했던 종이 현재에도 사용되는 것이 싫었다.

심리치료 전공으로 여러 워크숍에 참여하다가 명상용 에너지 차임을 알고 나서는 교탁 위의 종을 없앴다. 에너지 차임의 소리는 맑고 은은해서 아이들이 큰 소음을 내며 활동하고 있어도 그 사이를 뚫고 들어가 신호를 줄 수 있어서 차임을 한 번만 울려도 집중하는 데 큰 효과가 있었다. 수업 시작과 끝, 그리고 활동이 전환되는 중간중간에 차임을 한 번만 울려도 충분했다.

정말 소란한 순간이라면 차임을 바로 치기보다 "박수 세 번 시작!" 이 멘트를 즐겨 사용했다. 평소 목소리로 "박수 세 번 시작!" 하면 가까이에 있는 학생들이 '짝짝짝' 하고 박수를 치면 그 소리가 주변에 '집중을 해야 하나 보다' 하고 알려주는 효과가 있다. 2~3번 연속으로 "박수 3번 시작!" 하면 조금씩 앞에서부터 뒤쪽으로 박수 치면서 조용해진다. 그때 "박수가 끝나면, 선생님 눈을 바라보고 집중합니다. 다시 박수 세 번 시작!" 하고 모두가 조용해진 상태로 내 눈을 보면 차임을 한 번 친 뒤 중요한 안내를 하거나 그 상태로 활동을 전환하고 수업을 이어나갔다.

TV는 필요할 때만 켜자

수업 중에도 TV가 계속해서 켜있으면 컴퓨터 바탕화면의 프로그램이나 쪽지, 메신저 내용 등 다양한 정보가 아이들에게 전달되는 것은 물론이고 자연스럽게 아이들의 시선이 TV로 자주 옮겨져서 교사가 중앙에 있더라도 집중이 떨어진다. 수업을 준비할 때 TV를 사용해야 하는 지점을 미리 확인하고 TV로 보여줄 자료는 쉬는 시간에 미리 준비하자. 그리고 "자, 여러분과 함께 영상 하나를 보겠습니다"라고 하며 리모컨을 들어

TV를 켜고, 끝나면 바로 끄자. 자연스럽게 아이들의 시선이 중앙의 교사에게 모인다. 다음에 보여줄 부분이 있다면 아이들이 활동하고 있을 때 준비하자. 또는 교사용 컴퓨터에 TV를 더블 모니터로 세팅해 필요한 자료만 띄워서 보여주는 것도 요령이다. 하지만 이런 경우에도 필요 없을 때는 TV를 아예 꺼두자. 학생 자리에 앉아 교사와 TV가 어떻게 보이는지 경험해보는 것도 좋다. 그리고 TV로 보이는 교사 컴퓨터의 바탕화면도 깔끔하게 정리해두자.

칠판은 최대한 깔끔하게 두자

학생의 집중을 방해하는 것은 모조리 없애자. 칠판은 꼭 필요한 순간만 사용하자. 그러면 학생의 시선이 더 집중된다. 칠판 양쪽 게시판은 유동적인 부착물이 아니라 잘 바뀌지 않으면서 안정감이 있게 만들자. 자꾸 붙였다 떼었다 하는 것들과 안내는 모두 교실 뒤 학생들이 자주 오가는 곳에 게시하자. 칠판 위와 양옆에 다양한 말들과 결과물을 붙여놓고 아이들이 더 나은 사람이 되길 바라지만, 수업 측면에서 보면 모두 방해요소다. 최대한 깔끔하게, 수업에 방해되는 것은 모두 없애자.

그래서 나는 학생들이 봤을 때 왼쪽(TV와 가까운 곳)은 단체 사진 한 장과 '나도 좋고 친구들도 좋고 선생님도 좋은 교실'이란 문구만 붙여놓는다. 칠판은 통째로 수업을 위해 비워두고, 오른쪽 게시판에는 시간표, 급식 안내, 학교 달력, 자리표 등 변동이 없고 같은 크기와 모양으로 바뀌는 것들만 둔다. 그리고 교사 책상 위도 학생들의 시선을 분산하게 하는 것들은 수업 전에 언제나 치워놓는 수고도 필요하다.

수업 집중을 돕는 몇 가지 팁

학생들이 수업 중에 자리에서 일어나지 않도록 하는 것도 중요하다. 누군가 이동하면 자연스럽게 시선이 그쪽으로 쏠릴 수밖에 없다. 수업 코칭을 하면서 여러 후배 교사의 수업을 보았는데, 아이들이 사용하기 편하도록 연필깎이를 교탁 쪽에 두는 경우가 많았다. 연필깎이는 뒤쪽에 두고, 쉬는 시간에 미리 깎아 준비하게 하자. 또는 아침에 학교에 도착하자마자 하루 동안 사용할 연필을 미리 깎아 필통에 넣게 하는 것도 좋다. 연필이 없어서 움직이는 학생들을 위해 교실 뒤쪽 작은 바구니에 예비용 연필을 두는 것도 좋다. 당번을 정해 연필을 여러 자루 깎아 두고 필요한 사람은 쉬는 시간에 빌려 쓰고 다 쓰고 나면 깎아서 넣어두게 하면 좋다. 같은 이유로 쓰레기통이나 화장지도 교실 앞쪽보다는 뒤쪽에 두자. 앞에서 뒤로 가는 것에 비해, 뒤에서 앞으로 가는 것이 수업 방해가 심했고, 급하지 않으면 기다렸다가 쉬는 시간에 버리거나 활동이 시작됐을 때 등의 짧은 틈을 이용해 버리도록 하자.

수업을 막 시작하려는데 사물함이나 가방에서 책을 꺼내기도 하고 화장실에 다녀오겠다고 하는 학생도 있다. 수업이 끝나면 책상 위에 다음 수업 책과 공책을 올려놓고 화장실에 다녀온 뒤 쉬는 시간을 보내기로 하자. 수업 도중엔, 수업과 관련 없는 물건은 모두 책상 위에서 치워놓거나 가방에 넣게 하자. (교사마다 다르겠지만) 교과서도 필요한 경우에만 펴놓으면 좋다. 교과서의 그림과 글을 보느라 교사와 수업 상황에 몰입하지 못하는 경우가 있었다. 그래서 수업을 시작할 땐 교과서를 덮어놓고, 필요한 순간에는 페이지를 알려주어 본 다음 다시 덮고 이야기를 나누는 방식을 사용해보자.

학생들과 개선해나가자

수업 집중은 교사가 중심을 잡아야 한다. 필요한 게 있다면 이해시켜 주고, 함께 수정해 나가면서 앞에서 소개한 방법들 외에도 다양한 시도를 해보자. 무엇보다 학생 자리에 앉아서 어떤 부분이 수업 집중을 방해하는지 확인해보면서 교사인 나와 교실 환경을 살펴보자.

그리고 학생들에게 수업에 방해되는 것은 무엇이 있는지 포스트잇에 적어 칠판에 붙이게 한 뒤 비슷한 것을 묶어보자. 그것을 가지고 학생들과 이야기 나눠보고 간단한 '수업 때 우리가 지켜야 할 것'을 정해보는 것도 좋다. 처음엔 교사가 중심을 잡고 조금씩 학생들과 함께 만들어 가보자.

이것만은 꼭!

- ✓ 수업 시작과 끝에 에너지 차임을 이용하여 인사를 하자.
- ✓ 존중을 담은 인사로 몸과 마음을 준비시키자.
- ✓ 서로의 말을 끝까지 듣도록 하자.
- ✓ 질문 시간을 따로 만들고, 전체 활동 시 질문하는 장소를 만들어두자.

- ✓ 수업을 방해하는 행동을 하면, 스스로 바꿔볼 수 있도록 질문법을 활용하자.
- ✓ 교사는 중앙에 위치하고 전체를 살펴보며 중심을 잡아야 한다.
- ✓ 둔탁한 소리의 종보다 맑은 에너지 차임을 사용해보자.
- ✓ "박수 세 번 시작!"으로도 아이들 소음을 줄일 수 있다.
- ✓ TV는 필요할 때만 켜자.
- ✓ 칠판은 최대한 깔끔하게 두자.
- ✓ 칠판 주변과 교사 책상도 깔끔하게 두자.
- ✓ 연필깎이는 뒤쪽에 두고, 쉬는 시간에 미리 깎아두게 하자.
- ✓ 쓰레기통이나 화장지 등도 뒤에 두자.
- ✓ 학생 자리에 앉아서 어떤 것이 집중을 깨는지 살펴보자.
- ✓ 처음엔 교사가 중심을 잡아 집중을 만들고, 차츰 학생들과 함께 개선해나가자.

제 수업을 성장시키고 싶어요

수업을 정말 잘해보고 싶은데, 아이들이 많이 지루해해요. 특별한 수업을 만들어보고 싶어서 인터넷에 있는 다른 선생님들의 수업 사례를 찾아보기도 하고, 따라 해보기도 해요. 하지만 그 선생님들이 부러운 마음도 들고, 때론 나는 왜 그런 수업이 되지 않을까 하는 자괴감도 들어요. 제 수업을 보면, 아이들은 자꾸 멋대로 말하면서 떠들고 있고, 어디에 내놓기 부끄러울 정도로 평범하게만 느껴져요. 교육과정 재구성, 프로젝트 수업, 거꾸로 교실 등 연수를 들어보았지만, 교실에 적용해보는 것도 어렵게 느껴져요.

수업 경험이 많은 선생님의 수업을 보고 싶고, 그분들과 함께 이야기 나누며 수업의 기본적인 부분부터 배우고 싶기도 한데 기회가 많이 없어요. 동료 장학이 있긴 하지만, 학교는 항상 바쁜 곳이다 보니 조금은 형식적으로 돌아가기도 하는 것 같아요. 그래서 컨설팅을 신청하기도 하고,

학년부장님께 부탁해서 수업을 참관하기도 하고, 다른 선생님께 제 수업을 봐달라고 부탁드리기도 했지만 몇 번에 불과해요.

저는 아직도 수업 기술이 발령받을 때와 큰 차이 없이 멈춰있는 것 같아요. 수업은 교사의 전문 영역이라고 생각하는데, 나름 노력해도 나아지지 않는 것 같아서 이제는 무력감이 들기도 해요. 남들과 다른 조금 특별한 개성이 있는 수업을 해보고 싶어요. 가르치면서 즐겁고 학생들에겐 배움이 있는 수업을 만들고 싶어요. 이런 환경과 여건 속에서도 수업을 조금 더 성장시킬 방법은 없을까요?

교사라면 누구나 수업을 잘하고 싶은 마음을 갖고 있다. 완벽학습을 수업에서 이뤄보고 싶고, 감동적인 수업을 만들어보고 싶다. 하지만 막상 도전해보면 쉽지 않다. 내 수업이 초라하게 느껴질 때면, 수업을 진행하는 자신감도 떨어져 학생들 눈치가 보인다. 더 나은 수업을 만들어보고 싶지만, 누군가의 수업을 참관하면서 배울 기회도 적고, 수업을 보고 싶다며 누군가의 교실 문을 두드리기도 쉽지 않다. 내 수업을 조금 더 성장시키는 방법을 배울 수 있는 곳도 찾기 힘들다. 나 역시 그렇다. 앞으로도 그럴 것이다. 하지만 현재의 수업은 과거의 수업보다 성장했고, 앞으로도 성장하리라 믿는다. 수업 성장에 대한 내 생각 일부를 나눠본다.

내 수업을 촬영해보자

나는 '내 수업을 촬영한 뒤, 내 모습을 바라보는 것'에서 큰 성장이 있었다. 나는 몇 년간 내 수업을 꾸준히 찍어서 봤다. 어떻게 하면 더 좋은 수업을 만들 수 있을지 내 자세와 말과 흐름을 살펴보고 싶었다. 영상으로 내 모습을 보는 것이 쑥스러웠지만, 내가 내 모습을 바라보면서 알아차리는 것이 많다. 내가 얼마나 말을 많이 하는지, 수업 흐름에 필요한 이야기였는지, 내가 얼마나 산만하게 돌아다니는지, 내 표정과 몸짓은 어떠한지 등 수업을 준비하면서 머리로 그리고 구상했던 것이 실제 어떻게 수업으로 진행되어 가는지 봐야 한다. 영화 치료에서도 내담자의 모습을 찍어 자신을 바라보면서 '직면'하게 하고 '변하고 싶다'는 마음이 들게 하는 것처럼, 수업을 진행하는 내 모습을 '직면'하고 바꿔나갈 것을 알아차리는 것이 매우 중요하다.

남에게 보여주기 위해서가 아니라 내 수업의 성장을 위해 일주일에 한 번 내 수업을 촬영해보자. 가장 열심히 준비했고, 자신감이 있는 수업을 촬영해보는 것도 좋다. 수업 영상을 보면서 아이들이 어떻게 교사를 바라보고 어떤 부분에 공감하고 지루해하는지 살펴보는 것도 중요하다. 학생들의 시선이 교사로 향하지 않고 멋대로 이야기하고 딴짓을 한다면, 수업 집중부터 다시 만들어야 하거나 아이들 수준에 맞지 않는 방식으로 수업을 진행했을 가능성이 크다. 학생들이 몰입하고 교사인 나와 상호작용이 잘 일어나는 부분을 잘 관찰해서 그와 관련된 부분을 조금 더 이용하면 좋다.

기록하고 돌아보고 사색하자

그리고 내 수업은 '기록'에서 성장했다. 수업하며 특별했던 기억을 '블로그'에 적기 시작했다. 수업을 다시 떠올려 글로 써가는 과정에서 내 수업을 돌아보게 되었고, 다음에 이 수업을 하게 되거든 어떻게 하면 좋겠다는 생각이 들었다. 그러다 다음 해에 같은 학년을 한 적이 있었는데 지난해 수업이 생생하게 남아 있어서 사용하는 말도 달라지고 활동도 더욱 깊이 있게 진행할 수 있었다.

이 경험이 좋아 더 많은 수업을 기록하고 내 기억에 남겨뒀다. 학년이 달라지거나 교육과정이 달라져도 주제나 형식이 비슷한 수업에선 과거에 내가 사용한 기술과 기법이 자동으로 떠올랐고, 몇 번이나 해봐서 그런지 더 자연스럽게 요령껏 수업을 할 수 있었다. 나중엔 내 블로그에 사람들이 와서 수업에 관한 아이디어를 얻어가는 것을 보고는 다른 사람에게 수업 아이디어를 제공하는 글쓰기로 바뀌게 됐다. 그러다 보니 내 수업을 몇 번이나 돌아보게 되고, 이야기로 다듬고, 사진과 영상을 찍어 편집하는 과정에서 내 수업을 분석하고 돌아보게 되고 반성하게 되었다. (그래서 내 수업을 계속해서 촬영하게 된 것도 있었다)

수업을 성장시키고 싶다면, 내 수업의 일부를 글로 남기고 내 수업을 돌아보며 사색하는 것을 추천한다. 그 과정에 생긴 생각과 이미지가 내 깊숙한 곳에 남고 다음 수업에 영향을 미친다. 앞서 말한 수업 촬영과 함께 한다면 큰 효과를 볼 수 있다.

다른 선생님의 수업을 많이 보자

이렇게 혼자서 수업을 만들어가는 것도 좋지만, 더 좋은 것은 다른 선생님의 수업을 많이 참관하는 것이다. 내가 내 수업을 보고 바꿔나가는 것은 단편적이고 한계가 있을 수밖에 없다. 다른 성향의, 다른 관심 분야의, 다른 학년의, 다른 성별의, 다른 경력의 선생님의 수업을 참관하자. 그리고 배워오자. 수업을 따라 해보거나 변형해 내 수업에 적용해보는 것도 좋다. 기술과 방법에 관한 것을 보는 것도 좋지만, 수업 전환 방법, 도구 사용법, 교사의 표정과 비언어까지 살펴보는 것이 도움 된다.

하지만 학교 내의 다른 선생님의 수업을 참관할 기회를 얻는 게 쉽지 않다. 학부모 대상 공개수업이 있긴 하지만 여러 선생님이 동시에 하기 때문에 참관하기가 쉽지 않고, 신규나 저 경력 선생님들이 공개수업을 하는 경우가 많아 아쉬울 때가 많다. 자, 용기를 내서 학교 내 선배들 중 한 사람에게 찾아가자. 그리고 수업을 한두 시간만 참관해도 좋을지 물어보자. "평소에 선배님 수업 이야기를 듣다 보면, 존경심이 절로 생겨요. 실례가 되지 않는다면 수업을 참관하면서 배우고 싶습니다. 수업을 볼 기회가 부족해 정말 아쉬워서 그런데 허락해주실 수 있을까요?" 선배처럼 되고 싶고, 배우고 싶고, 도와달라는 이 3가지 메시지를 적절하게 담아서 수업 참관 기회를 얻어보자. 다른 사람에게 수업을 공개하는 일은 쉬운 일이 아니니 허락해주면, 정말 감사한 마음으로 인사하자. 거절당하더라도 '나라도 그런 마음 드는 건 당연해'라고 생각하고 "선배님, 부담 드려 정말 죄송했습니다" 하고 공손히 인사하자.

후배일 땐 이렇게 부탁해도 이해되지만, 연차가 쌓이고 나이가 들면 이런 부탁하기가 참 쉽지 않다. 그러니 경력이 적을 때 부끄러워하지 말고 물어보자. 잘못된 것이 아니다. (때론 내 수업을 선배에게 보러 와달라고 부탁하고 조언을 구하는 것도 요령이다)

내 교실에 와서 수업을 지켜본 후배 선생님들이 있었다. 내 수업이 완벽하진 않겠지만, 내가 저 경력일 때 다른 사람의 수업을 많이 보지 못해 아쉬웠던 기억이 나서 교실로 초대했다. 수업을 준비하는 과정도 보여주고, 수업 중에 생긴 문제를 해결해나가는 것도 보여주고, 내가 사용했던 수업 도구들에 대한 설명과 수업 후 내 생각까지 나눴더니 후배들이 기뻐했던 기억이 있다.

학교 내 수업을 보기 힘들다면, 교육청 홈페이지에 올려진 수업 영상들을 활용해보는 것도 좋다. 일주일에 한 편만 봐도 많은 것을 배울 수 있다. 어떻게든 수업을 많이 보자. 보는 것만으로도 내 수업의 질이 올라간다. 그리고 공문을 잘 확인해보자. 연구회나 수석교사의 공개수업 소식을 볼 수 있으니 여건이 된다면 찾아가 수업을 보고 배우자. (선배들이 먼저 후배들에게 수업에 관해 이야기를 건네는 것도 필요하다)

수업 모임이나 동아리에 참여해보자

학교 내 또는 차로 이동할 수 있는 가까운 거리 내에 작은 수업 동아리나 모임을 만들어보고 함께 수업에 관해 이야기 나누면 좋다. 나 또한 지역에서 작은 동아리 하나에 몇 년간 참여했는데 이곳에서 수업에 대해 특별한 경험을 했다. 하나의 기법을 배우면, 헤어진 뒤 각자 교실에서 그 기법을 실습해보고 일주일 후에 다시 만나 적용해본 것을 서로 돌아가면서 이야기를 나눴다. 하나의 기법이 다양하게 적용되는 것을 알게 되는 것도 좋았고, 하나의 기법이 어떻게 변형되는지, 어떤 상황에서 실패하는지 등 다양한 관점을 동시에 만날 수 있어서 그 기법을 수업에 적용하는 데 훨씬 편했다. 무엇보다 누군가 공개수업을 하면 수업을 함께 고민해보고 수업안 하나를 완성했다. 그러면 돌아가서 자기 교실에 맞게 그 수업을 하고 돌아와 각자의 경험을 나눴다. 그런 뒤 수업안을 다시 고쳐 보면서 더 나은 수업을 만들어갔다. 이런 경험이 3년 정도 쌓이자 수업에 여러 기법을 자연스럽게 적용할 수 있게 됐고, 다양한 아이디어가 떠올랐고, 공개수업을 하는 것에도 큰 부담이 생기지 않았다.

이런 방식으로 학교에서 일주일에 한 번 수업 하나를 가지고 서로 이야기 나눠보고, 각 교실에 가서 수업해보고, 돌아와 경험을 나누는 수업 동아리를 구성해도 좋다. 이런 동아리 모임을 운영하기 힘든 구조라면, 하고자 하는 수업 이야기나 고민을 동학년 모임이나 학교 내 잠깐 모임이 있을 때 이야기하고 혹시 좋은 아이디어가 있는지 물어보는 것도 요령이다. (수업 멘토-멘티로 선배와 후배가 짝을 지어 일정한 시간에 만나 이야기 나누는 '수업 친구'를 운영해보는 것도 좋다)

다른 사람의 수업을 따라 해보자

인디스쿨(https://www.indischool.com/)과 SNS(페이스북 등)에서 누군가 소개한 수업을 참고하고 따라 해보자. 무엇보다 특정 시기가 되면, 여러 사람이 동시에 수업 자료와 수업 방법에 관해 알려주기 때문에 이곳을 이용하면 좋다. 놓치고 있던 부분을 다잡을 수 있고, 독특한 아이디어 등을 만날 수 있다. 다만, 남에게 알려주고자 하는 '나눔'에 초점을 두고 정성껏 수업 이야기를 하는 사람도 있지만, 일부는 인정받고 싶고 자신을 알리기 위해 억지로 쥐어짜 만든 수업도 있으니 모든 것을 따라 하기보다 마음에 끌리는 일부를 선택해서 내가 하고자 하는 수업에 결합해보자. 그리고 그들도 평범한 수업보다 특별하고 이벤트적인 수업 중심으로 올리니 그런 수업을 보고 나 자신과 내 수업을 초라하게 생각하지 말자.

수업을 구상하는 데 도움이 되었다면, 정성스런 댓글이나 쪽지를 보내는 것이 좋다. 친분도 쌓을 수 있지만, 무엇보다 이런 댓글과 감사 표현이 그들에게 더 많은 자료를 생성해내게 하는 동력으로 작동한다. 무엇보다 그들이 공부한 분야와 관심 분야를 알게 되면서 내가 내 수업을 위해 무엇을 더 공부할지 힌트를 얻을 수 있다.

SNS를 불편해하거나 두려워서 사용하지 않는 경우가 있는데, 수업과 학급운영 등 열심히 자료를 생산해내는 선생님들의 삶과 교실 이야기를 보면서 배울 수 있고, 그들의 수업 고민 또한 만날 수 있으니 활용해보자. 도움을 얻는 통로라고 생각하면서 내 글을 남겨야 하는 부담감은 내려놓고 '감사합니다' 또는 '덕분입니다'라는 댓글만으로도 충분하다고 생각하자.

핀터레스트(https://www.pinterest.co.kr/)도 활용해보자. 세계의 여러 수업 자료와 아이디어를 만날 수 있어서 수업에 생동감과 독특함을 만드는 데 큰 도움을 받을 수 있다. 나는 특히 수업 자료 제작과 미술 수업, 교실 환경을 꾸며나가는 데 많은 도움을 받았다.

오프라인 연수에 참여해보자

원격연수는 접근하기가 편하지만, 참여자보다는 관찰자가 된다. 같은 내용을 원격연수와 오프라인 연수로 받아본 적이 있는데 몰입과 배움의 정도가 달랐다. 오프라인 연수가 더 기억에 남고 내 반 아이들을 조금 더 떠올리면서 참여할 수 있었다. 내가 교실 놀이, 교육연극, 심리치료 기법 등을 수업에 적용해 남들과 다른 특별한 수업을 만들 수 있었던 것도 초임 때부터 현재까지 여러 연수에 참여하면서 배움을 이어가고 있기 때문이다. 무엇보다 오프라인 연수에서 여러 선생님을 만나 나눴던 이야기 속에서 또 다른 관심 분야를 만났고 그들의 열정에 나 또한 더 많은 배움에 끌리게 됐다. (관심 분야의 워크숍이나 연수를 찾아가 들었고 마음에 들면 몇 번이고 찾아가 배웠다. 전공인 심리극은 약 10년 동안 큰 비용과 많은 시간을 투자하며 대학원, 자격과정을 거쳐 전문가 과정을 거쳤다)

현재 여러 오프라인 연수가 진행되고 있다. 사람과교육연구소(http://hein.co.kr/)의 행복교실과 성장교실 및 여러 특강 과정에 참여해보자. 지역별로 공부하고 있는 수많은 선생님이 있고 몇 년째 커뮤니티를 구성해 정보를 주고받고 있는 특별한 곳이다. 일 년 단위 연수와 숙박 형태의 워크숍도 많아서 특별한 만남이 있다. 무엇보다 수업교실이라는 특별한 과정도 진행 중이니 단기 특강부터 참여해보는 것도 추천한다. 초등교사 커뮤니티인 인디스쿨에서 운영하는 여러 오프라인 연수에 참여해보는 것도 좋다. 무엇보다 평일 하루, 1박 2일, 2박 3일 등 다양한 만남과 모임이 있어서 다양한 이야기를 나누고 정보를 교환할 수 있다. 여러 연수와 워크숍에 다니는 선생님들이 모이기 때문에 내 수업을 성장시킬 수 있는 다양한 배움의 방법을 얻을 수 있다.

그리고 (다시 이야기하지만) SNS를 살펴보자. 워크숍과 연수 정보를 얻을 수 있고, 다양한 특성의 전문가들이 그들이 배웠던 분야의 이야기와 정보를 계속해서 소개하고 있다. 수업을 보고 끌리면 그들이 있는 오프라인 연수에 가서 직접 이야기를 나눠보자. 이 외에도 샘스토리(http://samstory.coolschool.co.kr)에서도 다양한 정보를 얻을 수 있다. 수업 관련 연수에 참여해보거나 내 수업을 성장시킬 만한 주제를 찾아가서 경험해보자.

대부분 연수는 수도권을 중심으로 진행되기 때문에 지역에서 참여하고자 하는 사람들에게는 교통비와 숙박비는 물론 거리 때문에 고민이 생길 수 있다. 하지만 그런 번거로움을 이겨내고 찾아가 보길 바란다. 여러 연수에 참여하다 보면 배우기 위해 제주도에서 또는 정 반대 지역에서 찾아온 열정 가득한 교사를 만날 수 있었다. 그들을 보고 이야기 나누는 것만으로도 배움에 대한 생각이 달라진다.

내 수업을 초라하게 생각하지 말자

지금도 내 수업을 촬영하고 내 수업을 돌아보고 있다. 내 모습과 아이들의 모습을 살펴보는 건 조금 더 나은 수업을 만들어가기 위한 과정으로 생각한다. 덕분에 조금 더 풍부한 표정과 활동적인 수업들이 만들어지고 있다.

사람은 저마다 장점이 있다. 하지만 대부분 자신이 부족하다고 생각한다. 수업도 그렇다. 각자의 스타일이 있다. 성격이 다르고, 경험이 다르고, 끌리는 것이 다르니 내 스타일의 수업을 초라하게 생각하지 말고, 내가 잘되는 부분을 조금 더 잘 가꿔나가겠다는 마음을 갖자. 그리고 아이들의 입장에서는 다양한 유형의 선생님의 수업을 만나야 성장할 수 있다. 이 글을 읽는 모두의 수업은 누군가에게 필요한 스타일이다. 그러니 내 수업에 조금 더 자신감을 갖자.

우리는 최선을 다하고 있고, 고민하고 있다. 그래도 내 수업은 항상 부족하게만 느껴진다. 나와 많은 교사는 앞으로도 그럴 것이다. 그렇기에 더 공부하고 더 연수를 찾아다니고 내 수업을 돌아보고 이런 책도 보는 것은 아닐까? 내가 소개한 방법 외에도 나를 더 흐뭇하게 만드는 방법과 노하우를 찾아 여행을 떠나자. 아니, 서로 수업에 대한 이야기를 나누며 함께 성장을 만들어 가보자.

이것만은 꼭!

✓ 내 수업을 촬영해보자.

✓ 내 수업을 기록하고 돌아보고 사색하자.

✓ 다른 선생님의 수업을 많이 보자.

✓ 수업 모임, 동아리에 참여해보자.

✓ 커뮤니티 사이트나 SNS의 수업을 따라 해보자.

✓ 오프라인 연수에 참여해보자.

✓ 내 수업을 초라하게 생각하지 말자.

할 수 있어요. 잘 될 거예요.

어쩌죠?
장학수업을 해야 한대요

발령 나고 나서 신규 교사라는 이유로 학교에서 정해진 인원수만큼 해야 하는 공개수업을 꼭 해야 했어요. 말이 장학이지 제가 신규 교사이니 교실에서 잘하고 있는지 감시당하는 기분이었어요. 경력이 있는 선생님들께서 해주시면 저도 보고 배울 수 있을 텐데, 그런 기회는커녕 경험도 없이 공개수업을 해야 해서 힘들었어요.

울며 겨자 먹기로 어쩔 수 없이 하는 공개수업이지만 그래도 최선을 다했는데, 수업이 끝나고 난 후에 협의회 때 날아오는 날카로운 비판에 '내가 이걸 왜 하고 있나?' 하는 생각이 들었어요. 수업 잘하시는 선배 선생님들의 공개수업을 보면서 수업 방법, 아이들을 대하는 말투, 표정, 제스처, 동작들도 배우고 싶은데, 그런 기회는 없는 상태에서 꺼내놓기만 하라니 힘드네요.

공개수업을 본 것은 교생 실습 때가 마지막이나 다름없는 것 같아요.

다른 분들의 수업을 보고 배우고 싶은 마음에 인터넷으로라도 수업을 찾아보지만, 대부분이 글로만 볼 수 있어서 학생들에게 어떤 자세로 어떤 말을 하는지 등 세밀한 부분에 대해서는 느낌이 잘 오지 않아요. 가끔 동영상으로 볼 수 있는 수업들도 있지만, 촬영을 위해 인위적으로 세팅해 놓은 것 같아서 계속 보고 있기에는 불편한 영상들도 있어요. 공개수업을 보기는 어려운데, 도리어 공개수업을 해야 하는 상황은 자주 와서 힘이 들어요. 어떻게 하면 좋을까요?

장학수업에 대한 후배들의 고민을 읽을 때면, 내가 신규 때 했던 고민이 여전히 반복되고 있다는 생각이 들어 미안하고 안타깝다. 학교에서 진행되는 현재의 장학수업 일부는 후배 교사들에게 '트라우마' 경험을 만든다. 어쩌다 이렇게 됐을까? 그리고 왜 이렇게 선배들의 수업을 보기 힘들게 됐을까?

장학수업은 트라우마를 생산한다

기간제 교사로 교대 부설초등학교에서 근무한 적이 있었다. 당시엔 정해진 공개수업에 교사들이 참여해서 수업을 볼 때면 교사의 자세, 지도적 평가(학생에게 주는 피드백), 교사의 발문 개수, 수업에 활용한 자료의 적절성 등 학년별로 집중적으로 보고 분석해야 할 것이 따로 정해져 있었다. 수업이 끝난 날 저녁엔 한 장소에 모여서 수업 협의회를 진행했다. 정해진 차례대로 수업했던 교사에게 강도 높은 비난과 비판이 5년 차 4년 차 순서로 진행되었다. 근무 연차가 낮은 교사는 근무 연차가 높은 선배에게 어떤 말을 하지 못했고, 자유로운 의견을 주고받는 협의가 아니라 군대 같았다. 옆에서 몇 번 참여하던 나는 수업 협의회가 배움의 장이기 보단, 상처가 생산되는 자리라고 생각됐다.

정교사가 되어 학교에 근무하게 되면서 장학지도를 받게 됐는데, 앞의 경우와 비슷한 구조였다. 정해진 수업지도안이 있었고, 수업을 참관하는 교사는 학년별로 중점적으로 바라보고 작성해야 하는 것이 있었다. 1학년 선생님들은 '교사의 발문', 2학년 선생님은 '교사의 위치', 3학년 선생님은 '교사의 동선' 등 학년별로 맡은 부분을 깨알 같은 글씨로 작성했고, 수업이 끝난 뒤 모여 '수업 협의회'라는 이름으로 각 부분에 대해 '비평' 그리고 '비판'을 진행했다. "~게 했더니 참 좋았는데 이런 방법도 소개해주고 싶어요", "선생님의 수업을 보면서 배울 수 있었던 것은 ~이었답니다", "선생님의 수업 기술 향상을 위해 ~책을 소개해주고 싶었답니다"와 같은 친절한 방식이 아니라 "모둠 활동을 하는 학생들에게 이야기할 때 왜 일어서 있었나요?", "자료 제시를 한 뒤에 왜 TV를 끄지 않았나요?", "왜 수업시간이 5분 초과했나요?" 하는 따지고 캐물어 보는 방식이었다.

수업 경험이 없고 궁금한 것이 많은 나에게, 수업 전에 알려주고 도와주는 과정이 없이 비난과 비판으로 지적하니 움츠러들고 수업을 공개하는 것에 부끄러움이 생겼다. 장학지도 제도도 싫었고, 누군가에게 수업을 공개하는 것 자체가 싫었다. 이 주제로 상담을 받아본 적이 있었는데, 이런 수업 협의회 형태는 '트라우마'를 생산하는 구조라고 피드백 받았다. 지지와 격려는 사람을 움직이게 하지만, 지적과 비판은 사람을 움츠러들게 한다. 그런데 여러 사람이 동시에 비난하고 비판하는 자리에 혼자 외롭게 있으면 상처받고 트라우마 경험으로 남게 되는 것이었다.

선배들에게도 상처가 있다

현재의 선배들은 신규, 저 경력 시절 앞에서와 비슷한 구조의 '수업 협의'에서 크고 작은 상처를 받았다. 그래서 동료 교사들이 내 수업을 보러 오면, 과거 트라우마 기억이 되살아나 눈치가 보이고 두려움으로 연결된다. 정말 멋진 수업을 했음에도 떳떳하지 못하고 부끄럽고 완벽하지 못한 마음이 든다. 그래서 선배들은 수업을 보여주거나 함께 이야기 나누는 것을 부끄러워한다. 그래서 자신들도 신규, 저 경력 시절엔 선배들의 수업을 자주 볼 수 없어 아쉬워했지만, 막상 선배가 된 뒤에 후배들에게 수업을 보여주지 못하는 아이러니한 상황이 생기게 됐다. 지금도 여전히 수업 뒤에 진행되는 협의회의 비난과 질책이 두렵다. 그래서 선배들이 먼저 후배들에게 수업을 나눠주기보다는 후배들의 '수업을 지도'한다는 목적으로 몇 년 차까지 수업을 공개한다는 규칙을 정한 학교가 생기게 됐는지도 모른다.

후배들의 수업을 참관했을 때, 내가 과거에 수업 협의회 때 비난받아 상처받았던 부분이 더 눈에 들어왔고, 내가 듣고 상처받았던 말을 후배에게 그대로 전달한 적이 있었다. 나중에서야 알아차리면서 내 모습에 깜짝 놀랐다. 그 뒤론 지지하고 격려하는 말과 도움 줄 수 있는 말을 위주로 사용하게 됐다.

실험적인 수업, 꿈꿨던 수업, 마음이 끌린 수업을 해보자

혹시라도 '장학수업'을 하게 된다면 (다음의 말이 싫을 수도 있겠지만) 먼저 그 상황을 받아들이자. 받아들이지 않으면 내 마음이 괴롭고 힘들다. 누군가를 탓하고 싶고 원망스럽고 화가 난다. 그 상태로는 만족스러운 수업을 할 수 없고 화나고 억울한 마음이 수업을 엉망으로 만든다.

그리고 기회라 생각하고 실험적인 수업, 내 마음이 끌린 수업, 대학 때부터 꿈꿨던 내가 하고 싶었던 수업을 해보자. 스스로에게 "나는 경력자가 아니니 실수해도 괜찮아. 완벽한 수업은 세상에 없어"라고 말하고 조금 더 편안하게 준비해보자. 그리고 여러 선배와 선생님에게 경험을 나눠달라고 부탁하자.

수업하기 전엔 숨을 길게 들이마시고 내쉬는 것을 반복하고, 두 손을 허리 위에 올려 힘 있는 자세를 만들어놓고 나 자신에게 "괜찮아"라고 말해주자. 수업을 시작할 때 바로 수업에 들어가지 말고, 참관하러 온 사람들에게 인사한다. 그런 다음 "여러 선배님의 수업을 많이 보고 배우고 싶었는데 그러지 못해 부끄럽고 아쉬운 마음이 많습니다. 수업이 끝나면 제가 더 즐겁게 가르칠 수 있도록 지혜를 나눠주세요"라고 말하자. 이렇게 말하는 것이 수업을 보러 온 사람들의 '관점'을 바꿀 수 있다. 그러면 실제로 이후의 수업 협의도 도움이 되는 말과 경험을 나눠주거나 배울 수 있는 곳과 좋은 책들을 소개해주면서 비난과 비판이 아닌 지지와 격려의 분위기로 진행된다.

수업 협의회 때 혹시 상처 주는 말을 하는 선배가 있다면, 속마음을 표현해도 괜찮다. 좀 어렵게 느껴질 수 있겠지만, 다음의 말을 실험해보는 것도 좋다. "열심히 수업했는데 제 생각과 달리 진행되어 속상해요. 그런데 그렇게 말씀하시니 다음에 수업 공개하기가 두려워져요"라고 표현해도 좋고 "그렇게 말씀해주셔서 감사해요. 저도 더 좋은 수업을 하고 싶어요. 죄송하지만, 몇 시간만 선배님 수업을 참관해도 괜찮을까요? 배우고 싶어요. 도와주세요"라고 말해보자.

공개수업은 나를 성장하게 만들고 연구하게 만든다

한참 전국을 다니며 놀이와 교육연극 기법을 배우던 시절, 연극적 방법을 적용해 수업을 만드는 데 마음이 끌렸다. 마침 '독도'를 두고 일본과 외교적인 마찰이 있던 시기라 '독도의용수비대' 이야기를 도덕 수업에 적용하고 싶었다. 그들의 이야기를 수업시간에 재현하면서 독도와 우리나라 영토를 조금 더 사랑하게 하는 데 목적을 뒀다. 역사적 사건 일부를 반 아이들이 재연해보고, 나는 독도의용수비대장이 되고 반 아이들은 의용수비대가 되어 즉흥연기 하면서 당시 사람들의 마음을 이해하고, 독도를 차지하기 위해 온 일본 군함과 전투를 하는 내용이었다.

이를 위해 연극 대본과 유사한 시나리오를 정성껏 작성해 수업계획서를 냈는데, 퇴짜를 맞았다. 정해진 틀대로 수업안을 작성하라고 했다. 다시 유사하게 만들어 제출했지만, 이런 수업은 불가능하다는 피드백을 받았고 수업 주제까지 바꾸라는 요청을 받았다. 담당 장학사도 수업지도안 형태가 깨지는 것에 대해 굉장히 불편해했다. 몇 번을 주고받으며 지도안을 고쳐가다 보니 수업하는 날이 되었다. 내 수업이 궁금한 전 교직원과 장학사와 학부모까지 수업을 진행하기로 한 다목적실에 모였다.

나는 파도 소리와 갈매기 소리가 나는 배경음악을 깔고, 반 아이들과 함께 맨발로 다목적실에 모였다. 사진 기법을 이용해 일본 어부들이 우리나라 어부들을 괴롭히는 장면을 만들어 동기유발을 했다. 일본 어부들과 인터뷰하는 과정을 통해 아이들을 분노하게 만들어 '직접 독도를 지키자'는 마음을 끌어냈다. 그때와 비슷한 과정을 체험해보자고 해놓고 나는 독도의용수비대장이 되고 아이들은 수비 대원이 되어 함께 훈련하고 신문지를 이용해 무기를 준비했다. 작은 선풍기를 이용해 독도의 폭풍을 연출해서 폭풍을 이겨내는 과정을 체험해보고, 대원을 잃은 슬픔에 돌아가며 애도의 말을 해보기도 했고, 일본 군함의 병사들과 신문지를 서로 던지며 가상 전투를 했다. 승리한 순간 나는 수업안과 대본에도 없던 애국가를 틀었다. 그러자 수업을 보러 왔던 선생님들과 학부모들이 눈물 흘리며 가슴에 손을 올리고 애국가를 불렀다. 그 뒤로는 수업지도안 때문에 퇴짜 당하는 일이 사라졌다.

그 이후로 토론연극 기법을 이용한 따돌림예방수업, 서로에게 '미안합니다'와 '용서합니다'를 말하며 교실 내 평온함을 만드는 용서와 화해의 수업 등 공개수업을 할 때면 여러 실험적인 수업에 도전해봤다. 내 수업에 왔던 분들은 배워간 방법들을 자기 교실에서 적용해보고 내게 피드백해주었고, 나는 그게 즐거워 더 열심히 공부하러 여러 워크숍을 찾아다녔다.

이처럼 공개수업은 스트레스를 만들지만, 그 특별한 자극이 때론 내 수업을 더 성장하게 만들고, 더 관심 깊게 수업에 대해 연구하게 되는 기회가 된다.

'수업 나눔'으로 바꾸자

정말 후배들이 원하는 것처럼 선배들의 수업이 후배들에게 잘 전달되기 위해선 어떻게 해야 할까? 그러려면 '장학수업', '수업지도'가 아닌 '수업 나눔'으로 이름을 바뀌어야 한다. '나눔'에는 '함께'라는 의미도 포함되어 있다. 선배가 후배에게, 경력자가 경력이 적은 자에게 자신이 좋아하고 관심 있는 분야를 알려주고 수업 경험을 나누는 문화로 바뀌어야 한다. 수업은 다양한 관점과 방식이 있다. 그러니 비난과 비판을 내려놓고 후배들이 수업에서 감동을 만들어갈 수 있도록 선배들이 도와주자.

공개수업을 앞둔 후배들을 다독이고 격려해주자

혹시라도 선배들의 수업을 많이 보지 못하는 것에 대해 아쉬움이 있는 있다면, 선배들을 원망하는 마음을 멈추고 도와달라고 교실 문을 두드려보자. 그리고 선배들은 부끄러워 말고 수업 이야기를 나눠주자. 좋았던 것, 근사한 것이 아닌 실패하고 좌절했던 이야기부터 들려주자. 내가 받았던 상처를 후배들이 받지 않도록 도와주자. 학교에서 장학수업을 하는 후배가 있다면, 가서 도와줄 것은 없는지 살짝 물어보고, 때론 따뜻한 차 한 잔 들고 가서 애쓴다고 위로해주고 격려해주자. 수업 협의회 때도 준비하느라 고생했다고 이야기해주고 누군가의 수업을 볼 기회가 많이 없었을 텐데 이것만으로도 훌륭하다고 먼저 다독여주고 도움이 될 여러 수업 경험을 나눠주자.

이것만은 꼭!

✓ 장학수업은 트라우마를 생산한다.

✓ 현재 선배들은 과거 저 경력 시절 상처받았다.

✓ 선배들은 수업을 보여주는 것에 부끄럽고 눈치가 보인다.

✓ 장학수업을 하게 됐다면 상황을 받아들이자.

✓ 실험적인 수업, 꿈꿨던 수업, 마음이 끌린 수업을 해보자.

✓ 공개수업은 때론 나를 성장하게 만들고 연구하게 만든다.

✓ 수업지도, 장학수업을 '수업 나눔'으로 바꾸자.

✓ 선배들은 공개 수업을 앞둔 후배들을 다독이고 격려해주자.

실수해도 괜찮아요.
완벽하지 않아도 돼요.

3장

학생

· 분노하는 아이 ·

분노를 조절하지 못하는
아이가 있어요

　분노 조절이 잘 안 되는 아이 때문에 힘들어요. 그 아이는 작은 자극에도 크게 소리를 치고 난동을 피워요. 한 번은 옆에 있던 아이가 놀리자마자 주먹질을 하려고 해서 제가 직접 못하게 막았더니 분노를 참지 못하고 제 팔과 몸을 쳤어요. 놀림당한 것에 대한 분한 마음은 이해되지만, 아이가 그러니까 저도 덩달아 화가 나서 대처하기가 쉽지 않았어요. 가만히 있을 때는 얌전해 보이지만, 조금이라도 건드리면 터지는 폭탄 같아요. 수업시간에도 자기가 원하는 대로 안 되면 화를 내기도 하는데, 그렇다고 꾸중을 하면 눈이 뒤집어져서 책상을 주먹으로 치고 발로 차기도 해요. 그래서 저도 너무 화가 나서 한 번은 나가라고 말했더니 진짜로 교실 밖으로 문을 걷어차고 나가서 난감한 적도 있었어요.

　그 아이로 인해서 너무 힘들고 교실의 모든 아이가 피해를 받는 것 같아요. 방법을 찾아보다가 분노할 때 일단 멈추게 하고 심호흡을 시켜보기도 했어요. 어느 정도 효과가 있는 것 같기도 했지만, 정작 크게 분노할 때는 소용없었어요. 아이가 저에게 소리 지르는데 그 상황에서 침착하게 대응하기가 참 어려웠어요. 아이의 분노 때문에 제가 분노가 생겨 미칠 것 같아요. 선배님, 분노 조절이 잘 안 되는 아이를 현명하게 대처하는 방법이 없을까요?

화를 내는 건 사실, '모두 제 뜻대로 되면 좋겠어요. 저 지금 답답해요'라는 의미를 지니고 있다. 화는 자신을 지키기 위한 '도구'로 다시 상처받지 않기 위해 상대방에게 겁을 줘 '날 건들지 말라'는 의미도 담겨 있다. 화는 이성보다 '본능(동물)'에 가까운 것이기 때문에 머리로 통제되지 않는다. 화를 잘 내는 사람들은 '화를 내지 말아야지' 하면서도 스트레스 상황이 되면 순간 통제하지 못하고 불같이 화를 낸다. 눈이 뒤집혀 자신과 가까운 누군가를 파괴하고, 그 주변 모두를 힘들게 한다. 가정도, 사회도, 그리고 교실도 그렇다.

자신을 탓하지 말자

안타깝게도 화를 조절하지 못하는 아이들이 늘고 있다. 교사는 온전히 그 아이를 품고 매일 살아간다. 교실을 파괴하는 상황에 어떻게 해야 할지 몰라 힘들어하거나 내가 능력이 없어 저 아이를 바꾸지 못한다며 고통스러워하는 선생님을 볼 때면 안타깝다. 교실에 '분노에 사로잡힌 아이'가 있고 변하지 않는다면, 내(교사) 잘못이 아니란 것을 먼저 기억하자. 그리고 그 아이를 관찰하면서 분노에 사로잡히는 타이밍을 파악해보

자. 타이밍을 알면 수업이나 학급 내 여러 활동에서 분노하는 아이에 대한 대처 방식이 달라질 수 있다.

그 아이가 자주 화를 내게 된 성장 과정 속 역사를 살펴봐야 한다. 태어나면서 '초등학생이 되면 교실에서 화를 내고, 친구들과 선생님을 괴롭힐 거야'라고 계획한 아이는 없다. 아이들은 자라면서 조각되고 그렇게 키워진 것이다. 그렇게 되기까지의 사연과 사건들이 있다. 이걸 알게 되면 그 아이에 대한 이해가 생기면서 품어줄 수 있게 된다. 그리고 감정을 조금 내려놓고 내가 할 수 있는 것들이 조금 더 선명하게 보이기 시작한다. 고민을 하고 주변 사람들의 도움을 받아가며 반 아이들과 교사 그리고 그 아이에게 도움이 될 여러 활동을 해보자. 그것만으로도 충분하다.

내 노력을 아무런 의미 없는 것으로 구겨 넣지 말자. 시도해보길 잘했다고 자신에게 말하고 절대로 '내 탓'을 하지 말고 '나는 무능력해'라고 생각하지 말자.

화가 생기는 구조

내 반에도 분노에 사로잡힌 아이들이 있었다. 순간 눈이 뒤집히면 손에 들고 있던 샤프펜슬로 상대방 몸을 마구 찌르는 아이도 있었고, 모둠활동이나 보드게임 하다가 소리를 지르고 책상과 의자를 발로 차며 주변에 주먹질하던 아이도 있었고, 화가 난다고 유리창을 주먹으로 깬 아이도 있었고, 소리 지르며 죽겠다고 창가에 매달린 아이도 있었다. 친구를 때리는 아이를 두 팔로 꽉 감싸 들어 올려 사람들이 없는 곳에 데려가 제풀에 지쳐 제정신으로 돌아올 때까지 기다린 적도 있었고, "뭐 하는 짓이야! 너 미쳤어?"라며 소리 치고 힘으로 아이의 두 팔목을 잡아 제압하기도 했다. '내가 힘이 없었다면? 내 강렬한 눈빛이 없었다면?' 여러 고민이 생겼다.

그러다 심리치료 전공을 하면서 감정에 관해 공부도 하고, 집단치료 프로그램에 참여하면서 '화'와 '분노' 때문에 힘들어하던 여러 사람을 만나게 됐다. 그들의 성장 과정과 심리치료 과정을 보면서 내 반 아이들을 떠올려보고, 이해되는 부분도 생겼다. 무엇보다, 내 반에 있는 분노에 사로잡힌 아이들을 더 잘 대처할 수 있도록 도움받기 위해 치료사(지도교수님)에게 상담을 요청하기도 했다. 이런 과정에서 화가 나 있는 상태에서 자극을 받으면 화가 더 커지고 시간이 지나면 화가 가라앉는 특징을 보게 됐다. 그래서 눈이 뒤집힐 정도로 화가 난 학생이 있으면, 바로 대응하기보다 장소를 바꿔주고 다독여주면서 감정이 가라앉도록 도움을 주게 됐다. 그리고 스스로 화를 조절할 수 있도록 '화가 나는 구조'를 아이들에게 알려주거나 화를 다스리는 방법을 알려주게 됐다.

풍선 이야기

반 아이들에게 풍선을 이용해 '뻥 하고 터져 나오는 화'를 설명해주니 좋았다. 먼저 풍선은 화를 담는 주머니고, 입으로 불어 넣는 공기는 화라고 이야기했다. 풍선에 공기를 조금 불어 넣은 약간 부푼 상태에서 "우리 모두게에는 화를 담는 주머니가 있단다. 그런데 화가 조금 생겼을 때는 주변에 자극이 생겨도 우리가 감당할 수 있어. 그 자극이 정말 날카롭고 뾰족하더라도 말이지"라고 말하면서 연필을 깎는 칼로 풍선을 여러 번

찔러도 풍선이 터지지 않는다는 것을 보여준다.

그런 다음 풍선에 바람을 조금씩 계속해서 불어 넣으며 풍선을 크게 만들었다. 근처의 아이들이 풍선이 터질까 봐 몸을 움츠렸다. 그 순간 아이들에게 "누군가 화 주머니에 화를 가득 담아 터지기 직전까지 가면, 주변 사람들은 이렇게 긴장하고 두려워한단다. 그래서 주머니 속의 화를 빼주는 게 중요하지"라고 말하면서 풍선 입구를 조금 열어 바람을 빼내고 근처 아이들의 몸과 표정이 조금 더 편안해지는 것을 함께 관찰했다.

"바람을 빼는 건 정말 중요해. 이게 잘되지 않아서 풍선 터지듯 화를 뻥 하고 터뜨리는지 몰라. 상담센터의 도움을 받는 것도 좋고, 조절하는 힘을 배우기 위한 프로그램에 방문해보는 것도 좋고, 운동이나 음악 그리고 글쓰기로 감정을 쏟아내는 것도 괜찮아. 어떻게든 풍선이 터지지 않도록 그리고 풍선이 작아지도록 자신만의 화를 빼는 일을 해야 한단다. 하지만."

다시 풍선을 부풀리고 부풀려 정말 팽팽하게 만든 상태에서 처음 보여줬던 연필 깎는 칼을 다시 보여준다. "이런 뾰족하고 날카로운 자극에 터진다는 것을 모두 알 거야." 칼을 내려놓고 뭉툭한 연필을 들고 "화 주머니가 팽팽하게 부풀어 오르면 칼보다 덜 날카롭고 덜 위험해 보이는 연필에도 이렇게 뻥 하고 터진단다." 그러면서 '뻥'이라고 말하는 부분에서 연필을 가져다 대고 풍선을 터뜨린다. 아이들은 놀라 소리를 지른다. "다른 곳에서 생긴 화를 가지고 교실에 왔다가 때론 사소한 것에 심하게 화를 내는지도 몰라. 그러니 각자 화 주머니가 차지 않도록 노력해 보자꾸나."

화를 풍선의 이미지를 통해 반 아이들에게 잘 전달해서 좋았고, 교실 속에서 화나 분노와 관련된 상담을 할 때 풍선 이야기에 빗대 다시 한번 상기시켜주는 것도 좋았다. 학부모에게 자녀의 화를 기관이나 센터에 의뢰하고자 할 때 풍선으로 이야기하는 것도 효과가 좋았다.

아이들은 교사를 보고 배운다

나도 감정을 주로 사용하는 교사이기에 담임을 하다 보면 화가 날 때가 있다. 그래서 학년 초에 "나는 화가 나는 상황에서 욱하고 화내기보다는 조절하려고 노력하는 선생님이랍니다. 이 또한 여러분이 보고 배울 거라 생각해요"라고 말한다. 그러다 이후에 정말 화가 나는 상황이 생기면 "선생님이 (   ) 상황 때문에 화가 났어요. 잠깐 풍선의 바람을 빼듯 선생님의 화를 조금만 빼고 오겠습니다. 여러분도 다시 상황을 정리하고 차분히 선생님을 기다려주세요. 조금 뒤 다시 시작하겠습니다"라고 부탁한 다음 잠깐 복도로 나가 심호흡을 하고 돌아오거나 화장실에서 세수도 하고 마음을 가라앉힌 뒤 돌아온다. 그런 뒤, "기다려줘서 고맙습니다. 덕분에 선생님 마음이 좀 가라앉았어요"라고 말하고 종을 치면서 "자, 모두 다시 시작해볼까요?" 하며 전환하는 시간을 만들었다.

이런 방법을 조금 더 노출해 보여준 이유는 반에 화를 조절하지 못하는 학생이 있었기 때문이다. 내가 그렇게 하자 그 학생은 화가 올라오면 수업 중이라도 내게 다가와 "선생님, 화가 나는데 선생님처럼 잠깐만 밖에서 심호흡을 하고 와도 괜찮을까요?"라고 말하기 시작했다. 나는 그 아이에게 감정을 조절할 기회를 주었고, 아이는 잠시 감정을 조절한 다음 다시 돌아왔다. 그러면 나는 잘하고 있다고 응원해주고, 덕분에 예전보다 조금 더 편안하게 수업할 수 있었다며 잘했다는 피드백을 돌려줬다. 나는 그 아이에게 스스로 '화를 조절하는 법'을 다양하게 찾아보고 살면서 실험해보라고 했고, 중간중간 만나 그 실험에 관해 이야기를 나눴다.

반 아이들도 도왔다. 누군가 화를 심하게 내면 바로 반응하지 않고 잠깐 물러나는 연습을 함께 했다. 화가 났을 때 자극을 받으면 결과가 좋지 않게 된다는 것을 역할극으로 체험해보기도 했다. '다툼' 편에서 이야기할 '싸움의 법칙'과 '풍선 이야기'가 더해지니 나중엔 교실에선 누군가 화를 내려고 하면, 잠깐 거리를 두고 각자 심호흡을 하며 감정을 조절한 뒤 중재와 화해 과정을 밟으면서 해결하는 모습으로 발전했다.

감정의 방향을 돌려주자

엄마에 대한 분노가 가득해 학교에서도 자꾸 짜증 내고 화를 내는 아이가 있었다. 그 아이에게 글을 쓸 수 있는 고급 수첩을 선물해주면서 "때론 화가 날 때, 이곳에 욕을 해도 되고, 이곳에서 사람을 때려도 되고, 이곳에서 하고 싶은 말을 하렴. 때론 글로 풀어보는 것도 좋단다"라고 말했다. 그랬더니 매번 글을 긁적이고, 여러 권의 노트에 자신의 이야기를 적기 시작했다. 그러다 나중엔 글쓰기를 좋아하게 됐고, 중학교에 진학해서는 글쓰기로 상도 받았다. 이렇게 화의 방향을 다른 쪽으로 돌리고, 쏟을 기회를 주는 것도 좋다.

학부모와 협력하자

하지만 학생의 화가 너무 크거나, 학교에선 노력하고 바꾸려 하지만 집에 다녀오면 다시 도루묵이 되는 경우도 있다. 그런 경우엔 교사가 할 수 있는 게 있고, 없는 게 있다는 것을 받아들여야 한다. 그리고 학부모와 이야기를 나누고 함께 협력해야 한다.

그런데 막상 부모를 만나 보면 그들도 자녀의 화에 어떻게 대처해야 하는지 알지 못하고, 비슷한 상황이 반복되는 것에 화가 나 있거나 체념하고 있다. 때론 교사의 대화 요청을 과거의 경험 때문에 피하려고 하거나 부정하려 할 때도 있다. 부모가 그런 마음이 드는 것은 당연하다고 생각하고 탓하진 말자. 도와달라고 여러 번 부탁하고 도움을 요청하면서 함께 잘해보자고 하자. 만약 상담센터의 도움을 받을 수 있는 상황이라면, 자녀의 화를 어떻게 잘 다독여줄 수 있을지에 대해 기관에서 상담을 시작해보라고 안내하자. 그런 기관에서는 비슷한 문제를 가진 내담자들에 대한 경험이 많고, 교사와는 다른 조언을 줄 수 있으니 도움받아보자고 진심 담아 말해보자. 비난하기보다는 잘되면 좋겠고 도움을 주고 싶다는 쪽으로 이야기하는 것이 좋다.

마음숲상담심리센터에서 지도교수님과 함께 분노에 사로잡힌 청소년 심리치료 과정 촬영에 참여한 적이 있었다. 한 학생이 상담센터로 들어오는데 보는 것만으로도 섬뜩함이 느껴질 정도로 무서운 분위기가 온몸에 가득했다. 평소 화가 나면 엄마와 동생을 때리고 PC방에 가서 폭력적인 게임을 하고 학교에서도 소리를 지르거나 물건을 부수곤 했다. 분노가 자리하게 된 이유를 찾아가 보니, 초등학교 시절 따돌림을 받던 중 부모가 옆에서 챙겨주지 못했던 상황이 보였다. 사실 부모도 힘들었던 상황이라 자녀의 어려움을 볼 수 없었다. 나중엔 가족들이 지지해주고 안아주면서 가족이 힘이고 사랑의 원천이라는 것을 확인하는 것만으로도 몸의 화가 줄어드는 것을 볼 수 있었다.

교사인 내 마음과 달리 학부모가 상담을 거부하거나 먹고 살기에 바빠서 필요성은 알지만, 교사와 대화를 나누거나 자녀를 상담센터에 데려가는 일을 행동에 옮기지 못할 수도 있다. 그럴 때도 원망하지 말고 응원하고 격려해주자. 교실에서 할 수 있는 것을 하는 것만으로도 잘하고 있다고 자신을 잘 다독이자. 그리고 (안타깝긴 하지만) 그 상황을 받아들이자.

간혹 조금 더 어렵게 느끼는 부장, 교감, 교장 선생님의 조언엔 자녀를 데리고 상담센터에 가는 모습을 보이는 부모도 있었다. 학부모가 그런 성향이라면 관리자에게 부탁드리고 함께 설득해보자.

나는 화에 어떻게 대처하는지 돌아보자

마지막으로 교사 중에도 문제가 생기면 화로 해결하려는 유형이 있다. 화를 내려고 계획한 교사는 없겠지만, 일이 생겼을 때 가장 먼저 '화'라는 감정이 등장하게 된(시스템이 생기게 된) 이유가 있으니 기관이나 상담사의 도움을 받아 그 이유를 찾아보자.

화로 학생을 누르고, 사소한 것에도 화를 낸다면 반 아이들이 두려움 속에서 눈치를 보게 된다. 화를 내기보다 교사가 먼저 학생들에게 감정 상태를 설명하고 조절하려고 노력해보자. 그리고 풍선의 바람이 빠져나가듯 화를 빼낼 장치를 몇 개 만들어놓길 바란다.

이것만은 꼭!

- ✓ 화를 내는 건 자기 뜻대로 되길 바라는 마음 때문이다.
- ✓ 화를 내는 이유는 상대가 나에게 상처 주기 전에 상대를 겁먹게 만들려는 것이다.
- ✓ 화를 내는 아이가 바뀌지 않는다고 해서 교사가 자신을 탓하지 말자.
- ✓ 화를 내게 된 시스템이 생긴 이유를 찾아가야 한다.
- ✓ 화를 내는 사람들은 자극을 주면 더 화를 낸다. 약간 시간을 주고 감정이 내려가길 기다렸다가 이야기를 나누자.
- ✓ 풍선을 이용해 화가 커지고, 뻥 터지는 것을 비유해 설명해주자.
- ✓ 아이들은 교사가 감정을 조절하는 것을 보고 배운다.
- ✓ 감정의 방향을 돌려주자.
- ✓ 아이의 노력에 대해 꼭 피드백을 주자.
- ✓ 학부모와 연계하자.
- ✓ 자녀의 화 때문에 학부모가 힘들어할 때면, 학부모가 먼저 상담을 받아보도록 안내하자.
- ✓ 학부모가 거부하면 관리자의 도움을 받는 것도 좋다.
- ✓ 교사인 나는 화에 어떻게 대처하는지 돌아보자.

· 무기력한 아이 ·

무기력한 아이를
어떻게 하면 좋을까요?

교실에서 항상 움츠러들어 있는 아이가 있어요. 축 늘어져 있는 분위기로 말도 없고 행동도 느려요. 부를 때 초점 없는 눈으로 넋 놓고 있다가 여러 번 부르면 그제야 대답을 해요. 말할 때는 목소리가 너무 작아서 거의 들리지 않아요. 수업시간에는 과제 해결 속도가 느려서 일반적인 수업 속도는 아예 따라오지를 못해요. 느린 아이이니 기다려줘야 한다고 마음을 먹었지만, 간단한 발표도 제대로 못 해서 답을 말하길 기다리다가 다른 아이들도 집중 못 해서 떠드는 게 반복되니 저도 힘만 더 빠지더라고요.

그래도 초반에는 할 수 있다고 천천히 해보자고 격려하고 응원해주면서 쉬는 시간과 점심시간, 그리고 방과 후에도 보충학습 지도도 하고 상담도 하는 등 시간을 정말 많이 투자했어요. 하지만 아이는 저와 남아서 하는 것에 별 관심이 없고 나아지지도 않는 것 같아서 저도 지쳐갑니다. 그래도 수업시간에 해결하지 못한 부분을 방과 후에 좀 더 가르쳐주지 않으면 기초적인 것을 다 놓치는 수준이라 그저 붙잡고만 있어요.

모둠 활동할 때도 참여가 잘 안 돼서 함께하는 아이들도 힘들어해요. 다른 아이들에게도 그 아이를 이해하자고 하고, 그 아이에게도 다른 아이들이 기다려주니 조금 더 노력하자고 말하지만 차이를 좁히기는 힘들게 느껴집니다. 그러다 보니 친구 관계 형성도 잘 안 되어 있고요. 다행히 그 아이를 기다려주고 잘 이해해주는 아이가 있기에 망정이지 그러지 않았다면 아이는 더 위축되었을 것 같아요.

문제가 생기거나 무슨 일이 있는 것 같은 때도 물어보면 대답을 잘 안 해서 답답합니다. 그래도 기다리자는 마음으로 한참을 기다리면 겨우 들릴만한 목소리로 작게 말해요. 아이의 문제 행동이 주변에 큰 피해를 주는 것은 아니어서 다행이지만, 많이 위축되어 있다 보니 걱정이 됩니다. 이렇게 위축된 아이는 어떻게 하면 좋을까요?

조용한 아이들에 대해 생각해보자. 조용히 앉아 있고, 제 할 일만 하고 표현하지 않고, 수업시간에도 바라만 보는 아이들. 그리고 눈치 보며 조용히 앉아 있는 아이들. 교사와 친구들 기운까지 모두 빨아들이는 블랙홀과 같은 아이들. 학교 공부와 여러 활동은 참여와 소통을 기반으로 하는데 이런 아이들 때문에 흐름이 끊기면 답답하고 힘이 빠진다. 부모도 자신의 자녀를 답답하게 여겨 교사가 뜯어 고쳐주길 바라는 경우도 있다. 그래서 교사는 따돌림받지 않을까 걱정되는 마음에 짝을 붙여주기도 하고, 따로 시간을 내 조언을 해주면서 아이의 변화를 기다리곤 한다. 하지만 기대와 달리 변화가 크지 않아 속상하다. 이 역시 노력했지만 학생의 모습에 큰 변화가 없더라도 자신을 탓하거나 자신이 그런 것으로 생각해선 안 된다. 이 또한 교사가 어떻게 할 수 없는 부분들이 있다.

일부 아이는 성격 때문에 그렇다

조용한 아이들의 일부는 성격 때문에 그렇다. 천성이 내향적이고 목소리는 작고 활동 범위가 작으며 말이나 몸짓으로 표현하는 것에 익숙하지 않고 글이나 그림 등으로 표현하는 것을 좋아한다. 그리고 눈 맞춤을 어려워하고 친구들과 어울리기보다는 앉아서 책을 보고 주변을 관찰하는 것을 좋아한다. 조용한 아이들은 자신의 모습대로 최선을 다해 학교생활을 하고 있다는 것을 기억하자. '성격'에 대한 이해가 생기면 이런 유형의 아이들이 잘못된 것이 아니라는 것을 알게 되고, 소중한 한 명의 학생으로 바라보게 된다. '뜯어고치고 싶다'는 마음도 줄어든다.

학부모 동의를 얻어 LCSI(Lim's Character Style Inventory) 성격검사로 반 아이들의 안정성*을 살펴봤는데, 조용하고 외로워 보이고 상처가 있을 것 같은 아이가 실제 검사 결과에선 안정성이 높고 자아개념까지 높은 경우가 꽤 많았다. 편견이 깨지는 순간이었다. 말로 표현하지 않고, 활동적으로 놀지 않을 뿐이었지 글이나 그림 등 다른 방식으로 말하고 놀고 있었던 것이다. 그래서 이걸 계기로 반 아이들을 함부로 판단하지 않고 있는 그대로 보려고 노력하게 됐다.

---

* 긴장과 스트레스 상황에서 내면 상태를 안정적으로 유지할 수 있는 성격의 효율성, 대인관계 중심의 정신건강을 확인하는 척도

아이들과 상담을 진행해보고 문자로 대화를 나누며 알게 된 것도 있었다. 본인들은 잘 살고 있는데, 선생님이나 어른들은 이상한 눈으로 바라보는 것이 답답할 때가 있고, 그래서 때론 자신이 이상한 사람은 아닐까 고민하기도 했다. 그래서 반 아이들에게 성격 유형 워크숍을 꼭 하려고 했고, 희망하는 학부모가 있다면 작은 모임이라도 진행하곤 했다. 워크숍 덕분에 '조용히 앉아 있어도 괜찮아, 그게 잘못된 것은 아니야, 우리 모두는 각자 완벽해' 이런 메시지를 전달하는 것만으로도 조용한 아이들이 더 편안해지는 것을 볼 수 있었다. 모두가 자존감이 조금 더 상승한 듯했다.

조용한 아이들을 위해 교사가 세팅을 바꿀 수 있다

워크숍을 한 다음에는 학급운영과 대화 방식 등에 여러 변화를 만들어갔다. 조용한 아이들을 위해 교실 세팅을 세밀하게 조절했다. 돌아가면서 책을 소리 내어 읽을 때 목소리가 작아도 "잘했구나"라고 피드백을 주게 됐고, 답답해하지 않게 됐다. 때론 휴대용 무선 마이크를 살짝 입 앞에 대주기도 했다. 일어나서 발표하는 것에서 모두가 앉아서 자유롭게 말하기로 바꾸었고, 때론 포스트잇이나 허니콤보드(씽킹보드)에 글을 써 칠판에 붙이는 방식을 더 사용하게 됐다. 그리고 문자와 채팅을 조금 더 활용하게 됐다.

처음부터 무기력하려고 계획한 아이들은 없다

정말 교사를 힘들게 하는 유형은 무기력함이 몸에서 뚝뚝 떨어지는 아이들이다. 반응도 느리고 속마음을 표현해주지 않아 교사의 감정을 몽땅 뺏겨버리게 된다. 교사의 노력에도 변화가 없으면, 교사도 (약간의) 무기력한 상태가 된다. 심호흡하고 마음에 여유를 만든 뒤, '조금씩 천천히, 지금도 충분해'라고 스스로에게 말하자. 내가 노력하면 다이내믹한 변화가 곧바로 생길 거란 판타지는 내려놓고 천천히 긴 호흡으로 가보자. 그리고 일부러 그 아이가 무기력하게 살려고 계획하지 않았다는 것을 기억하자. 이 역시 삶에서 만난 여러 사람과 사건이 아이를 그렇게 조각한 것이다.

심리치료 자격취득을 위해 폐쇄 병동에서 우울증 환자들을 대상으로 워크숍을 진행한 적이 있었다. 느린 발걸음, 멍한 눈동자, 정지 상태와 가까운 신체. 그들을 대상으로 프로그램을 진행하면서 내 모든 에너지가 빠져나가 매번 녹초가 됐다. 감정접촉을 위해 먼저 몸을 움직이는 활동을 더 많이 해야 했다. 심리치료도, 상담도, 감동을 만드는 것도 나중 일이었다.

무기력감이 가득한 경우엔 체념이 담겨 있다

이런 과정에서 알게 된 것들도 있었다. '무기력'은 그냥 자리하지 않았다. 사람들은 삶을 살다가 답답한 일을 경험하면, 그게 싫다는 것을 알리고 바뀌면 좋겠다는 메시지를 보낸다. 눈물 흘리고 슬퍼하기도 하고 화를 내면서 힘들다는 것을 표현하기도 하는데, 이렇게 슬퍼하고 화를 내는 행위를 반복하고 다양한 시도를 했는데도 바뀌는 것이 없으면 체념하게 된다. 그렇게 우울하고 무기력한 상태로 들어가 무엇보다 '내가 할 수 있는 게 없다'는 생각을 하게 된다. 그러니 무기력한 아이를 만나게 되거든 '잘못된 아이'가 아니라 '사연이 있는 아이'로 바라보자. 무엇이 이들의 마음과 행동의 에너지를 줄여버렸는지 찾아가 보자.

무기력한 아이를 만나면 너무 답답해하지 말고 마음속으로 '넌 잘못된 사람이 아니고, 넌 소중한 우리 반이야'라고 말하자. 이런 말을 나 자신에게 하면서 그 아이를 바라보는 것만으로도 마음이 편해지고 안정감이 생긴다. 교사가 편안하게 바라보고 기다려주면 대화가 시작된다. "잘될 거야", "괜찮아", "힘내!"라고 말해주자.

그리고 아이가 조금 더 힘을 낼 수 있는 요소를 파악해보자. 아이가 낙서를 좋아하면 모둠 보고서의 모퉁이에 그림을 부탁할 수도 있고, 글쓰기를 좋아하면 아이가 쓴 글 몇 개를 골라 예쁘게 장식해 교실 뒤에 붙여줄 수도 있다. 긴 호흡이 필요한 일이라 생각하고 느긋하게 기다려주고 미소 보내주자.

무기력감을 이용하는 아이도 있다

삶이 고통스럽고 아무것도 할 수 없어 무기력함을 선택한 경우도 있지만, 사랑받고 관심받기 위해 무기력을 선택한 경우도 있다. 무기력한 상태로 있으면 남들이 도움을 준다는 것을 이용하거나, 자신을 남달리 대우해주기를 바라기도 한다. 때론 상대방을 불편하게 만들기 위해 무기력한 모습을 이용하기도 한다. 그리고 성공하면 무기력함을 더욱 강화한다.

교사의 영역이 어디까지인지 선을 긋자

무기력감의 정도가 교사와 반 아이들에게도 힘듦을 주는 일상적인 범위를 넘는다면, 교사가 할 수 있는 건 적다. 깊은 우울감과 무기력감은 교사의 영역이 아닌 심리치료사의 영역이며, 부모의 노력이 중요하다. 그러니 '내가 바꾸고 변화를 만들어가야 한다'라는 마음을 내려놓고 지지하고 응원하는 마음을 담아 "잘되면 좋겠어요", "잘 될 거예요"라고 말하고 부모와 연계해 학생이 관련 기관과 전문가의 도움을 받도록 안내하자. 가끔 이런 자녀를 교사가 완벽히 바꿔주길 바라는 학부모가 있는데, 부모가 하지 못하는 것은 교사도 할 수 없다는 것을 기억하자.

따돌림당하지 않는 교실 분위기를 만들자

반 아이들 분위기도 중요하다. 남을 괴롭히기 좋아하는 아이들은 신기하게도 이런 무기력한 아이를 꼭 집어낸다. 괴롭혔을 때 불편한 반응이 오면 만만한 상대가 아니라고 판단하고 또다시 괴롭히지 않지만, 반응이 없고 굴복한다는 생각이 들면 지속해서 괴롭힌다. 그래서 교실이 안정적이고, 서로 공감하고, 있는 그대로 바라보는 분위기여야 한다. 존중하는 교실 분위기를 조성하는 것이 먼저다.

무엇보다 괴롭히는 아이가 있을 땐, 그 즉시 이야기를 나누고 행동을 멈추게 해야 한다. 그래도 지속해서 괴롭힌다면 어떻게 해야 할까? 먼저 의자를 하나 놓고 괴롭힘당한 아이의 입장이 되어 대답하기로 하고 괴롭히는 아이를 앉힌다. 그런 뒤, "멍하게 앉아 있는 이유가 있니?" "앞의 친구가 계속 괴롭히니까 네 마음은 어때?" "저 친구에게 뭐라고 말하고 싶니?"라고 질문한다. 의자를 하나 더 놓고 친구 엄마 자리라고 한 뒤 앉게 한다. "아들이 아프면 마음이 어때요?" "아들이 친구에게 괴롭힘을 당하는 것을 보니까 어떠세요?" "때리는 저 학생을 어떻게 해주고 싶나요?" 등의 질문을 통해 괴롭힘당한 아이와 그의 부모의 눈으로 자신을 바라보게 하면 좋았다.

무기력한 학생에게는 괴롭힘당했을 때, 어떻게 해야 하는지 시스템을 만들어놓아야 한다. 에너지가 극도로 떨어져 있기 때문에 혼자의 힘으로 해결하기 힘들다. 그래서 약간의 연습이 꼭 필요하다. 쪽지를 써 선생님에게 주거나 문자로 알리게 하는 것도 좋다. 그리고 작은 성공을 경험하는 것이 중요하니 작은 미션을 주고 성공하면 축하해주는 과정도 만들어보자. 지속해서 이야기 나누고, 할 수 있다는 메시지를 심어주고, 뭔가 변화를 보이면 잘했다고 말해주자. 반 아이들도 "잘했어", "대단하다", "힘내" 등의 말을 해주도록 연습시키자.

먼저 내 마음을 돌아보자

무기력한 아이를 바라보면서 답답한 마음이 가득 올라온다면, 때론 내 문제일 수도 있다. 빠른 변화를 바라거나, 내 마음대로 아이가 변하지 않아 속상하다면 먼저 내 마음을 돌아보자. 아이의 변화는 작고 느리게 온다는 것과 부모의 몫이 더 중요하다는 것을 기억하자. 그리고 내가 하는 노력이 의미 있다는 것도 늘 기억하자. 아이의 작은 변화를 함께 기뻐해주고 더 많은 응원을 보내주자. 사실 무엇보다 바라보는 눈만 바꿔도 아이는 안다.

이것만은 꼭!

✓ 아이들이 바뀌지 않는다고 나를 탓하지 말자.

✓ 무력감을 갖고 있는 아이들은 천천히 변화가 찾아온다.

✓ 일부 아이는 성격 때문에 그렇다.

✓ 그 자체로 완벽한 것이다. 잘못된 것이 아니다.

✓ 조용한 아이들을 위해 교사가 세팅을 바꿀 수 있다.

✓ 처음부터 무기력하려고 계획한 아이는 없다.

✓ 무기력감이 가득한 경우엔 체념이 담겨 있다.

✓ 무기력감을 이용하는 아이도 있다.

✓ '잘못된 아이'가 아닌 '사연이 있는 아이'로 바라보자.

✓ 교사의 영역이 어디까지인지 선을 긋자.

✓ 따돌림당하지 않는 교실 분위기를 만들자.

✓ 너무 많은 도움을 주지 말자. 스스로 해결해보게 하자.

✓ 무기력한 아이에게 답답한 마음이 드는 건 교사의 문제일 수도 있다.

잘 될 거예요.
괜찮아요. 힘내요!

· 사춘기 여학생 ·

여학생들의 관계 문제가
너무 어려워요

　보통 남학생들을 힘들어하는데, 저는 남학생들보다 여학생들을 지도하는 게 더 힘들어요. 남학생들은 철없어 보이는 장난을 주로 하다 보니 문제가 겉으로 드러나서 중재하면 잘 해결되는 편이에요. 그런데 여학생들은 그렇지가 않았어요. 겉으로는 잘 지내지만, 뒤에서는 다른 모습을 하고 있다는 것을 알았을 때 정말 충격이었어요. 한 아이는 친구들과 활발하게 잘 지내고 있었는데, 알고 보니 특정 아이를 싫어하지만 대놓고 이야기는 못 하고 친하게 지내는 모습을 취했어요.

　겉으로 드러나지 않다 보니 관계 문제가 한참 진행된 뒤에야 터지는 경우가 많았고, 오해가 오해로 이어지고 또다시 오해로 이어지는 과정이 너무나 복잡하게 쌓여서 중재가 쉽지 않았어요. 민감하게 변화하는 사춘기의 감정을 살펴주는 것도 너무 어렵고요. 여학생들이 저에게 거리를 두면서도 필요할 때는 저를 이용하려고 해서 더 힘들기도 했어요.

무엇보다 뒷담화 문제가 정말 힘들었는데, 제가 중재했다가 아이들이 더 틀어지면 제 탓을 할까 봐 걱정되기도 해요. 작은 오해가 뒷담화로 이어지고 그게 오해로 커져 따돌림으로 발전되는 경우도 있었어요. 그렇게 자기가 왕따를 당한다고 부모님에게 이야기해서 민원이 들어온 적도 있었고요. 때론 비슷한 문제가 스마트폰으로 하는 단체 대화방에서 일어나기도 해요. 평소에는 착한 아이인 줄 알았는데 대화방에서 사용하는 말이 너무나 거칠어 놀란 적도 있어요.

여학생들은 남학생들과 달리 자기 이미지를 제 앞에서 좀 더 포장하는 것 같아요. 그리고 그렇게 포장한 이미지로 저를 이용하려고 드는 느낌도 들었어요. 여학생들의 속마음이 겉으로 보는 것과 달라서 혼란스러워요.

그리고 여학생 중에는 틴트를 바르거나 귀걸이, 매니큐어 등을 하고 학교에 오는 아이들이 있는데 학생의 권리로서 허용을 해줘야 하는지 아니면 학생이기 때문에 제한을 해야 하는지도 헷갈려요. 입술에 안 좋다고 하지 말라고 했더니 자기는 입술 망가져도 상관없으니까 바를 거라고 하더라고요. 제한한다면 아이들에게 뭐라고 말해야 할지도 어렵고요.

고학년 여학생으로 인한 문제가 단번에 끝나지 않고 은근히 신경 쓰이는 게 많아서 스트레스를 많이 받네요. 선배님, 여학생들 문제는 어떻게 대처하면 좋을까요?

교실에서 일어나는 여러 사건을 보면, 남학생들과 여학생들의 문제 유형과 감정의 흐름이 달랐다. 싸우는 방식도, 해결하는 방식도 달랐다. 여학생들은 마음속까지 조금 더 깊게 바라봐야 했다. 복잡하고 미묘한 그들의 삶의 방식을 이해하지 않으면, 작은 오해나 문제가 더 큰 문제로 이어지곤 했다. 이를 위해서라도 교실에 서로 존중하는 분위기를 조성하는 것이 필요하고, '문제가 생길 수 있지만, 어떻게 해결하느냐'가 중요하다는 것을 아이들 내면에 심어줘야 했다. 그리고 속마음을 말이나 글로 '자세하게' 풀어내는 것이 중요했다. 여학생들 간의 관계가 편해지는 데 도움이 될 여러 방법이 있겠지만, 내가 익숙하게 사용했던 것을 몇 가지 소개해본다.

일기로 대화를 나누고, 응원해주자

여학생들의 마음을 잘 파악하는 게 중요하다. 이를 위해 나는 일기 쓰기를 운영하는데, '지도'를 위해서가 아니라 '대화를 나누는 통로'로 활용한다. 교사에게 말하지 못하는 것을 글로 표현하는 것을 편하게 생각하는 아이들이 있고, 고민을 글로 쓰면서 스스로 정리하고 자신만의 해결책을 찾아갈 수 있기 때문이다.

아이들의 일기를 읽어보면, 교실 속의 크고 작은 사건들에 대해 알 수 있고, 교사의 눈으로 파악되는 것 외의 여러 정보를 얻었던 것도 좋았다. 그래서 불편한 일이 우리 반에 생길 듯하면, 그와 관련된 프로그램을 만들고 아이들이 성장할 수 있는 시간을 만들어보곤 했다.

아이들의 일기 아래에 격려와 응원의 문구를 적어주는 게 좋았다. 몇명의 아이는 자신의 문제와 고민에 대해 내 피드백과 조언을 바라고 일기를 쓰는 경우도 있었다. 하지만 이 역시 그 문제에 직접 개입하기보다는 아래에 정성껏 글을 적어주고 잘 될 거라고 지지하고 격려하고 응원해주었다.

일기를 보면서 아이의 감정이 불편한 게 느껴지는 학급 내 일이 있으면, 쉬는 시간이나 집에 가기 전에 따로 만나 이야기를 나눈다. "네 마음이 이해된단다. 고민이 많겠구나." "혹시 선생님의 도움이나 조언이 필요한 부분이 있니?" "때론 약간의 시간이 우리에게 답을 만들어주기도 한단다. 너무 성급하게 해결하기보다 천천히 답을 찾아보는 건 어때? 힘내렴." 이렇게 대화 나누고 응원해주는 것을 좋아하는 여학생들도 있었다. 일기 지도는 최근 교사들에게 호불호가 있는 편인데, 교실 속 관계와 사건들을 파악하고자 한다면 학부모와 학생에게 동의서를 잘 받고 운영해보자.

카톡이나 채팅방을 이용하자

그리고 SNS 대화방을 이용해 간혹 대화를 나눴다. 따로 이야기를 나누기가 불편할 때도 있어서 "○시 정도에 선생님하고 톡으로 이야기 조금 나눠보자꾸나" 하고 집으로 보낸 뒤, "혹시 요즘 무슨 걱정거리 있니? 요새 조금 힘이 빠져 있는 듯해 선생님 마음이 걸리는구나", "고민이 생긴 듯한데, 혹시 선생님이 도와줄 것은 없을까?" 이렇게 메시지를 주고받으면서 고민을 들어주는 것도 좋았다. 여학생들은 남학생들에 비해 문자를 주고받는 것을 조금 더 익숙하고 편하게 생각하는 경향이 있어 특별한 일이 있을 땐 대화를 나누는 통로로도 좋았다. 무엇보다 문자를 주고받으면 대화 내용이 계속 남아 있어서 일 년간 어떤 이야기를 나눴는지 돌아볼 수 있는 장점도 있다.

또래 상담사를 운영하고, 따로 밴드를 운영하자

그리고 또래 상담사 '밴드'를 운영했다. 학생 몇 명을 또래 상담사로 선발하여 반 아이들을 관찰하게 하면서 특별한 일이 있을 땐 조언을 주고 도움을 주도록 했다. 또래 상담사는 전문적인 상담사는 아니니 고민이 있는지 물어보고 들어주는 것만 하도록 했다. 반 아이들에겐 선생님보다 때론 친구들의 도움이 더 효과가 있을 때도 있다면서 안내를 해주었다. 아이들이 직접적인 상담으로 문제를 해결하는 것보다 학급 내에 있었던 일에 대해 또는 교사인 내가 알지 못했던 사건에 대해 밴드 안에서 이야기를 주고받았던 것이 좋았다. 이를 위해 반 전체 아이들이 함께하는 밴드와는 따로 독립적으로 운영해야 했다. 무엇보다 또래 상담사들이 내가 파악하는 것 이상으로 복잡 미묘한 여학생들의 사건에 대해서 고민해줬고, 그렇게 내게 알려주는 정보 덕분에 필요한 순간에 조언을 주고 다독일 수 있어 좋았다.

소시오메트리 기법으로 관계를 파악해보자

그리고 학생 관계를 파악하기 위해 소시오메트리* 기법을 활용했다. 나를 중심으로 관계가 가까운 사람은 가까이에, 관계가 멀거나 불편한 사람은 멀리 이름 스티커를 붙이게 한다. 이름을 붙인 자료를 보면, 아이들의 관계 역동을 파악할 수 있다. 어떤 아이가 '은따'인지 정말 파악하기 쉽고, 각 아이가 친구들과 어떤 마음으로 살아가는지 한눈에 파악할

---

* http://blog.daum.net/teacher-junho/17033036

수 있어 좋다.

특히 눈으로 확인할 수 없었던 여학생들의 교실 속 관계를 알 수 있어 좋다. 복잡 미묘한 여학생 그룹이 있다면, 그들의 자료를 펼쳐놓고 바라보자. 그들이 함께 붙어 다니지만 어떤 마음으로 다니는지 알 수 있다. 그들 중에서 누가 조정하는지, 누가 눈치를 보는지, 그들 중에서도 누가 서로 가깝고 누구를 멀리하는지를 알 수 있다. 그리고 그 자료를 기준으로 아이들을 관찰하고, 생길 수 있는 일들을 예상할 수 있다.

아이들 이름을 붙이고 난 뒤, 가장 마지막에 선생님 스티커도 붙여보게 하면, 반 아이들이 선생님을 어떻게 생각하는지 파악할 수 있어서 좋다. 그리고 여학생들과 남학생들의 사이를 파악하는 것도 좋았다. 말로 설명할 수 없는 서로의 관계를 나를 중심으로 심리적인 거리만큼 이름을 써보고 이름 스티커를 붙여보는 것만으로도 스스로 관계를 돌아볼 수 있게 만드는 것도 좋았다.

올바른 문자 사용 방법을 알려주자

교실에서 문자(톡) 사용에 대한 프로그램을 진행하는 것도 좋다. 하나의 짧은 문자를 칠판에 적은 뒤, 아이들에게 포스트잇을 한 장씩 나눠주고 그에 대한 답글을 적어 붙여보게 한다. 그러면 짧은 문자 하나를 해석하는 것도, 답도 다르다는 것을 알 수 있다.

예를 들어 '개짜증 나!' 라는 단어를 칠판에 쓰고, 각자 포스트잇에 답 문자를 쓴 뒤, 칠판에 붙이도록 한다. 모두 붙이면 부정적인 말과 긍정적인 말이 들어 있는 문장을 분류한다. 결과를 보면 대부분 부정적인 답장이다. 그렇게 쓴 이유를 물어보기도 하고, 그런 부정적인 문자가 다시 상대방에게 어떻게 작동할지를 돌아보게 한다.

이런 과정을 거치면서 누군가에게 문자를 보낼 때 오해가 생길 수 있으니 처음부터 자세하게 써야 하고, 문자를 받은 사람은 내 멋대로 해석하기보다 "무슨 뜻인지 자세히 설명해줄 수 있어?" 하고 더 많은 정보를 얻은 뒤에 판단해도 늦지 않다는 것을 함께 찾아간다.

왜곡에 관한 프로그램도 진행한다. TV로 사진 한 장을 약 10~15초 정도 보여주고 나서 같은 크기의 종이와 같은 색의 펜을 나눠주고 조금 전에 본 사진을 기억나는 만큼 그려보게 한다. 간단히 그리도록 한 뒤 모두 칠판에 붙인다. 그리고 다시 사진을 보여주면서 칠판에 붙어 있는 그림과 비교해보자. 같은 사진을 보고 그렸는데도 각자 더 자세하게 그리는 부분이 다르고, 크기가 달라져 있는 등 왜곡도 있음을 알 수 있다. 이런 활동으로 같은 것을 보고도 각자 기억하는 것이 다르고, 반응하는 것도 다르니 문자 메시지보다는 눈과 눈을 보면서 이야기 나누는 것이 오해가 생기지 않는다는 것까지 이야기 나누는 것도 좋았다.

그리고 단체 대화방에서 자유롭게 들어가고 나가는 것을 존중하도록 하고, 뒷담화나 누군가를 헐뜯는 것을 서로 자제시켜주기로 약속하는 것도 좋았다.

3명 그룹은 항상 누군가 외로워지게 된다

(모두가 그런 것은 아니지만) 여학생들은 그룹을 짓기 좋아한다. 화장실을 가거나 방과 후 등에 혼자보다는 여럿이 다니려는 경향이 있는데, 오랫

동안 잘 살펴보니 3명 그룹일 때 좋지 않은 일이 생기곤 했다. 친구 한 명을 놓고 서로 다투거나, 배신하고, 뒷담화하고, 괜히 서운해하는 등 여러 일이 일어나는 것을 보고 3명 구조에선 자연스럽게 한 명이 외로워질 수밖에 없다는 것을 설명해주곤 했다.

(임원 등의 도움을 받아) 세 명을 교실 앞에 세운 뒤, 한 명에게 다른 한 명에게 가까이 가서 손을 잡게 한다. 그런 뒤 남은 한 명에게 어떤 생각이 드는지 묻는다. 그러면 대부분 외롭거나 둘 중 한 사람에게 다가가 손을 잡겠다고 말한다. 그러면 다가가 손을 잡고 오라고 한다. 그러면 자연스럽게 다른 한 명이 혼자가 된다. 혼자가 된 친구에게 어떤 마음이 드는지 물어본다. 그러면 외롭고 다시 친구의 손을 잡고 싶다고 말한다. "방금 손을 잡고 있던 친구를 데려간 저 친구를 어떻게 생각하니?" 하고 물으면, 많은 아이가 "미워요", "싫어요", "빼앗아 간 것 같아요" 등을 말한다. 그러다가 "따돌리고 싶어요", "헤어지게 만들고 싶어요" 등 불편한 말들까지 나온다. 양쪽을 오가게 됐던 학생에게도 어떤 감정을 느꼈는지 물어본다. 이렇게 '3명 그룹'에서는 자연스럽게 한 명이 외로워질 수밖에 없어 여러 감정적인 불편함이나 오해가 생기니 혹시 3명 그룹이거든 이 활동을 돌아보면서 고루고루 함께 어울려 놀 수 있도록 부탁한다.

진주와 조개*

이와 비슷하게 놀이에서도 3명 그룹이 불편하다는 것을 느끼게 할 수

---

* 『서준호 선생님의 교실놀이백과 239』, 서준호, 지식프레임, P.144

있다. '진주와 조개'라는 놀이가 있는데, 한 명이 진주가 되어 손을 반짝거리며 서면, 다른 두 사람이 진주를 감싸고 손을 잡고 서면서 조개가 된다. 반 전체가 3명씩 진주와 조개가 되어 서도록 한다. 술래 한 명이 "진주!"라고 외치면 진주는 다른 조개 속으로 가야 하고, 술래가 "조개!"라고 외치면 조개는 함께 있던 진주와 헤어져 다른 진주를 감싸러 가야 한다. 술래가 "불가사리!" 하고 외치면 모두 다 뿔뿔이 흩어졌다가 3명이 만나 진주와 조개가 되면 된다.

이 놀이를 하다가 이렇게 말한다. "가운데 진주는 조개 한쪽으로 몸을 완전히 돌려봅니다. 그리고 이렇게 이야기합니다. 둘 중에 네가 더 좋아!" 그러면 아이들 사이에서 탄식과 웃음이 터져 나오는데, 진주의 등을 보는 조개들에게 다가가 어떤 마음이 드는지 물어본다. "서운해요", "화나요!", "속상해요!" 등 여러 이야기를 한다. "그러면 저 진주에게 어떻게 하고 싶니?" 물으면 다양한 '정치 행위'와 '복수 계획'을 듣게 된다.

다시 "가운데 서 있는 진주는 몸을 반대로 돌려 다른 조개를 바라보고 이렇게 이야기합니다. 사실, 둘 중에 네가 더 좋아!" 그러면 더 큰 웃음과 탄식이 아이들 사이에서 터져 나오는데, 진주의 등을 바라보는 조개에게 다가가 "아까 네가 좋다고 했는데, 몸을 돌려 저 조개를 더 좋아한다는 진주를 보니 마음이 어때?" "어떻게 하고 싶니?"라고 물어본다.

이런 질문을 통해서 속상한 마음, 다툼이 될 요소, 서운할 수밖에 없는 구조 등을 알아차릴 수 있게 해준다. 진주와 조개 모두 손을 잡고 서거나, 서로 안아주면서 "조개가 한 몸인 것처럼, 조개가 있어야 진주가 있는 것처럼, 우린 하나입니다. 3명이라 관계에 어려움도 있겠지만, 이 놀이를 기억하면서 더 나은 관계를 만들어 가겠습니다"라는 방식으로 풀어낸 적도 있었다.

화장하는 아이들

학년부장을 할 때 화장하는 아이들 때문에 곤란한 적이 많았다. 학교 내에서도 틴트를 바르고 고데기로 머리에 웨이브를 만들고, 서클렌즈까지 착용하면서 학년 분위기가 이상하게 변할 때가 있었다. 그래서 예뻐 보이고 싶어 자신을 꾸미는 것은 반대로 자신을 초라하게 생각하는 마음에서 생겨났다는 흐름을 이해시켜줬다. 스스로를 사랑하는 힘인 '자존감'과 연결된 것임을 알려줬다.

그래도 계속해서 수업시간에도 화장을 하고 멋을 부리는 아이가 있을 수도 있다. 그럴 땐 다른 문제를 해결할 때처럼 '질문'으로 해결해나갔다. "혹시 수업시간에도 화장을 하는 특별한 이유가 있니?" "학교는 무엇을 하기 위한 곳일까?" "선생님이 열심히 수업하려는데 자꾸 눈길이 가서 집중이 깨진단다. 그걸 위해서 화장한 건 아니지?" "나도 좋고 친구들도 좋고 우리 모두가 좋아야 하는데, 화장을 하는 것은 누구에게 좋은 것이니?" "너에겐 조절할 수 있는 힘도 있다고 보이는데, 조금만 참았다가 할 수 있겠니?" 등의 질문으로 아이 스스로 답과 방법을 찾게 했다. 그리고 노력한 것에 대해선 고맙고 잘했다고 꼭 피드백을 줬다.

여학생들의 여러 행동 안에는 불안감이 있다

지금까지 이야기한 것보다 더 많은 복잡 미묘한 일이 여학생들에겐 매일 일어난다. 사실 잘 보면 혼자 되지 않기 위해, 외롭지 않기 위해 그런 일을 하는 것이다. 두렵고 불안해서 그런 것이 많다. 그러니 일이 생긴다면 누군가를 탓하기보다는 여학생들이 관계를 맺어가는 힘을 알아가고, 잘되길 바라는 마음 담아 다독여주고 도와주자.

무엇보다 비난과 꾸중보다 대화와 지지와 격려가 중요하다. 그리고 이야기를 많이 나눠보자. 존중이 가득한 교실에선 외롭지 않기 위해 애쓰지 않아도 된다. 불안하고 따돌림이 가득한 교실에서는 아이들은 혼자 되지 않기 위해 더 애를 쓴다. 그래서 이 또한 기본 교실 분위기를 어떻게 만드느냐가 먼저라는 것을 기억하자.

이것만은 꼭!

✓ 일기로 대화를 나누고, 응원해주자.

✓ 일기에서 크고 작은 교실 속 사건과 정보를 취할 수 있다.

✓ 대화를 나누는 것도 좋지만, 때론 카톡이나 채팅방을 이용하자.

✓ 또래 상담사를 운영하고, 따로 밴드를 운영하자.

✓ 소시오메트리 기법으로 관계를 파악해보자.

✓ 올바른 문자 사용 방법을 알려주자.

✓ 문자를 어떻게 해석하느냐에서 왜곡이 생길 수 있다.

✓ 사진 하나를 놓고 기억해서 그려보게 하면서 기억의 왜곡을 확인할 수 있게 하자.

✓ 3명 그룹은 항상 누군가 외로워지게 된다.

✓ '진주와 조개' 놀이로 외롭고 서운한 관계 속 감정을 돌아볼 수 있다.

✓ 예뻐지려는 것은 반대로 내가 초라하다고 느끼기 때문이기도 하다.

✓ 화장하고자 하는 마음을 조절할 수 있다고 응원해주자.

✓ 여학생들의 여러 행동 안에는 불안감이 있다.

· 다투는 아이들 ·

아이들이 시도 때도 없이 다퉈요

하루에도 몇 번씩 크고 작은 다툼이 교실에서 일어나요. 체육 시간에는 서로 기회를 더 얻으려다가 다투고, 모둠 활동 때는 서로 자기가 원하는 방향대로 하려고 하다가 잘 안 맞아서 다투기도 해요. 그리고 쉬는 시간에 장난치거나 놀리다가 갑자기 다툼으로 번지기도 해요. 그러면 상황 설명을 들어보고 서로 기분 나쁘게 한 부분에 대해서 사과하고 넘어가는 편이에요. 그리고 아이들이 서로 입장을 바꿔서 생각해보게 하기도 해요. 그런데 가끔 잘 마무리가 되지 않아요. 자기가 한 행동이 그다지 상대방 친구에게 피해를 주었다고 느껴지지도 않고, 상대방을 공감하기도 어려운가 봐요.

아이들끼리 서로 말이 안 맞을 때가 더 많은데 그럴 때는 더 난감해요. 서로 말이 다르다 보니 한 아이가 하는 말을 듣고 있던 상대방 아이가 자극을 받아서 다툼이 더 계속된 일도 있었어요. 우여곡절 끝에 서로 사과를 하게 하지만, 진심이 담긴 사과가 나오지 않을 때도 많더라고요. 그 상태로 끝내기 찝찝해서 더 붙잡고 이야기해봤지만 잘 안 돼요. 더 이상 어떻게 할 수 없어서 그냥 그대로 마무리했는데, 나중에 다른 일로 또 다퉈서 더 힘들어지기도 했어요.

물리적인 폭력까지 일어난 경우에는 처리하기가 더 힘들었어요. 한 번은 얼굴에 상처가 생긴 일이 있었는데, 학부모님께는 뭐라고 말씀드려야 할지도 정말 난감했네요. 그래도 다행히 이해해주셨기에 망정이지 학부모님까지 저를 힘들게 했으면 성말 병났을지도 몰라요. 그리고 가끔은 다른 반 아이와 타투기도 하는데, 그러면 그 반 담임교사와도 이야기 나눠야 해서 더 힘들었어요.

다툼으로 학교폭력위원회(학폭위)까지 갔던 일도 있었는데, 그 이후로는 아이들이 제 말은 아예 듣지도 않아요. 작은 다툼만 생겨도 학교폭력이라고 하는 모습을 보며 교실이 힘으로 누르려는 심리로 지배된 것 같은 느낌이 들어서 슬펐어요. 너무나 고통스러워서 하루하루 버티면서 이 아이들과의 헤어지는 날이 오기만을 기다린 적도 많았어요. 아이들이 시도 때도 없이 다투는 이 교실에서 제가 도대체 어떻게 대처하면 좋을까요?

아이들이 자꾸 다툰다면, 그만큼 슬프고 힘든 일도 없을 것이다. 이런 경우라면 먼저 교실의 시스템과 분위기를 돌아볼 필요가 있다. 교실에선 사건이 생길 수밖에 없는데, 아이들이 문제를 처리하는 방식이 비난과 다툼이라면, 방법을 가르쳐주어야 한다. 그리고 그와 관련된 마음의 흐름을 자세하게 설명해주고, 어떤 감정이 생기는지까지 알려줘야 한다.

친구들 사이에 불편한 일이 막 생겼을 때, 어떻게 해결해야 하는지 아이들은 잘 모른다. 각자 자라면서 가정에서 보고 경험한 익숙한 방식과 학교에서 친구들이 다른 친구들에게 하는 것을 보면서 생긴 '각자의 경험'에 따라 눈앞의 문제를 해결할 뿐이다. 교사가 아이들의 처리 방식을 탓해봤자 바뀌는 것은 없다. 좀 힘들고 귀찮더라도 이 부분부터 점검하고 아이들의 처리 방식을 살짝 바꿔주는 게 중요하다.

감정의 흐름을 알려주자

나는 감정의 흐름을 알려주는 것부터 시작한다. 나는 '싸움의 법칙'이라고 이름 붙였는데, 아이들에게 익숙한 공을 이용해 설명해주곤 했다. 교실 속에서 서로 부딪히거나 사소한 오해가 생기는 일을 '탁구공'에 비유한다. "한 친구가 나에게 탁구공을 던져서 얼굴에 맞으면 마음이 어때요?" 하고 물으면 아이들은 아프고, 자신도 똑같이 던져주고 싶다고 대답한다.

"하지만 보통은 아프고 억울한 마음에 탁구공을 던진 이유를 물어보지도 않고, 상대방에게 더 큰 공을 던지려 하지요. 그래서 탁구공이 아닌 야구공을 던집니다. 탁구공을 던진 친구 입장에선 자기가 던진 공보다 더 큰 공이 날아와 얼굴에 맞으면 어떤 마음이 들까요?" 아프고, 억울하고, 복수하고 싶고, 더 큰 공을 던지고 싶다는 말이 나온다.

"그래요. 처음 자기가 탁구공을 던진 것을 잊고 더 큰 공으로 돌려주고 싶은 마음이 생긴답니다. 그래서 더 큰 축구공을 던져요. 그러면 상대방은 축구공에 맞아 아파 농구공을 던지게 되고, 농구공을 맞은 학생은 끝내 볼링공을 던지게 된답니다."

이렇게 공들을 하나씩 칠판에 그려가며 공에 맞았을 때 생기는 감정과 아픔을 이야기하면서 복수하고 싶고 돌려주고 싶은 마음에 더 큰 공을 고르게 되는 흐름을 설명해준다. 더 큰 공을 고르는 것은 '친구를 불러서 함께 싸우기', '카톡에서 뒷담화하기', '누나나 형을 싸움에 개입시키기', 상대방보다 더 큰 힘(공)이 필요하다 보니 끝내 '부모님의 힘 빌리기', 나중엔 '부모님들이 교육청에 민원 넣기' 등으로 발전되고, '학교폭력'으로도 이어지는 흐름을 알려준다. 이걸 이해시켜주는 것만으로도 나중에 여러 다툼을 잘 중재할 수 있게 되었고, 아이들도 더 큰 공을 던지지 않기 위해 노력했다.

감정 말하기, 사과받기, 고마워하기

처음부터 누군가에게 '탁구공'을 던지지 않는 것도 중요하지만, 혹시 실수로 '탁구공'을 던졌을 때, 어떻게 해야 더 큰 공을 주고받지 않도록 하는지도 알려준다. 내 경우에는 다음 3간계를 알려준다. 처음 탁구공을 맞았을 때 첫째, 내 감정을 말한다. "탁구공에 맞아 아파. 네가 사과해주면 좋겠어." 둘째, (탁구공을 던진 학생은 앞의 말에 자존심이 생길 수도 있지만) 먼저 시작한 것을 생각하며 "널 아프게 해서 미안해"라고 사과하는 말을 해야 한다. 세 번째가 가장 중요한데, 상대가 사과하는 말을 하면, "사과해 줘서 고마워"라는 말을 돌려준다. 더 작은 공을 돌려주거나, 공 던지기를 멈추면 싸움이 더 커지지 않는다. 그래서 무슨 일이든 첫 '탁구공' 단계에서 잘 해결해야 한다.

오랫동안 아이들을 중재하면서 느낀 것은 사과만 하고 끝내면, 사과한 아이는 자신이 상대방보다 아래로 간다고 느낀다는 것이다. 그래서 마지막에 사과하려고 노력한 그 행위 자체를 생각하며 "사과해줘서 고마워"라는 말을 사과받은 사람이 돌려줘야 한다. 그러면 힘의 균형이 맞아 나중에 복수하거나 또 다른 일로 이어지는 경우가 적다. 앞의 3가지 말을 정리해 교실 한쪽에 붙여놓고 일이 생기면, 저 말을 보면서 서로 해결하도록 했다.

교사가 하는 말을 따라 사과하게 하는 것도 효과가 있다

간혹 사과해야 하는 상황에서 잘못을 인정하지 않거나 사과하는 말을 하지 않을 때가 있다. 이럴 때는 다독이면서 교사의 말을 따라 사과하는 말을 하도록 할 때도 있다. 속으론 사과하고 싶지만 어떻게 사과해야 하는지 모르는 경우가 많기 때문이다.

사건과 상황에 따라 다르겠지만, 한 아이가 다른 아이를 때렸을 때를 예로 들면, 조용한 공간에서 두 아이가 마주 보고 앉도록 한 뒤, 맞은 아이에게 "네가 나를 아프게 해서 속상해. 그래서 사과해주면 좋겠어"라는 내 말을 따라 하게 한다. 그런 다음 때린 아이에게는 "널 아프게 해서 미안해. 일부러 그런 건 아니야"라는 내 말을 듣고 친구에게 진심을 담아 말하게 한다. 그런 뒤, 맞은 아이에게 "사과해줘서 고마워"라는 내 말을 따라 하게 한다. 이런 과정을 거치고 두 아이를 다독이면서 마음을 풀어주곤 했다.

상담용지나 글을 쓰는 것으로 감정을 내려주자

하지만 조금 더 감정이 격해졌을 땐 조금 더 해야 하는 과정이 필요하다. 감정을 낮추기 위해 '상담용지'를 작성하면서 자신을 돌아볼 수 있게 했다. 다음 질문에 따라 글로 표현해보게 하자.

- 내가 한 행동은 무엇인가요?(다투게 된 이유는?)
- 내가 한 행동은 몇 점인가요?(1~10)
- 그렇게 행동한 이유는 무엇인가요?
- 상대방은 내게 어떤 말과 행동을 했나요?
- 내 행동은 나/친구/선생님/부모님에게 어떤 영향을 미치나요?
- 시간을 돌린다면 어떤 방식으로 해결해보고 싶나요?
- 이 문제를 어떤 방법으로 해결해보겠나요? 등

아이들은 글을 쓰며 감정이 조금 가라앉기도 하며, 교사는 아이들의 상황에 대해 많은 것을 파악할 수 있다.

따로 만나서 이야기를 듣고 해결해보자

감정이 올라온 상태에서 바로 이야기를 나누면 아이들이 표현도 제대로 되지 않고, 남아 있는 감정 때문에 교사에게 불편한 행동을 할 때도 있다. 예를 들어 두 아이가 크게 싸웠다면 "지금은 감정이 좀 격한 상태로 보이는구나. 이 상태에서는 어떤 것도 해결할 수 없단다. 여기에 최대한 자세하게 써주렴. 자세할수록 선생님이 그걸 토대로 너희를 도와줄 수 있단다"라고 말하면서 종이를 나눠준다. 무엇보다 일은 생길 수 있지만, 그걸 어떻게 해결하느냐가 더 중요하다는 것도 알려준다.

그리고 해결할 땐, 모두 함께 만나 이야기 나누는 것을 피했다. 이야기를 옆에서 듣다가 다시 감정적으로 되어 다툼으로 이어질 수 있으니 꼭 따로 만나서 한 명씩 이야기를 들어본다. 이런 과정을 거치며 어느 정도 파악이 되면, 마지막에 함께 만나서 중재하는 것이 좋다. 시간도 부족하고 마음의 여유가 없어서 많은 선생님이 처음부터 함께 만나서 이야기하고 꾸중하곤 하는데, 그러면 또 다른 다툼으로 이어지니 삼가자.

현재에서 과거로 감정의 흐름을 찾아가자

그리고 다툼의 시작점인 '탁구공'을 찾는 게 중요하다. 그 탁구공이 없었다면 그다음 공들이 등장하지 않았을 거란 부분을 짚어주면 아이들이 수긍하고 중재에 조금 더 적극적으로 참여한다. 탁구공을 찾는 요령은 큰 공에서 작은 공으로, 즉 사건이 벌어진 현재에서 과거로 가면 된다. 싸움과 감정이 어디에서 출발해 어떻게 확장됐는지 종이나 칠판에 그림을 그리고 화살표를 그려 가면 좋았다.

탁구공을 찾으면 하나씩 서로의 행동에 대해 사과하고, 사과해준 것에 고마워하는 것을 반복하여 두 아이 모두의 마음속 불편함을 줄이면 된다. 마지막에는 "혹시 남아 있는 불편함은 없니?" "혹시 사과받고 싶은 것은 없니?" "더 하고 싶은 말이 있니?"라고 물으며 점검해보면 좋다.

때론 너무나 복잡해 서로 해결하지 못할 정도면 '리셋' 해줄 때도 있다. "너무 많은 공을 서로 주고받는 도중에 여러 일이 생긴 것 같구나. 나만 잘한 것도, 나만 잘못한 것도 없단다. 어쩌다 보니 이런 상황이 만들어졌다고 생각해." 이렇게 말하고 나서 의자 두 개를 놓고 서로 눈을 바라보게 한다. "서로를 바라봅니다. 서운했던 것과 내가 상처 줬던 것을 떠올려봅니다. 그 모든 것을 담아서 이렇게 함께 이야기합니다." 그런 다음 서로 눈을 바라보며 "미안합니다"라고 같이 말하게 하는 것도 좋았다.

싸우는 사람의 마음이 어떠한지 찾아보게 하자

그리고 교실에 비난과 놀림이 자리할 때 다툼이 더 생기는 것을 경험했다. 친구가 넘어졌을 때 낄낄대고 웃거나, 친구들이 싸울 때 우르르 몰려가 구경하거나, 서로 툭 부딪혔을 때 입 밖으로 나오는 비난의 말이 다툼으로 이어지곤 했다. 그럴 때마다 그 즉시 상황을 다뤘다. 그냥 넘어가면 그런 행동들이 허용되는 분위기가 되기 때문에 즉시 다루는 것을 원칙으로 삼았다. "넘어진 사람 마음은 어떨까?" "혹시 그런 적은 없었니?" "친구들이 '괜찮아'라는 말을 했을 때와 '하하하' 웃었을 때 어떻게 하고 싶어질까?" 하고 물어보면서 자신을 돌아보고 '괜찮아'라는 말이 교실 속에 자리하도록 한다. 그리고 싸움이 벌어졌을 때, 주변에서 친구들이 재미있다는 듯이 웃으며 구경하면 싸움에서 지는 것이 두려워지고, 내 편을 들어주는 친구들이 있다면 거만해져 싸움이 더 커진다는 것을 돌아보게 한다.

따뜻한 단어를 사용한 말을 연습해보자

크고 작은 다툼 속에서 사용하는 말이 '탁구공'에 해당한다는 것을 알려주고, 다투게 만드는 말도 있지만, 서로 편들어주고 힘 나게 만드는 말도 있다는 것을 알려주는 것도 좋았다. 아이들이 알고 있는 좋은 단어가 많지 않다는 것을 확인하고, 자원(단어)을 늘려주는 시간을 운영했다. 괜찮아, 잘했어, 덕분이야, 파이팅, 힘내, 좋아질 거야 등 카드(내가 만들어놓은 토닥토닥 카드)를 한 장씩 들고 누군가를 만나도록 한 뒤, 자신이 들고 있는 카드 단어와 상대방의 이름을 이용해 한 문장을 말하게 한다. 예를 들어, 내 카드가 '네 편이 될게'이고 준호를 만났다면, "준호야, 네가 힘들 땐 내가 네 편이 되어줄게"라고 말한다. 그리고 상대방이 말하는 문장을 듣고 나서는 "고맙습니다"라고 말하고 서로 카드를 바꾼 뒤, 또 누군가를 만나 카드와 상대방 이름을 이용해 말하기를 반복한다. 2~5분 정도면 아주 많은 말을 사용하게 되고, 그렇게 말을 주고받는 과정에서 교실이 따뜻하게 변했다. 일주일에 한 번, 몇 달간 했더니 교실에서 사용하는 말 자체가 바뀌었다. 이해시키고, 알려주고, 훈련하는 것이 반 분위기를 바꾸는 데 효과가 있었다.

다툼은 하교 전에 꼭 해결하자

교실에서는 다툼이 생길 수 있다. 하지만 그걸 잘못됐다고 생각하기보다 살다 보면 생길 수 있는 일이라는 눈으로 바라보는 게 중요하다. 내가 완벽하지 않은 것처럼 아이들도 완벽하지 않다. 분위기를 만들고, 해결해가는 과정의 필요성을 이해시키는 게 중요하다.

그리고 마지막으로 아이들 사이에 다툼이 생기면 꼭 하교 전에 감정을 평온하게 한 뒤 보내자. 감정이 격한 상태에서 집으로 가면, 더 '큰 공'을 찾는 과정을 밟아 부모님에게 왜곡된 정보를 전달하거나, 카톡으로 일을 만들거나, 학원이나 학교 밖에서 싸움을 이어가기 때문이다. 그리고 약간의 인내심을 갖자. 조금만 분위기를 만들고 공을 들이면 일 년간 조금 더 평온한 교실에서 생활할 수 있다.

이것만은 꼭!

✓ 교실의 시스템과 분위기를 돌아보자.

✓ 아이들은 각자의 경험에 따라 현재의 문제를 해결해간다.

✓ 감정의 흐름을 알려준다.

✓ 공을 주고받는 그림으로 싸움의 법칙을 알려준다.

✓ 감정 말하기, 사과받기, 사과해준 것에 고마워하기를 해보자.

✓ 때론 교사가 하는 말을 따라 사과하도록 하는 것도 효과가 있다.

✓ 상담용지나 글을 쓰는 것으로 감정을 내려주자.

✓ 함께 만나기보다 따로 만나서 이야기를 듣고 해결해보자.

✓ 현재 사건부터 과거 사건으로 감정의 흐름을 찾아가자.

✓ 싸우는 사람의 마음이 어떠한지 찾아보게 하자.

✓ 따뜻한 단어를 사용한 말을 연습시켜보자.

✓ 다툼은 하교 전에 꼭 해결하자.

학교폭력은 어떻게 예방하고
대처해야 하나요?

학교폭력 사건이 일어날까 봐 두려워요. 웬만한 일은 제가 마무리 짓고 넘어가려고 하는데, 단순한 다툼을 넘어서는 모욕이나 신체적 폭력이 일어난 경우에는 그게 어려워요. 학부모에게 연락을 하게 되는데, 학폭위에 관해서 이야기를 할까도 고민이 돼요. 괜히 일을 더 크게 만들까 봐 이야기하고 싶지 않지만, 피해 학생 학부모에게 학폭위를 언급해서 사건 종결 서약서를 받지 않으면 나중에 담임이 사건을 무마시키려 했다는 책임을 질 수도 있다고 들어서 두렵기도 해요.

우리 반 아이가 다른 반 아이에게 심한 말로 모욕을 해서 학폭위가 열린 일이 있었어요. 알고 보니 학폭위를 요청한 학부모는 이미 이전에 수차례 자잘한 일로 스트레스를 받아서 자신의 분노를 학폭위를 통해 해소하려는 것이었어요. 이 일에 연루된 저희 반의 몇몇 학생이 학폭위에 들어가야 했는데, 경찰관과 학폭위원들 사이에서 마치 취조를 받는 듯한 느낌이었어요. 학폭위로 아이들은 더 상처를 받는 듯했어요. 학폭위를 여는 말에서 화해와 용서가 목적이라고 하지만, 현실적으로 처벌 여부를 더 중요하게 여기는 것 같았어요. 그 결과로 아이들이 존중과 책임보다는 더 큰 힘으로 상대방을 눌러야 한다는 것을 배우게 되는 듯해서 슬펐어요.

학폭위가 열리기로 결정되면 담임은 손을 떼야 한다고 하지만, 막상 학폭위를 위한 각종 상담 내용이 담긴 서류를 작성하는 일에 담임이 빠질 수는 없었어요. 그래서 일이 많아 힘들었어요. 수업 중에도 학폭 사건과 관련된 아이들을 불러서 상담해야 했고, 그로 인해 반 아이들은 수업을 제대로 받지 못하는 피해를 봐야 했어요. 한편으로는 그 과정에서 기록을 제대로 하지 못해 문제가 되거나 담임으로서 중재 역할을 제대로 하지 못한 제 책임이 될까 봐 두렵기도 했어요.

학폭위에서 사용하는 가해 학생이라는 용어는 당사자 학생과 학부모에게 불쾌감을 줘서 일이 더 커지게 만들기도 했어요. 학폭위 이전에 해결할 수 있는 중간 단계가 있으면 좋겠다는 생각이 들어요. 강사를 초청해서 학교폭력 예방교육을 하기는 하지만, 실제로 효과가 있는지는 잘 모르겠어요.

학교폭력 사건을 겪고 나니 비슷한 일이 다시 일어날까 봐 걱정하게 돼요. 학교폭력이 일어나지 않게 막으려면 어떻게 하면 좋을까요? 그리고 사건이 일어났을 때 어떻게 해야 슬기롭게 대처할 수 있을까요?

다툼이 생겼을 때, 서로 잘 해결할 수 있는 시스템이 있고, 서로 존중하는 문화가 교실에 자연스럽게 자리하고 있다면, 학교폭력 신고나 위원회가 열리는 일이 생기지 않는다. 어떤 사건이든 초반에 잘 해결하고 다독이면, 뒷부분에 해당하는 학교폭력 사안으로까지 발전되지 않는다. 하지만 생각지도 못한 상황에서 학폭 사안이 발생할 수 있고, 내가 한 노력과는 상관 없이 학부모가 학폭위 처리 절차를 요구하는 일이 많아진 시대에 살고 있으니 만약 학폭 사안이 발생했을 때 담임은 어떤 생각을 하면 좋을지 정도에 맞춰 이야기하고자 한다.

내 탓이라고 생각하지 말자

가장 먼저 학폭 사안이 발생하면 자책하지 말자. 간혹 자신이 교실 시스템을 잘 구축하지 못하고 아이들을 꼼꼼하게 살펴보지 못해 학폭 사안이 발생했다고 자책하는 후배 교사들을 만난다. 하지만 잘 살펴보면 교사만의 탓은 아니다. 교사는 교육과정과 학급운영 속에서 교실에서 싸우지 말고, 잘 사과하고, 남을 괴롭혀선 안 된다는 등 많은 학폭 예방 활동을 해왔다. 학교에서도 방송과 안내장 등 다양한 통로로 폭력을 해선 안 된다고 안내하고 가르친다. 그리고 아이들도 가정에서 부모에게 배우고 어린이집이나 유치원, 초등학교 저학년 시기를 거치며 수많은 교육과 당부를 받으며 성장해왔다. 그 속에서 대부분 자연스럽게 타인에게 폭력을 사용해선 안 된다는 마음이 자연스럽게 자리한다.

최근에는 학부모 중에서 학급 내 폭력을 사용하는 학생이 있으면, 교사가 그 폭력을 주도했다고 억지 주장하는 경우도 있다. 그리고 교사도 스스로 자신이 능력이 부족해서 이런 사건이 생겼다고 자책한다. 교실 대부분의 아이들이 폭력을 사용하지 않고 한두 명의 아이가 폭력으로 친구를 괴롭히는 것을 교사가 폭력을 주도한 것이라 할 수 없다. 폭력을 사용하게 된 이유와 사정이 그 아이에게 있다고 생각하자. 때론 감정에 휩싸여 눈이 뒤집히거나 다른 곳에서 생긴 답답함과 화를 교실에 전달하는 경우도 있다. 그러므로 학폭 사안이 발생하면 자신을 탓하는 마음을 내려놓고 이 일을 어떻게 처리할 수 있을지에 대한 객관적이고 차분한 눈을 먼저 가져보자. 나를 탓한다고 해서 이미 발생한 학폭 사안이 사라지지는 않는다.

피해 아이와 학부모를 잘 다독여주자

보통은 학폭 신고 전에 하소연하는 전화나 면담을 하게 된다. 이렇게 학폭 신고 전이라면, 피해 아이와 학부모를 잘 다독여주자. 학부모와 이야기를 나눠보면, 자녀가 당한 일에 대해 억울하고 화가 나 있었다. 학교에서 어떤 조치라도 취해줬으면, 가해 아이를 교육해 줬으면, 자녀가 가해 아이에게 사과받을 수 있도록 하고 싶다는 생각에 학폭 신고 절차를 밟으려 했다.

첫 번째 대화 때, 부모의 속상함도 이해해주고 아이의 상황에 대해 안타까워하는 말을 해주자. "세상에나", "이야기 듣는 저도 화가 나는데 어머님은 얼마나 속상하셨어요?", "저도 이야기 듣고 정말 깜짝 놀랐어요"라는 말을 하면서 함께 안타까워해 주고 다독여주자. 이것만으로도 부모는 감정이 조금 내려가고 상황을 객관적으로 바라볼 수 있게 된다. 부모가 조금 더 이성적이고 객관적인 눈을 가지면 차분히 대화로 학폭 사안을 풀어가기도 하고 절차를 차분히 밟아갈 수 있게 된다.

반대로 차갑게 전화를 받거나 부모를 탓하는 말을 하는 바람에 피해 아이의 부모를 더 감정적으로 만드는 경우도 있다. 그러면 학부모는 담임과 대화를 거부하고 더 높은 위치의 사람들과 대화하려 하고 욱하는 마음에 학폭 처리 절차를 요구해 낭패를 겪게 되는 경우도 있다. 피해 아이의 부모는 몇 번을 망설이다가 연락을 한 것인데, 교사나 학폭 업무 담당자가 너무 차갑게 대하고 공감해주지 않아 더 화가 났다는 부모가 많았다. 그러니 통화나 대화가 답답해도 초반만큼은 다독이며 이야기를 잘 나눠보자.

나도 한 번은 한 학부모와 통화하면서 자녀 문제 때문에 힘들어하는 게 느껴져 "이렇게 저에게 이야기하는 의미가 뭔가요?"라고 질문했다가 학부모가 갑자기 흥분했던 경험이 있다. 도와달라는 말을 하지도 않았는데 도와주기가 모호해서 물어보는 말이었다는 내 의도와 사정을 설명한 뒤에야 학부모 목소리가 돌아왔다.

빨리 처리해 나가자

학폭 사안이 발생하면 빨리 처리해 나가자. 피해 아이의 학부모와 이야기를 나눠보면, 도움 요청이나 신고 처리 뒤에 일의 진행이 느리거나 연락이 없어 조바심이(애타는) 생겼다고 한다. 사람들은 보통 감정이 불편한 상태에선 여러 상상을 하면서 사건을 확대 해석하기도 한다. 학폭 피해 부모도 그렇다. 생각을 많이 하면서 자신만의 가설과 이야기를 창조하는 경우도 있고, 주변 사람들과 이야기 나누는 과정에서 브로커를 찾게 되는 경우도 있다. 그러니 학부모의 마음을 안정시키고 부정적인 생각을 줄여주기 위해 중간중간 연락을 주고받거나 언제까지 연락을 주 겠다는 약속을 하자.

그리고 내 교실의 아이와 관련된 학폭 사안은 학폭 업무 담당자, 담당 부장, 관리자에게 바로 알려야 한다. 담임에게는 하나의 사안이지만, 업 무 담당자와 부장과 관리자는 비슷한 사안을 처리해본 경험이 있어서 적 절한 도움을 줄 수 있으니 걱정하지 말고 이야기하자. 보고하는 것만으 로 '혼자 처리하는 일'이 아닌 '함께 처리하는 일'로 성격이 바뀐다. 나 중에 학폭위가 열리면 담임의 상남일지 등의 기록과 함께 '최초 신고접 수 시간'과 '보고 시간'을 따지는 경우도 있다. 실제로 한 선생님은 보고 가 늦어 일을 더 키웠다고 탓하는 일을 당했다며 속상해했다. 보고하는 순간 담임의 어깨가 더 가벼워지니 망설이지 말고 사건을 잘 파악해서 가자. 때론 학폭 관련 일이 생겨 짜증 난다는 부장이나 관리자를 만날 수 있다. 속상하고 원망스러운 마음이 생기겠지만, 그래도 자주 가서 사안 을 알려야 한다.

학폭 처리 과정을 부정적으로만 생각지 말자

학폭 처리 과정에 대해 너무 부정적인 시각을 갖지 말자. 학폭 신고가 학부모의 다툼 등의 어려움으로 이어지는 경우도 있다. 하지만 긍정적인 부분도 있다. 담임교사는 내 교실을 돌아볼 기회를 갖게 되고, 학생을 조 금 더 깊게 살펴보고 이해하게 된다. 그리고 과거 여러 자료를 살펴보면 서 더 나은 교실을 만들어보기 위해 노력하게 된다.

피해 아이는 학교폭력 신고라는 방법을 알게 되어 덜 움츠러든다. 상담교사도 만나고 학폭 처리 절차를 밟으면서 나 혼자가 아니고 도움을 주는 사람이 많다는 것을 알게 되는 장점도 있다. 가해 아이는 학교폭력 확인서 등 서류에 사안, 현재 감정, 자신의 생각 등을 쓰면서 자신을 돌아보게 되고 무엇보다 학폭 처리 절차를 경험하며 경각심을 갖게 된다. 폭력을 남발하는 것이 줄어드는 효과도 틀림없이 있다.

무엇보다 부모들은 자녀에게 조금 더 관심을 갖게 되고 주변과 삶을 꼼꼼하게 살펴볼 기회를 갖게 된다. 학교 내 상담교사와 이야기를 나눠보니 가해 아이 부모 중에는 흥분하고 자존심 상해하는 분도 있지만, 대부분 남에게 폭력을 행사하고 피해를 준 것에 대해 미안해하고 빨리 사과하려는 경우가 많았다고 한다. 그 과정에서 상담을 의뢰하고 자녀 양육에 관한 조언을 구하는 경우도 생겨 기뻤다고 한다. 피해 아이도 이 과정에서 상담실에 와서 이야기도 나누고 위로받으면서 마음이 풀어지기도 하고, 그의 부모들 또한 상담을 의뢰하고 조언을 구하기도 하면서 자신을 돌아보고 변화가 생기기도 했다고 한다.

진심이 담긴 사과가 문제를 해결한다

거의 대부분의 학폭 사안은 가해 아이가 진심으로 사과하면 종결된다. 오래전 일이다. 가해 아이(A)가 피해 아이(B)에게 사과하면 학폭 사안이 종결될 일이 있었다. 하지만 사과하지 않아 학폭위가 열리게 됐을 때, 내게 그 아이가 피해 아이에게 사과할 수 있도록 도와달라는 요청이 들어왔다. 그래서 따로 아이를 만났다.

의자 3개를 놓았다. 하나는 가해 아이 자리, 하나는 피해 아이 자리이다. 나머지 의자 하나는 피해 아이 뒤에 놓았다. A에게 그 의자에 앉아달라고 하고 B의 엄마 자리라고 했다. B의 엄마처럼 생각하고 답하기로 하고 "아들이 넘어졌을 때 엄마로서 마음은 어때요?" "아들이 배가 아파서 아플 때 엄마로서 마음은 어때요?"라는 질문으로 자녀가 아플 때 엄마 마음이 속상해진다는 것을 느끼게 한 뒤, "아들이 (손가락으로 A 자리를 가리키며) 저 학생에게 오랫동안 괴롭힘당하고 맞고 왔는데 마음이 어때요?" "앞으로 어떻게 하고 싶나요?"라는 질문을 했다. 그러자 화가 나서 학폭으로 신고하여 징계를 받게 하고 싶다고 대답했다. 그때 "어떻게 하면 어머님 마음이 풀리겠어요?"라고 물어봤다. 그러자 A가 B에게 사과해주면 좋겠다고 말했다. 나는 A에게 원래 자기 자리에 앉도록 한 뒤 피해 아이의 엄마 입장에서 말을 해보고 자신을 바라보니 어떤 생각이 들었는지 물었고 A는 "사과해야겠어요"라고 말했다. 그래서 "그러면 여기서 사과하는 것을 연습해보자"고 한 뒤, B 의자를 바라보며 생각해본 사과를 해보도록 했다.

난 그 모습을 기억한 뒤, A에게 B 자리에 앉도록 한 뒤, B의 입장이 되어 사과를 받아보라고 했다. 나는 A 의자에 앉아 A처럼 쭈뼛거리며 사과하는 모습을 흉내 냈다. 그러자 B 역할의 A는 나에게 진심을 담지 않았다면서 미안해하는 얼굴과 몸으로 사과해달라고 요청했다. A를 다시 원래 자신의 역할로 돌아오게 하고 B가 요구했던 것처럼 미안함을 담아 사과하게 했다.

이런 방식으로 몇 번 연습해본 뒤, 실제 B와 그의 부모에게 사과하러 함께 갔고, 그렇게 종결되었다. 무엇보다 진심 담아 사과하는 모습이 피해 아이와 부모의 마음을 녹게 했다. 그리고 이 과정을 통해 A가 그 뒤에 폭력을 사용하는 일이 확 줄었다.

상처받지 말고, 지치지 말자

학폭 사안이 생기면 관련된 모든 사람이 힘들다. 그러니 너무 힘들어하지 말고 주변 담당자와 도움을 주는 사람들의 손을 잡고 함께 처리 과정을 밟아가 보자. 학교마다 약간씩 달리 처리하므로 학교폭력사안 접수보고서, 학교폭력 확인서 등 서류나 절차에 관해 이야기하진 않았다. 이 부분은 학교폭력 담당자에게 더 자세한 정보가 있으니 문을 두드리고 도움을 요청해보자.

때론 학폭 사안이 처리되는 동안 아이들은 이미 서로 화해해 다시 잘 지내고 있는데, 부모들이 감정싸움을 하는 경우가 있다. 그리고 아이처럼 떼 부리고 소리치면서 해결하려는 피해 아이의 부모나 가해 아이의 부모를 볼 때가 있다. 어른들이 싸우더라도 아이들은 잘 다독이면서 너무 상처받지 말고 주변에 잘 이야기하면서 지치지 말길 바란다. 그리고 학교에서 잘 해결되지 않는다고 생각되면, 관련된 서적도 있고 교사단체에 전문가들도 있으니 문을 두드리고 지혜를 구해보자.

이것만은 꼭!

✓ 학폭위가 열리는 것을 예방할 수 있다.

✓ 학폭 사안이 생기면 자책하지 말자.

✓ 피해 아이와 부모를 잘 다독여주자.

✓ 학폭 사안은 빨리 처리해 나가자.

✓ 학폭 처리 과정에 대해 부정적으로만 생각하지 말자.

✓ 진심이 담긴 사과가 종결을 만든다.

· 특수아동 ·

학급에 특수아동이 있어요

보통의 아이들과는 달리 발달이 느린 학생이 학급에 있어요. 나이는 다른 아이들과 같지만, 지적 수준은 또래에 비해 몇 년 더 낮아요. 그래서 수업을 전혀 따라가지 못해요. 개인적으로 따로 시간을 내서 지도해보기도 하지만, 아무리 쉽게 설명해줘도 이해하지 못하니 지치고 포기하고 싶은 마음도 들어요. 아이는 수업시간 중간에도 크게 소리를 치고 주변 아이들을 건드리기만 할 뿐, 학습은 전혀 할 수가 없어요. 수업 분위기는 자꾸 망가져 답답할 때가 많아요.

평소 생활에서도 의사소통이 원활하지가 않아 아이가 표현하는 것이 이해되지 않을 때도 많아요. 이 아이와 함께 놀고 활동하려는 친구도 없어요. 그래서 다른 학년에 있는 품행이 좋지 않은 학생과 어울리면서 여러 가지 사건도 일어났어요. 평소 아이들 생활지도할 때처럼 다른 아이들 입장을 생각해보게 하지만 잘 대답하지도 못해요.

도움받고 싶어서 학부모와 이야기를 나눠봤지만, 걱정을 많이 하면서도 아이를 학교에 보내는 것 이외에 별달리 취하는 것은 없어요. 가끔 공문에서 이런 아이들을 위한 프로그램을 보면, 학부모에게 소개하기도 했어요. 하지만 학부모님은 그다지 원하지 않는 것 같아요.

무엇보다 반 아이들이 이 아이를 놀리고 피하고 싫어해요. 도움이 필요한 친구라고 아이들을 설득해보는데 와닿지 않나 봐요. 제가 가끔 이 아이를 조금 더 감싸주고 편들어주면, 다른 아이들은 그게 불공평하다고, 그 아이도 똑같이 대우받아야 한다고 불만을 표현해요. 그래서 어떻게 해야 할지 걱정될 때가 많아요. 앞으로 이보다 증세가 심한 아스퍼거증후군, 발달장애 등 특수아동을 만날 걸 생각하면 정말 걱정됩니다. 다른 학생들도 좋고 저도 힘들지 않은 평화로운 교실을 만들어가는 방법이 없을까요?

통합학급 담임이 되면, 막막한 마음이 생기는 것은 당연하다. 일반 아이들과 함께 생활하는 것도 벅차고 어려운데 특수아동까지 감당해야 하는 상황이 되면 고민될 수 있다. 교사 생활을 하다 보면 이런 아이들을 만나게 되어 있다. 하지만 너무 걱정 말자. 과거보다 현재는 조금 더 그런 아이들을 위한 시스템과 도움을 줄 사람들이 있으니 교사가 혼자 다 돌봐야 하고 책임진다는 생각을 먼저 내려놓자. 나와 반 아이들, 학부모, 특수교사가 함께하면 된다.

장애가 있는 몇 명의 아이를 담임한 적이 있었다. 교통사고로 뇌를 다쳐 정상적인 생활을 할 수 없는, 그리고 청각장애가 있는, 발달 장애와 경계선에 있던 학생들과 지낸 경험이 있다. 학년 초엔 약간의 두려움도 있었지만, 돌아보면 나와 반 아이들은 잘 지내온 듯하다. 무엇보다 특수교사의 도움이 있었고, 실무사 선생님이 특정 시간엔 교실에 함께 있었다. 아이도 특수반에서 해야 하는 공부가 있어서 특수반과 교실을 오가며 생활하다 보니 함께 생활하는 시간도 생각보다 많지 않았다.

교실에서 함께하는 동안 더 도와주고, 그 아이에게 맞는 단계의 공부거리도 준비해주면서 교실에 편하게 머무를 수 있도록 노력했다. 무엇보다 '선생님도 좋고, 특수아동도 좋고, 반 아이들도 좋아야 한다'는 마음으로 학급을 운영해가면서 반 아이들과 함께 기준을 정하고 원칙을 세웠던 것이 좋았다. 나와 반 아이들의 노력이 중요했다. 나는 책『아름다운 아이(Wonder)』한 권을 반 아이들에게 틈을 내서 다 읽어주기도 했고, 역할극 기법을 통해서 그 아이가 자신이 원해서 특수아동으로 태어난 것이 아님을 반 아이들에게 이해시켜주기도 했다.

교사가 특수아동을 무시하면, 반 아이들도 무시한다

반 아이들 명단이 들어 있는 봉투를 뽑거나 배정표를 받았을 때, 내 반에 특수아동이 있다고 해서 운이 없다고 생각하거나 두려워하지 말자. 아직 만나지도 않은 그 아이에 대한 불편함이 시작됐다는 건 교사의 마음속에 그 아이에 대한 차별이 시작된 것이라 할 수 있다. 반 아이들 중한 명이라는 생각으로 바라보자. 그리고 내가 그 아이를 담임하게 된 이상황을 받아들이자.

무엇보다 중요한 것은 교사의 마음이다. 특수교사들과 이야기를 나누어보면, 교사의 마음가짐이 어떠하냐에 따라 반 아이들이 특수아동을 대하는 마음이 다르다는 게 공통된 생각이었다. 교사가 특수아동을 무시하면, 반 아이들도 그걸 흡수해 몇 배로 무시하고 놀린다. 하지만 교사가 아이를 존중하면 그런 마음이 얼굴과 말과 행동에서 드러나고 그것을 반 아이들이 흡수해 특수아동을 이해하고 챙기게 된다. 그러니 속으로는 여러 불편함이 있더라도 반 아이들이 나를 모방한다는 것을 생각하면서 마음을 다듬어보자.

특수교육지원센터에 전화를 걸어 고민을 해결하자

생활하면서 여러 일이 생길 수 있는데, 힘든 일이 생기고 고민이 있을 땐 특수교육지원센터에 전화를 걸자. 그곳에서는 특수교사들이 교실 속 상황에 대해 컨설팅을 해준다. 특수아동에 대해 도움을 주기 위한 기관이니 근무하는 지원청의 특수교육지원센터에 전화하는 것을 망설이지 말고 도움을 요청하자. 이미 여러 교사가 도움을 받고 있으니 주저하지 말고 수화기를 들자. 그리고 관련 연수도 받고 책도 한두 권 읽으면서 아이의 증세를 이해해보자.

학부모와 친밀한 관계를 유지하자

무엇보다 중요한 것은 학부모와 친밀한 관계를 유지해야 한다. 오랫동안 아이를 봐온 부모는 아이의 증세에 관해 아는 것이 많다. "교사인 제가 특별히 알고 있어야 할 것은 무엇이 있을까요?" "혹시 반에서 생활하는 것에 대해 걱정이 되는 것은 무엇이 있나요?" "아이가 교실에서 잘 지내기 위해 제가 도울 것은 없나요?" 하고 물어보자. 성장 과정과 양육에 관한 여러 이야기도 들어보자. 그리고 공감해주고 손잡아주자. 교실에서 생긴 어려웠던 상황을 왜곡하지 말고 그대로 들려주면서 조언을 구해보자. 친밀감을 형성하면서 편하게 이야기 나누는 관계를 우선적으로 만들어보자.

특수아동을 두려워하지 말자

간혹 특수아동이 통제할 수 없을 정도로 격해질 때도 있다. 이때 아이를 무서워하거나 두려워하면 안 된다. 일부 아이는 교사가 자신을 무서워하고 두려워한다는 것을 이용하기 시작한다. 교사를 쉽게 보기 시작하고 자신이 원하는 것을 얻기 위해 더 두렵고 무서운 상황을 만들기도 한다. 그래서 그런 일이 처음 일어났을 때 두려워하지 말고 눈을 똑바로 뜨고 바라보는 것부터 시작해야 한다. 그리고 바로 가까이에 있는 학생을 특수교사나 옆 반 교사 또는 관리자 등에게 보내 도움을 요청해야 한다. 거리를 두고 있되 숨을 들이마시고 내쉬면서 눈으로 제압한다고 생각하자. 그리고 잠잠해지면 그때 따로 이야기를 하고 상황을 다듬어가자.

교사가 강한 사람이라고 생각되면, 말에 잘 따르고 때론 눈치를 보기도 한다. 본능에 더 가깝게 행동하다 보니 강하게 느껴지는 교사의 말은 잘 따르지만, 만만하다고 생각하는 교사에겐 함부로 하는 경우가 있다. 무엇보다 아이가 이상 행동을 보이는 것은 자극이 있었기 때문이니 그 자극이 뭔지 잘 살펴봐야 한다. 이상 행동을 유발할 만한 자극을 제거해주는 것만으로도 학급이 안정된다.

문제 행동을 발생시킨 자극을 찾아야 한다

이상 행동에도 패턴이 있다. 그래서 상황이 생긴 전과 후를 꼼꼼하게 살펴보고 학부모와 이야기를 나누면서 정보도 얻어보자. 패턴을 알면 예상되는 지점들을 대비하거나 패턴의 변화를 만들 수 있다. 이를 위해 아이에 관한 여러 상황을 꼼꼼하게 기록해놓는 것도 좋다. 기록하다 보면 보이는 게 있고, 적어둔든 것을 가지고 상담받으며 조언을 받을 수 있다.

내 경우에는 체육을 하기로 했는데 미세먼지 때문에 밖에 나가지 못한다는 것을 알고 교실을 난장판으로 만든 특수아동이 있었다. 시청각실에서 약간의 놀이를 하는 것으로 바꾸자 괜찮아졌다. 좋아하는 활동은 더 하게 해주고 바뀌어야 하는 상황이 생기면 언제나 대안 거리를 미리 준비하게 됐고 그 뒤로는 교실에서 이상 행동을 하지 않았다.

진단이 필요한 학부모에겐 마음 담아 진심으로 호소하자

특수아동 진단을 받아보면 좋겠다고 생각되는 아이가 있을 수 있다. 담임은 조심스럽게 부모에게 이야기하지만 거부하고 거절할 때도 있다. 사실 부모는 자녀의 증세를 알고 있는 경우가 많은데, 진단명을 받고 확인받는 게 두려워서 피하는 경우도 있고, 자신이 상처받지 않기 위해서 거절하는 경우도 있다. 무엇보다 담임과의 관계가 편하지 않은 상태에서 그런 제안을 받으면 내 아이가 거부당한다고 생각하고 교사가 자신의 아이를 미워서 그런 말을 한다고 생각할 수 있다. 담임이 자신의 아이를 특수반으로 보내려고 그런다는 마음이 들지 않도록 학년 초부터 크고 작은 일에도 탓하거나 원망하는 마음을 섞지 말고 도움을 요청하고 잘 될 거라고 말해주자.

관계가 잘 형성되면 전화가 아닌 면대면으로 만나 정말 마음을 담아 이렇게 말해보자. "어머님, 이런 말씀 들으면 서운할 수도 있겠지만, ○○이가 도움받으며 조금 더 교실에서 행복하게 지내면 좋겠어요. 기관에 도움 요청도 해보고, 어머님도 여러 조언을 받아보시면 어떨까요?" 그러면서 앞에서 이야기했던 특수교육지원청에 상담해보길 추천하는 것부터 시작해보자. 거부당하거나 서운하다는 대답을 들을 수도 있지만 "어머님 마음 충분히 이해됩니다. 저도 어떻게 말해야 할지 어려워요. 하지만 어머님 제 진심 담아 말씀드려요"라고 말하고 선택은 그들에게 맡겨야 한다.

혼자 해결하려 하지 말고, 주변의 도움을 구하자

주변 특수교사 몇 분에게 "특수아동 담임을 막 맡은 선생님들에게 가장 이야기해주고 싶은 것이 무엇인가요?"라고 물어봤다. 공통으로 "혼자 해결하려 하지 마세요. 우리에게 도움을 요청하세요"라고 말했다. 이렇게 도움을 주려고 하는 사람들이 있으니 연락해서 조언받고 여러 이야기를 나눠보는 것을 어려워하지 않으면 좋겠다.

그리고 특수아동과 관련된 일이 생기면 '어떻게 하면 지혜롭게 해결할 수 있을까?'를 생각하자. 때론 생각과 달리 해결되지 않는 부분도 있다. 하지만 무슨 일이 있더라도 내 잘못이라 생각지 말고, '나는 최선을 다하고 있고, 충분히 노력하고 있다'며 스스로 다독이자.

이것만은 꼭!

✓ 교직 생활하다 보면 특수아동과 생활하게 되는 건 당연하다.

✓ 특수아동이 있다고 운이 나쁘다고 생각하지 말자.

✓ 교사가 특수아동을 무시하면, 반 아이들도 무시하고

✓ 교사가 특수아동을 존중하면, 반 아이들도 존중한다.

✓ 특수교육지원센터에 전화를 걸어 고민을 해결하자.

✓ 학부모와 친밀한 관계를 유지하자.

✓ 특수아동을 두려워하지 말자. 교사가 두려워하면 아이는 교사를 함부로 대한다.

✓ 문제 행동을 발생시킨 자극을 찾아야 한다.

✓ 진단이 필요한 아이의 부모에게는 마음 담아 진심으로 호소하자.

✓ 혼자 해결하려 하지 말고, 주변에 도움 줄 사람이 많다는 것을 기억하자.

4장

학부모

학부모를 만난다는
생각만으로도 긴장돼요

학부모 상담 주간이 되면 긴장이 됩니다. 신규 때부터 학부모 자체가 부담이었어요. 학부모님이 무엇을 물어보든 모든 답을 가지고 있어야 한다고 생각했어요. 그래서 반 아이들과 했던 여러 자료를 모아서 상담을 준비하고, 인디스쿨이나 SNS에서 성공담을 읽으며 학부모님을 위한 프로그램도 준비해본 적이 있어요. 하지만 상담에 들어가면 두려움이 생겼어요. 학부모의 질문에 제대로 답을 하지 못하면 어쩌지? 정말 답을 못해서 "선생님은 우리 아이에게 관심이 없군요" 하는 말을 들으면 어쩌지? 하는 고민이 상담 도중에도 계속되었어요.

그리고 학부모 상담은 연속으로 하게 되잖아요. 학부모 한 분에게 20분 정도 배정을 하는데 시간을 맞춰 상담을 하기가 힘들었어요. 자연스럽게 대화를 끊고 마무리하기가 쉽지 않았습니다.

문제 행동을 일으키는 아이의 부모가 오셨을 땐, 아이 칭찬 거리도 말해주고 학부모 편도 들어주고 싶었는데 좋은 말을 해주기가 정말 힘들었어요. 학부모에게 탓하고 싶고 때론 미쳐버리겠다고 말하고 싶을 때도 있었어요. 그리고 어떤 학부모는 상담 도중 제가 나이 어리다고 함부로 말하거나 제가 아직 아이를 키워보지 않아서 모른다며 무시하기도 했어요.

학부모 상담 주간이 되면 너무 스트레스받고 힘들어요. 상담 주간을 보내고 나면 진이 빠져서 집에 가면 쓰러지곤 해요. 선배님, 제가 학부모 상담 기간을 조금 더 잘 보낼 수 있는 그런 노하우 없을까요?

학부모 상담 주간은 교사에게 부담스러운 기간이다. 어렵게 온 발걸음, 돌아갈 땐 가볍게 해드리고 싶은데 이 또한 사람과 사람 사이의 일이니 쉽지 않다. 교사를 100% 지지해준다면, 학부모 상담 주간도 어렵지 않겠지만, 의심하고 때론 꾸짖고 무시하는 경우까지 생기니 한숨이 절로 나온다.

많은 학부모가 교사를 믿고 있음을 기억하자

학부모 상담을 위해 먼저 모든 학부모가 적은 아니며 교사를 불신한다는 생각을 내려놓아야 한다. 많은 학부모가 교사에게 호의적이고 교사 편이며, 교사를 불편하게 하는 학부모는 극히 일부다. 그리고 자녀의 학교 일상이 궁금해 오는 분이 많다. 그러니 마음을 편히 먹자. 편하게 마음을 먹는 순간 얼굴과 몸에서 긴장이 줄어들고 조금 더 편안하게 상담을 진행할 수 있다.

성향상 학부모를 만난다는 생각만으로도 긴장되고 불편하다면, 잠깐

두 손을 허리 위에 올리고 원더우먼이나 슈퍼맨 자세를 취하자. 그런 뒤, 숨을 깊게 들이마시고 내쉬면서 "많은 학부모가 호의적이고, 교사 편이라는 것을 기억하자. 괜찮아. 상담은 생각보다 어렵지 않아. 힘내"라고 나 자신에게 말을 건네자. 이 말과 함께 1~2분 정도 자세를 유지해보자. 내가 나에게 말을 건네는 순간 얼굴에 미소가 생기고, 조금씩 내 몸에 힘이 생기는 것을 느낄 수 있다.

교사도 학부모도 마음이 편한 자리 배치

앞에서 교실에서 교사에게 힘이 생기는 위치가 있다고 이야기했듯, 학부모 상담에서도 교사가 조금 더 힘이 생기는 자리가 있다. 내가 학부모 입장으로 상담을 하러 갈 때마다 다양한 자리에 앉아 대화를 나눠봤는데, 거리와 방향에 따라 편안함과 불편함이 달라지는 것을 경험했다.

사람마다 다를 수 있겠지만, 내가 학부모 입장이 되어 보니 서로 마주 보고 앉아 이야기를 나누는 것은 교사가 공격적이고 부담스럽게 느껴졌고, 나란히 앉아서 바로 옆에서 이야기 나눠보니 너무나 가까워서 부담감이 생겼다. 그리고 내가 칠판을 등지고 담임선생님이 반대쪽에 앉고, 담임선생님은 건너편에 앉아 이야기 나눴더니 내가 그 교실의 주인이고 담임선생님이 손님 같단 생각이 들었다. 또한 교사 책상 옆에 학생 책상을 두고 상담을 해보니 내가 학생이 된 기분이 들면서 교사가 권위적으로 느껴졌다.

그런 경험을 바탕으로 상담을 하기 위해 책상과 의자를 세팅해놓고 내 의자를 옮겨가며 어디에 앉았을 때 가장 안정감이 생기는지 실험해봤다.

나도 좋고 학부모도 좋은 자리를 찾고 싶었다. 여러분도 실험해보자.

학생 책상 4개를 마주 보게 붙여놓은 뒤, 내 의자를 이리저리 옮겨가며 안정감이 생기는 자리를 먼저 찾아보자. 그런 다음 그 자리를 기준으로 의자 하나를 놓고 학부모의 입장에서도 어느 위치에서 안정감이 생기는지 의자를 이리저리 옮겨가며 찾아보자. 내가 진행하는 성장교실에선 대부분의 선생님은 칠판을 등지고 있는 것이 칠판을 바라보는 것보다 좋고, 교실 출입구 쪽을 바라보는 것이 출입구를 등지는 것보다 안정감을 느꼈다. (교사는 교실 앞과 안쪽에 머무르면 좋고, 학부모는 칠판 쪽을 향하고 출입구를 등지는 것이 좋다) 인터넷에서 알려졌던 교사와 학부모가 45도로 앉으면 좋다는 이야기와 달리 (학생 책상 4개를 2개씩 마주 보게 붙여놓고) 교사는 칠판과 안쪽 책상에, 학부모는 대각선(뒷문, 창을 등지고)에 앉는 것이 안정감 있었다. 그래도 학부모가 좀 불편하게 느껴진다면 나와 학부모 사이 책상 위에 높이가 낮고 작은 꽃병이나 화분을 올려보자. 상담하기 전, 학부모가 특정 자리에 앉도록 의자를 살짝 잡아당겨 놓아 교실에 들어온 학부모가 자연스럽게 자리에 앉도록 세팅하면 좋다.

교사의 성향과 과거 경험에 따라 편안함을 느끼는 관계와 거리가 다를 수 있다. 그러니 동학년 선생님과 함께 교사와 학부모 역할을 하면서 다양한 자리 세팅을 해보고 자신에게 맞는 '안정감 있으면서도 힘 있는 자리'를 찾아보자.

학부모 상담의 3가지 핵심질문

학부모 상담에서 어떤 이야기를 할지 막막할 수 있다. 보통 20~30분 정도로 상담 시간이 정해져 있는데, 학부모와 수다를 나누면 정작 중요한 이야기를 나누지 못할 때가 있다. 또는 교사가 상담 시작과 함께 주절주절 학생에 대해 마구 이야기를 시작하기도 하는데, 나중에 밑천이 떨어질 수밖에 없다.

3가지 핵심질문을 기억하자. 처음엔 "학교에 오실 때 자녀에 대해 궁금한 것이 있었을 텐데요. 어떤 이야기를 듣고 싶으신가요?"라고 질문을 하자. 그러면 학부모가 이런저런 질문을 한다. 교사는 질문에 대해 자세하고 친절하게 답을 해주자. 사실, 이 질문은 워밍업이고 다음의 중요한 질문으로 들어가기 위한 과정이다.

두 번째 질문이 중요하다. "오랫동안 자녀를 키우고 있는 부모님과 달리, 저는 ○○에 대해 많이 알지 못합니다. 앞으로 제가 잘 지도하기 위해 ○○에 대해 특별히 알아야 할 것이 있나요?"라는 질문으로 학생이 성장하면서 있었던 일, 당했던 사건, 과거 교우 관계 등의 여러 정보를 취하자. 그리고 부모가 해주는 말에 고개를 끄덕이면서, 학생의 안타까웠던 과거 이야기에 대해 "부모님도 많이 속상하셨겠어요" 하고 공감해주고 "부모님 덕분에 지금 여기까지 잘 왔네요. 대단하세요" 하고 응원도 해주자. 그리고 이야기 들으면서 연결된 질문을 몇 개 더 할 수 있다.

마지막으로 "남은 시간이 □□정도 있는데, 마지막으로 나누고 싶은 이야기가 있으신가요?"라고 묻는다. 이 질문으로 헤어짐을 준비시키고, 상담을 마무리하자. "오늘 오셔서 들려준 이야기 덕분에 ○○에 대해 더 이해할 수 있어 감사했습니다. 와주셔서 고맙습니다" 하고 미소와 함께 인사하자.

사실 학부모 상담 주간에 진행되는 상담은, 교사가 쥐어짜서 이야기하는 자리가 아니다. 질문하고 학부모 이야기를 경청하면서 교실 내 학생 모습을 다시 떠올려보고, 학부모에게 조언과 정보를 얻는 자리이다.

앞의 방법으로 평균 20분 정도면 충분한 대화를 나눌 수 있었다. 마무리할 땐, 인사하면서 자연스럽게 일어서자. 교사가 일어서면 학부모도 상담이 마무리되었음을 알고 자연스럽게 일어서서 작별인사를 한다.

이야기를 나눌 때는 가벼운 미소를 지으며 학부모의 눈을 응시하자. 눈을 바라보는 것이 쉽지 않겠지만, 눈을 바라보는 순간 교사에게 주도권이 생긴다. 누군가가 내 눈을 오랫동안 바라보는 것이 부담스러운 것처럼, 학부모 또한 교사가 눈을 계속 바라본다고 느끼면 시선을 돌리거나 약간의 쑥스러움이 생긴다. 학부모의 의식과 무의식에 교사가 강한 사람이고, 함부로 할 수 없다는 생각이 들면, 앞으로 나눌 전화 통화나 여러 사건에 대한 일 처리 등에서도 학부모가 조심히 대한다. 오랫동안 관찰하고 경험한 것을 돌아보면, 심리적으로 불안정한 학부모 일부는 강자에게 비굴하고, 약자에게 비열한 경우가 많았다. 그래서 약한 교사에게 더 함부로 한다.

눈을 응시할 때, 너무 공격적인 시선이 되지 않도록 주의하자. 공격적인 눈빛은 학부모에게 과거 자신에게 상처를 주었던 교사나 부모를 떠올리게 하는데, 그들에 대한 감정이 나에게 돌아올 수 있으니 언제나 미소 지으며 바라보자.

특별한 이유 없이 학생 활동물을 제공하지 말자

학생 활동 결과물 등은 부모의 요청이 있을 때 보여주자. 학부모 상담 시간은 꽤 짧고, 그 안에서 나눠야 하는 이야기가 많다. 이야기를 시작하기 위한 자료로 활용하는 것은 좋지만, 감정의 마인드맵이나 인생 곡선 등 부모의 허물 등이 적혀 있는 학생 활동 결과물을 내밀며 보게 하는 것은 삼가야 한다.

특히 힘든 아이의 부모가 왔을 때 그런 자료를 보여줌으로써 학부모가 바뀌길 바라는 마음이 들 수 있다. 하지만 그들을 바꾸지 못하고 수치심이 생기게 한다. 수치심이 생기면 교사와 협력관계가 될 수 없다. 오히려 자녀에게 화를 내거나, 교사에게 나중에 화를 내거나 교사를 누를 힘을 찾는다. 생각해보자. 누군가 내 가족 정보의 일부나 내 실수를 기억하고 있다면 어떻겠는가? 불편하지 않는가? 교사와 학부모 사이는 협력관계이고 건강한 거리가 유지되어야 한다. 일부러 자녀에게 상처를 주려고 계획한 부모도 없고, 자녀 때문에 고통을 받고 싶어 하는 부모도 없다.

필요 외의 과한 정보를 제공하지 말자

과한 정보를 제공하는 것도 피하자. 학부모 상담을 하러 갔을 때 내가 물어보지 않았는데 담임 선생님이 반 아이 중 힘든 아이에 대한 에피소드나 그의 부모에 대한 이야기를 들려준 적이 있었다. 선생님에게 그 말을 듣자마자 '내 아이가 피해를 입으면 어떡하나' 그리고 '그 아이가 반에 피해를 주는데 그 부모는 어떤 노력을 하고 있을까?' 등 내 관심이 내 자녀가 아닌 다른 학생과 그의 부모에게 쏠리는 것을 느꼈다. 그 뒤로도 교실에서 여러 일이 생길 때면 선생님이 말했던 그 아이와 학부모가 자동으로 떠올랐다.

그리고 교사가 주도하는 학부모 모임에 갔을 때도 아직 정해지지 않은 반 편성 등에 관한 정보를 제공해서 놀랐다. 모임에 참여한 부모들의 마음을 편하게 해주려는 의도로 이해했지만, 상담이나 이런 모임에서 교사에게 들었던 정보가 나중에 달라지면 민원이나 또 다른 학부모 내 정치 행위로 이어질 수 있다. 때론 과한 친절이 독으로 돌아온다는 것을 기억하고, 학부모가 물어보는 것만 제공해주자. (그래서 상담은 "무엇이 궁금하신가요?" "어떤 이야기를 나누고 싶어서 오셨습니까?"라는 질문으로 시작해야 한다)

부모의 역할을 가져오지 말자

힘든 아이 상담을 하다가 "제가 아이를 책임지고 바꿔보겠습니다"라고 말하지 말자. 그건 부모의 역할이 교사에게 옮겨지는 행위다. 아이가 태어나면 성인이 될 때까지 조각을 하는 것은 부모이며, 교사는 담임이라는 정해진 기간 동안 약간의 영향을 미친다는 것을 기억해야 한다. 생각해보라. 이제 막 담임한 교사가 아이의 과거와 성향에 대해 얼마나 알겠는가! 담임이 바꿔줄 거란 생각을 학부모가 하게 된다면, 부모가 자녀의 변화를 위해 주는 관심과 정성이 당장 줄어든다. 교사가 자신의 자녀를 바꿔줄 거란 판타지를 믿는 부모는 나중에 자녀에게 변화가 생기지 않거나 다툼 등 문제가 생기면 교사 탓을 할 가능성이 크다.

그래서 교사가 할 수 있는 것에는 한계가 있음을 이야기 나눠야 한다. 그래서 상담 기간이 되면 무게추와 책임이 교사 쪽으로 오지 않고 학부모 쪽으로 가도록 말로 방향을 잘 틀어줘야 한다. 학생에 대해 죄책감을 갖지 말자. 그건 교사 책임이 절대 아니다.

힘든 아이의 학부모를 미워하지 말자

힘든 아이의 학부모를 만나면 하고 싶은 말이 정말, 정말, 정말, 많겠지만 탓하거나 처음부터 속상한 말을 전하지 말자. 사실, 부모도 힘들다. 교사의 얼굴과 목소리, 자세에서 비언어의 메시지가 전달될 수 있으니 처음엔 그래도 공감해주고 손잡아주자. 시작이 따뜻하면, 나중에 나눌 이야기나 부탁하고픈 말도 잘 전달되고 집중된다. 자리에 앉으면 학생에 대해 이렇게 이야기를 시작해보자.

"○○이를 많이 도와주고 싶은데, 아이를 만난 지 얼마 되지 않아 잘 모르겠어요. 잠깐의 인연을 시작한 저보다 부모님이 오랫동안 관찰하고 여러 일을 겪으셨으리라 생각해요. 제가 ○○이를 잘 지도할 수 있도록 도와주세요. ○○이가 가끔 □□ 모습을 보이곤 하는데 이럴 땐 어떻게 하면 좋을까요? 어머님의 노하우와 지혜를 나눠주세요. 정말 돕고 싶고, 잘 가르치고 싶은데 제 아이가 아니라서 모르겠어요. 제가 어떻게 하면 좋을까요?"

이 말에는 교사는 계약된 인연이고, 아이에 대한 정보는 부모에게 더 많이 있으며, 교사는 부모가 알려준 방식에 의해 앞으로 지도하겠다는 의미가 담겨 있다.

"제가 어떻게 알겠어요. 선생님이 그것도 몰라요?" 하고 신경질 내는 부모가 있을 수 있다. 하지만 흥분하지 말고, "오랫동안 지켜보고 키워오신 부모님이 모르는데 제가 어찌 알겠어요. 저는 이제 막 만났잖아요." 또는 "그동안 답답한 일이 많으셨나 봐요. 하지만 어머님(아버님), 저는 정말 돕고 싶어서 물어보는 건데 그리 말씀하시니 좀 속상해요." 그리고 "그러지 말고 함께 ○○이를 위해 조금 더 고민하고 노력해보기로 해요. 네?" 이렇게 감정이나 생각을 이야기해보자. 그리고 상담 뒤엔 부모가 이야기해준 방법을 참고해서 잘 지도해보자.

일이 생기고 또 학부모가 찾아와야 할 일이 있다면, "전에 알려주신 방식대로 최선을 다했어요. 하지만 잘되지 않는데 어떻게 하면 좋을까요?" 또는 "또 다른 정보와 조언을 주세요. 우리 올해 다양한 실험을 함께 해봐요. 탓하지 말고 앞으로가 중요하잖아요. 할 수 있어요"라는 말로 부모도 다독이고, 무게추를 언제나 교사에서 부모 쪽으로 이동시켜주자.

어리다고 함부로 하는 학부모에게 속마음을 표현하자

가끔 교사가 나이가 어리다고 함부로 하는 학부모가 있다. 반말을 하면, 반말로 돌려주고 싶은 것은 당연하지만, 그러지 못하고 억지 미소를 지을 때도 있다. 하지만 상담이 끝나도 꽤 오랫동안 그 불편함이 남아 있어서 다시 그 학부모를 대하거나 그 자녀를 대할 때 영향이 가게 된다. 그래서 처음 안내장을 보낼 때, '우리 교실은 존중이 자리한 교실입니다. 반 아이들이 그러하듯 저와 학부모님도 존중을 담아 이야기 나누기로 해요'라고 적어 보내자. 상담 요령을 자세하게 알려주는 것도 좋다. 그리고 교사도 존중하는 마음으로 대화를 나누자.

이렇게 했음에도 함부로 하는 부모가 있다면, 괜찮으니 표현해야 한다. 역시 미소 지으면서 눈을 바라보고 "이곳은 서로 존중으로 대화를 나누는 곳입니다. 함께 존대로 이야기 나누면 어떨까요? 부탁드리겠습니다"라고 이야기해보자. 조금 더 세게 "일부러 그러는 것은 아니시겠지만, 저를 함부로 대하시는 것 같아서 마음이 불편합니다. 저와 학부모님은 서로 협력하는 관계라고 생각합니다. 서로 존대하면 어떠실까요?"라고 말해보자. 이런 말을 듣고도 함부로 할 학부모는 없다. 오히려 교사에게 힘이 있다고 느낀다.

내 경우도 비슷한 일이 있어 미소와 함께 위의 말을 한 적이 있었다. 그러자 "어머나, 저도 모르게 주변 사람들과 하던 식으로 이야기했네요. 죄송해요"란 말이 돌아왔다. 이렇게 하면 며칠간 마음에 불편함이 남는 일이 없다. 다른 부분에서도 이야기하겠지만, 불편함이 생기는 순간 교사의 마음을 그 즉시 표현하지 않으면, 암묵적으로 그 상황이 '허락' 된다는 것을 기억하자.

한 학부모가 모든 학부모를 대표하지 않는다

학부모 상담을 하다 보면 자꾸 투덜대면서 불만만 말하는 학부모가 있을 수 있다. 그런 학부모는 사실, 모든 게 트집거리로 보인다. 먼저 그 한 사람의 이야기가 모든 학부모의 말을 대표하지 않는다는 것을 기억해야 한다. 그래서 "그런 생각이 들 수도 있겠군요" 또는 "우리 교실을 정말 걱정을 많이 해주시는군요" 하고 공감해주자. 한 학부모의 이야기에 교실의 뭔가를 바로 바꾸면, 또 다른 학부모가 불편해 민원을 제기하는 안타까운 상황이 생긴다. 그 학부모는 투덜거리고 황당한 것까지 요구해서 교사를 꼭두각시로 만들려 한다. 교사와 학급뿐만 아니라 대부분의 관계와 사회적 현상에 투덜거릴 사람이다.

그럴 땐, "학부모님 의견은 잘 알겠습니다. 다른 몇 명의 학부모님에게도 비슷한 이야기가 나온다면 고려해보겠습니다" 또는 "그렇게 고민을 많이 해주셔서 감사드립니다. 그러면 혹시 이에 대한 학부모님의 대안이 궁금합니다. 알려주신 대로 전부는 할 수 없지만, 부모님의 생각을 들어보고 싶습니다"라고 말하자. 잘 살펴보면 대부분 투덜거림만 있을 뿐, 대안은 없어서 말문이 막힌다. "그런 것은 선생님이 고민해야지요. 어떻게 제가 하나요?"라고 툭 쏘는 학부모가 있다면, "어머님이 쉽게 생각지 못하는 것처럼 저도 잘 다듬어가고 싶어서 고민하고 관찰하고 있습니다. 때론 시간이 지나서 답이 찾아오는 경우가 있으니, 오늘을 계기로 천천히 함께 고민해보면 어떨까요?"라고 이야기하자.

전화 상담보다 면대면 상담이 좋다

전화 상담은 면대면 상담보다 집중은 떨어지지만, 그래도 상담을 요청한 부모에게 감사한 마음을 갖자. 전화 상담은 얼굴과 얼굴을 마주하지 않기에 조금 더 편하다고 생각되지만, 사실 고려할 것이 많다. 서로 만나서 대화를 나누지 않은 상태에선 목소리만으로 상대를 파악하고 이미지를 그려가며 통화를 하게 된다. 교사도 그렇고 학부모도 과거 경험 속의 이미지를 꺼내 현재의 상대방을 떠올리며 이야기를 나눈다. 그렇기 때문에 왜곡이 생길 수밖에 없다. 과거에 교사에 대해 좋았던 경험이 많은 학부모라면, 자연스럽게 좋은 이미지를 떠올리며 현재의 담임의 이미지를 그린다. 하지만 주변 사람에게 상처를 많이 받았거나 과거의 담임 중 누군가와 불편한 일이 있다면, 현재 담임의 목소리나 어투에 영향을 받는다. 이런 왜곡 효과 때문에 학교폭력이나 학급 내 생긴 사건을 다뤄야 하면 전화보다 면대면 상담이 더 효과가 있다. 전화는 쉽게 흥분하고 함부로 대하는 경우가 많다. 면대면에선 조금 더 학부모가 예의를 지킨다는 것을 기억하자.

상담 주간은 언제나 평소보다 더 많은 에너지를 사용한다. 그러니 평소보다 더 잘 먹고 쉬면서 스스로에게 잘했다고 다독여주자. 그리고 상담하는 가운데 여러 일이 일어나겠지만, '모두 내 탓이 아니고 그럴 수도 있어' 하고 흘려보내자. 시간이 지나고, 학부모 상담을 한 번 할 때마다 학부모와의 상담 요령이 늘어난다는 것을 기억하자. 그리고 너무 힘들어하지 말자. 앞에서 소개한 방식과 말하는 요령만으로도 이미 많은 선생님이 학부모 상담 주간을 잘 보내고 있다. 여러분도 도전!

이것만은 꼭!

✓ 많은 학부모가 교사를 믿고 있음을 기억하자.

✓ 학부모 상담 전에 힘 있는 자세를 취해보자.

✓ 교사도 학부모도 마음이 편한 자리 배치를 찾아보자.

✓ 먼저 궁금한 것을 물어보고, 그다음 알아야 할 것을 물어보고, 마지막으로 남은 시간 동안 나누고 싶은 이야기를 물어보자.

✓ 학부모의 눈을 바라보면서 대화를 나누자.

✓ 학생 활동물은 특별한 이유 없이 제공하지 말자.

✓ 필요 외의 과한 정보를 제공하지 말자. 친절이 독으로 돌아온다.

✓ 교사가 부모의 역할을 가져오는 약속을 하지 말자.

✓ 힘든 아이의 학부모를 미워하기보다 공감해주고 도움을 요청하자.

✓ 어리다고 함부로 하는 학부모를 만나면 속마음을 표현하자.

✓ 전화 상담보다 면대면 상담이 좋다.

✓ 학부모 한두 명의 불평이 모든 학부모의 생각을 대표하지 않는다.

· 학부모 공개수업 ·

학부모 공개수업,
어떻게 하면 좋을까요?

학부모 공개수업이 다가오면 신경 쓰이는 게 많아져요. '학부모님이 내 수업을 어떻게 볼까?', '아이들이 떠들어 내가 지도를 잘하지 못하는 것으로 보이면 어쩌지?', '오신 학부모님들이 자녀의 활동에 만족하지 못하면 어쩌지?' 평소 제 수업을 학부모님께 보여주는 건 부끄럽고 창피해요. 그래서 평소 수업을 들키고 싶지 않아 평소와는 다른 수업을 하고 싶은 마음이 들어요. 정말 멋진 제 모습을 학부모님들께 보여주고 싶은 마음에 평소와 다르게 수업을 하기도 하고, SNS나 블로그에서 본 다른 선생님의 수업을 따라서 하기도 했어요. 하지만 그렇게 수업하다 보면 평소와 달라 흐름이 끊기기도 하고, 특별한 수업을 진행해야 한다는 부담 때문인지 수업 중에 발생하는 아이들의 문제 행동을 놓치기도 해요.

아이들은 또 평소보다 더 떠들어서 힘들기도 합니다. 이날엔 제가 화를 내지 못한다는 것을 알고 더 그런 듯해요. 공개수업 때 문제를 더 일으키는 아이도 있고요. 아이들은 대놓고 부모님들 오시니까 선생님이 달라졌다고 말해서 얼굴이 붉어지기도 해요.

그렇다고 평소와 같은 수업을 하자니 너무 성의 없는 것 같아요. 저만 이런 고민이 있는 줄 알았는데, 가까운 선생님들과 이야기 나눴더니 비슷한 고민을 하고 있더라고요. 한편으론 동학년 모두 같은 주제와 같은 수업안으로 수업을 하자고 해서 고민하던 동기도 있었어요.

학부모 공개수업 때 저도 아이들도, 학부모님들 만족할 수 있는 수업을 하고 싶은데 너무 어려워요. 어떻게 수업을 하는 게 좋을까요?

학부모들이 내 수업을 지켜보는 것은 언제나 부담된다. 특히 요즘은 학부모 민원이 넘치는 시대이다 보니 더 완벽한 모습을 보여줘야 할 것 같아 평소보다 몇 배의 집중력과 에너지를 사용하는 것인지도 모른다. 완벽한 모습과 화려한 수업 기술을 보여주고자 하는 것은 학부모에게 인정받고 싶은 마음이 들기 때문이고 다른 한편으로는 불안감이 작동되기 때문이다.

학부모는 교사가 아닌 학생들을 보러 온다

나와 학부모를 위해 서로의 눈과 자세를 조금 바꿔주자. 먼저, 학부모는 교사를 보러 온 것이 아니라 자녀를 보기 위해 왔다는 것을 기억하자. 나도 학부모가 되기 전에는 멋지고 화려한 모습을 보여주면서 믿음을 심어주고 앞으로 교실에서 하고자 하는 많은 일에 지지받고 싶은 마음이 컸다. 하지만 내가 학부모가 되어 자녀의 학교로 찾아가기 시작하면서 생각이 바뀌었다. 그래서 이후로는 내 자녀를 지켜보면서 수업 안에서 어떻게 집중하고 선생님의 수업에 어떻게 반응하는지 살펴봤다. 공개수업이 무엇보다 좋았던 것은 모둠 활동이나 놀이 속에서 평소 교실 상황들이 나타나 내 자녀는 어떤 언어를 사용하며, 감정의 흐름은 어떻게 흘러가며, 어떤 비언어를 사용하면서 친구들 속에 있는지 알 수 있었다는 점이다. 학부모는 교사가 아니라 자녀를 보러 온다는 너무나 평범하면서도 중요한 사실을 부모의 입장이 되어 공개수업에 참여한 뒤에야 알게 됐다.

그래서 내 학부모 공개수업은 내가 잘하는 모습을 보여주기보단 일상의 모습과 자녀들을 관찰할 수 있게 하는 흐름으로 변했다. 그리고 참여한 학부모들의 시선을 자녀에게로 돌리기 위해 초대하는 안내장에 "학부모 공개수업은 자녀가 수업시간에 어떻게 지내는지 지켜볼 수 있는 귀한 시간입니다. 그러니 교사인 저보다 자녀에게 애정 담은 눈길을 보내주세요." 또는 "사랑과 존중이 가득한 반입니다. 학부모님이 오시면 평소와 달리 수업이 진행되기도 한답니다. 오늘 수업은 평소와 다를 수 있으니 저와 반 아이들 모두에게 지지와 응원의 마음을 담은 따뜻한 마음으로 함께 해주세요" 등의 문구를 미리 적어 보냈다.

특별한 수업보다는 일상적인 모습을 보여주자

수업을 준비하면서 다시 한번 나에게 '학부모는 교사인 나를 보러 오는 것이 아니라 그들의 자녀를 보러 오는 거야'라고 말하자. 그러면 쑥스러움과 부담감이 조금 줄어든다. 반 아이들의 일상이 잘 드러날 수 있는

지극히 평범하면서도 지루하지 않을 수업을 준비하자.

교사의 생각으로는 밋밋할 수도 있고, 성의 없을 수도 있다. 하지만 그게 좋다. 혹시라도 공개수업이 끝나고 나서 학부모 상담이 예정되어 있다면, 학부모가 이벤트 성격이 가득한 공개수업 속의 자녀 모습이 아니라 지극히 평범한 일상 속의 자녀를 기억하고 있어야 한다. 학부모 상담을 할 때 부모는 경험을 기반으로 대화를 나누기 때문에 자녀가 평범한 수업 상황 속에서 어떻게 생활하는지 보여줄 필요가 있다.

학부모 공개수업 때 문제 상황을 만드는 학생이 있다면, 크게 당황하지 말고 학부모와 대화하고 학생의 문제를 줄일 수 있는 기회로 생각하면 좋다. 모둠끼리 짧은 연극을 만들어 학부모 앞에서 보여주는 수업을 한 적이 있었다. 모둠 의견이 맞지 않아 말다툼하더니 한 남자아이가 소리 지르며 모두를 때렸던 돌발 상황이 벌어졌다. 평소에도 제 마음에 들지 않으면 폭력을 사용해 수업을 방해한 적이 많았던 터라 평소처럼 아이를 달래고 진정시키면서 수업을 제대로 하지 못하는 상황을 공개하게 됐다. 그 모습을 본 그 남자아이의 부모는 수업이 끝나고 죄송하다며 따로 상담을 요청했다. 그리고 난 정말 진지하게 도와달라고 부탁했다. 아이의 부모는 교실에서 이 정도일 줄 몰랐다면서 자녀의 변화를 위해 노력하겠다고 했다.

꼭 같은 주제와 수업안으로 할 필요는 없다

하지만 내가 하고 싶은 수업을 방해받을 때가 있는데, 누군가 동학년 선생님 모두가 같은 수업안으로 같은 주제로 수업을 진행하자고 할 수 있다. 수업을 고민하고 준비하기가 쉽지 않아 함께 고민을 나누는 것처럼 보이지만, 사실은 비교당하기가 두려워 이런 말을 하는 것이다. 학부모들이 나와 다른 선생님을 비교할 거라 생각하고 다른 반 선생님이 화려한 수업을 하면 내가 초라해질까 봐 두렵기 때문이다. 하지만 그들이 잘 모르고 있는 사실은 같은 수업과 같은 주제로 수업을 하더라도 개인적인 성향과 경험에 따라 수업 색깔이 달라진다는 것이다. 역동적이고 화려한 수업을 할 사람은 같은 수업안을 주더라도 달라질 수밖에 없다. 그리고 부모들은 동시에 동학년의 여러 반 수업을 보지 못한다. 같은 주제와 수업안으로 공개수업을 한다면, 그걸 달리할 수 있는 자유 또한 보장되어야 한다.

'함께' 한다는 것은 서로에게 도움을 주는 것이지 강요하는 것이 아님을 기억하자. 이런 상황이 싫다면 "제 반에서 벌어지는 문제 상황이 있는데, 학부모님이 평범한 수업을 보고 가실 필요가 있는 것 같아요. 그 수업에서 일어나는 일을 가지고 상담으로 이어가고 싶어요. 양해 부탁드려요"라고 말해보자. 그래도 받아들여지지 않는다면, 웃는 얼굴로 "네!"라고 대답하고 함께 준비하다가 수업 당일엔 내가 원하는 것 일부를 담아 수업하자. 준비하기 전에 불안해서 그러는 것이니 수업이 끝난 뒤엔 너그러워진 동학년을 발견할 것이다.

때론 같은 수업안과 주제로 진행하는 것이 도움이 되기도 한다. 연차가 쌓여갈수록 이 구조에서 벗어나는 것을 목표로 삼고 같은 수업을 진행하는 것에 죄책감 갖지 말자.

다른 사람의 수업에서 도움을 받되, 내게 맞게 변형하자

수업을 준비하는 것이 번거롭고, 특별한 시간을 진행하고자 한다면, 인디스쿨이나 SNS에 공개된 자료와 주제를 이용해 수업을 진행하는 것도 요령이다. 하지만 몇 가지를 주의하자. 그 수업은 그 사람의 경험과 그 교실과 학생들을 기반으로 하고 있다. 그러니 내 교실에 맞게 약간 수정하고 바꿔나가자. 내 자녀 반에 갔다가 ○○에서 제공한 매뉴얼을 그대로 진행한 수업을 경험했다. 그리고 SNS에 내 자녀 반에서 경험한 수업과 똑같은 수업 후기가 여럿 올라왔다. 공장에서 찍어낸 수업을 경험한 느낌이었다.

또한 그 수업은 '부모는 모두 잘못하고 있다'는 뉘앙스를 포함하고 있었다. 그래서 부모가 자녀에게 미안해해야 하고 반성해야 한다는 흐름으로 진행됐다. 하지만 먼저 생각해보자. 자녀를 힘들게 하려고 의도한 부모가 있을까? 혹시 교사 자신의 부모에게 하고픈 말을 내 반 학부모에게 하려는 것은 아닐까? 자녀에게 소홀하고 감정적으로 힘든 상황을 만드는 부모가 있을 수 있지만, 그와 달리 자녀에게 최선을 다하고 사랑을 가득 나눠주는 부모도 있음을 기억하자. 그러므로 부모를 반성하게 하는 교화적인 수업은 자제하자.

그러니 일상적인 수업을 준비하되, 평소의 내 수업을 돌아보면서 조금 더 편안하게 진행됐던 수업을 중심으로, 인터넷상의 자료는 일부만 사용해 준비해보자.

학부모를 관찰자에서 참여자로 바꾸자

수동적인 관찰자에서 능동적인 참여자로 바꾸면 학부모도 생각이 달라진다. 활동 속으로 들어오면 비평이나 비난이 줄어들 수밖에 없다. 그냥 수업을 보는 것이 아니라 '내 자녀를 바라보면서 어떤 생각이 들었는지 간단하게 적어보세요'라는 활동지를 제공해 시선을 자녀에게 돌리도록 하는 것도 좋다. 또는 글을 읽게 하거나 교사와 함께 시범을 보이도록 하거나 학부모 모두에게 팀 프로젝트를 제공해 학생들의 활동과 비교해보는 것도 재미있다. 부담을 줄여주기 위해 "이번 수업을 위해 여러분의 도움이 필요합니다. 저와 아이들을 도와주시면 더 의미 있는 수업이 될 것입니다. 그러니 부담은 내려놓으시고 저와 반 아이들과 함께 해주시면 감사하겠습니다"라고 말하는 것도 좋다.

학부모를 도우미 교사처럼 모둠에 넣거나 부모들도 짝이나 모둠을 구성해 함께 활동하는 것도 좋다. 나는 연구학교 주제 때문에 갈등과 얽힘에 관해 이야기 나눌 때, 학부모 모두 손을 잡고 커다란 원을 만들어보게 한 상태에서 30초 동안 최대한 몸을 꼬아 복잡한 사슬을 만들도록 했다. 그리고 같은 시간 동안 풀어보게 했는데 학부모들이 쉽게 풀어내지 못했다. 힘들게 꼬인 상태인 학부모들에게 현재의 기분과 감정을 이야기해보게 하고, 더 꼬이고 얽힌 관계로 가기 전에 초반에 쉽게 풀어내야 한다는 것을 이야기했다. 학생들이 초반에 꼬일 수도 있는데, 이렇게 풀어내는 데 시간이 좀 걸리니 지금의 경험을 기억했다가 자녀들과 담임인 나를 더 믿어달라고 했다. 그리고 효과가 좋았다.

이렇게 학부모를 수업 안으로 들어오게 하면, 관찰자로 비평하기보다 수업에 기여하는 사람이 되고 자녀들도 이런 경험 속의 부모를 바라보면서 특별한 생각을 하게 된다.

'모든 부모가 와야 한다'는 생각을 버리자

때론 '학부모'란 의미 때문에 모든 부모가 공개수업에 참석해야 한다고 생각할 수 있다. 하지만 모든 학부모가 온다는 것은 판타지다. 그리고 부모가 오는 것을 모든 학생이 좋아하는 것도 아니다. 교사인 우리도 자녀의 학교에서 진행된 공개수업에 갈 수 없듯이 오지 못한 각자의 사정이 있다. 이런 상황을 이해하고 부모가 오지 못한 학생을 불쌍하게 보지 말자. 그리고 오지 않은 학부모를 탓하지 말자. 부모가 오지 않은 학생이나 상황에 대해 미안한 마음이 들 수 있지만, 내 탓으로 생각해선 안 된다. 상황이 그렇고 각 가정의 크고 작은 사정 중 하나다. "오늘 오신 학부모님이 때론 사정이 생기면 못 올 수 있으며, 오늘 오지 못한 학부모님은 사정이 허락되면 올 수 있는 게 이런 행사이니, 오신 부모님에게 감사해하고, 마음으로 참여한 부모님에게 감사한 마음으로 수업을 시작해보자"라는 말로 수업을 시작하는 것도 좋다.

"일하고 있어서~"라고 말하면 수업을 보러 온 학부모님 중 일부가 "우린 백수라서 보러 왔나?"는 황당한 민원을 할 수 있으니 나도 좋고, 아이들도 좋고, 참여하거나 참여하지 않은 학부모도 좋을 말이 무엇인지 고민할 필요가 있다.

교실 구성으로 학부모들의 마음에 안정감을 주자

학부모 공개수업 때, 잠깐이긴 하지만 교실 환경을 재빨리 살펴보거나 사진을 찍어두는 학부모들이 있다. 수업보다 교실 분위기를 보고 가는 학부모도 상당히 많다는 것을 기억하자. 불편하게 생각하지 말고, 이런 것도 잘 이용하면 좋다.

학부모들이 걱정하는 것은 교우 관계와 학교폭력 관련 사건들이다. 그러니 존중과 배려, 사랑과 믿음에 대한 다양한 활동이 게시판과 교실 여러 곳에 붙어 있는 것도 좋다. 손을 크레파스로 그려 오려내 한쪽 벽에 모두의 손을 모아 붙인 뒤, '존중과 따뜻함이 가득한 우리 반' 이미지를 눈에 띄게 붙여놓을 수도 있고, 밝은 얼굴로 함께 사진을 찍어 커다랗게 현상해 붙여놓는 것도 좋다. 우리가 이미지에 쉽게 마음을 내어놓는 것처럼 교실의 여러 이미지와 문구가 학부모에게도 전달된다는 것을 기억하자.

특히 다툼이나 문제가 발생했을 때 어떤 식으로 해결하는지 시스템이 잘 드러나는 출력물을 잘 붙여놓는 것도 좋다. 나중에 문제 상황이 생기면 "학부모 공개수업 때 오셔서 교실에 붙은 대화법을 보셨겠지만, 이렇게 잘 해결해보려고 교실에서 저는 최선을 다하고 있답니다. 하지만…"이라고 말하며 대화를 시작해보는 것도 요령이다.

교사에게서 자녀로 학부모의 시선과 마음을 옮겨주자

간혹 교사가 준비한 학부모 공개수업에 대해 비난하고 지적하는 학부모가 있을 수 있다. 사람마다 바라보는 것이 다르므로 그럴 수 있다. 그러나 상처받으면 안 된다. 나 자신에게 먼저 '학부모 공개수업은 내 모든 수업을 대표하지 않아. 그러니 그런 일이 있더라도 내 수업 모두와 내 노력을 깎아내려선 안 돼'라고 말해야 한다.

학부모가 직접적으로 수업에 관해 이야기하면 속상한 마음이 들지만, 그런 마음을 조금 내려놓고 "어머님 입장에서 당연히 그런 생각이 들 수 있겠어요. 하지만 어머님 학부모 공개수업은 자녀가 어떤 모습으로 생활하는지 수업 속에서 살펴보시라는 의미가 있답니다. 자녀보다 저에게 시선과 관심을 정말 많이 주셔서 감사드려요. 학부모님을 위해 준비한 수업이 모든 수업을 대표한다고 생각하시는 것은 아니시죠?"라며 미소 지으며 할 말은 해야 한다.

그리고 학부모는 교사를 평가하기 위한 제대로 된 훈련을 받지 못했다. 그냥 제 마음에 들면 좋은 선생님이고 제 마음에 들지 않으면 싫어하는 것이다. 한두 명의 투덜거림이 모든 학부모의 의견을 대표하지 않는다는 것을 기억하자.

완벽한 수업은 없다

수업 직전에 긴장이 될 수 있다. 내 자세를 힘 있게 만들어보는 것도 좋지만, 교사인 나만 긴장하는 것이 아니라 학생들도 긴장하고 있음을 기억하자. 함께 노래하거나, 아이들이 활동하는 모습을 담은 사진을 음악과 함께 보는 것도 좋다. 음악은 나와 반 아이들에게도, 수업을 보러온 학부모에게도 힘을 미친다. 학부모는 교사인 나를 보러 온 것이 아니라 자녀를 보기 위해 온 것임을 기억하고, 완벽한 수업은 세상에 존재하지 않으니 조금 더 편안하게 수업을 준비해보자.

이것만은 꼭!

✓ 학부모는 교사가 아니라 자녀를 보러 온다.

✓ 특별한 수업도 좋지만, 일상적인 모습을 보여주는 것이 좋다.

✓ 같은 주제와 수업안으로 수업을 꼭 할 필요는 없다.

✓ 다른 사람이 만든 수업의 도움을 받되, 내게 맞게 변형하자.

✓ '학부모는 죄인이고 잘못됐다'는 메시지를 담은 수업은 지양하자.

✓ 학부모 참여형으로 수업을 구성하면 학부모들의 비난과 비평이 줄어
  든다.

✓ 교실 환경 구성을 통해 학부모들의 마음에 안정감을 만들어줄 필요가
  있다.

✓ 학부모의 시선과 마음을 교사에게서 그들의 자녀에게로 옮겨주자.

힘들었죠?
수고했어요.

학부모 민원 때문에
숨이 막혀요

한 학부모가 전화로 다른 아이가 자기 자녀를 때렸다면서 아주 화난 목소리로 때린 아이를 직접 만나서 이야기하고 싶다고 했어요. 저에게 화를 내는 말을 듣고 있자니 답답함과 짜증이 올라왔어요. 가끔 이렇게 불편한 민원을 경험할 때가 있어요. 아이의 이야기만 듣고 갑자기 찾아와서 화를 내는 학부모도 있었고, 심지어 쉬는 시간에 반 아이들 앞에서 저에게 화를 냈던 학부모도 있었어요.

소리치고 화내는 학부모 앞에선 저도 모르게 위축되고, 답답해서 무슨 말이라도 하고 싶은데 괜히 잘못 건드려서 학부모의 화를 더 키울까 봐 입을 닫은 적도 있어요. 한 학부모는 자녀의 잘못한 부분은 감추고 감싸려고만 해서 더 답답했는데, 황당하게도 저에게 아이들 사이에 생긴 사건을 제대로 처리하지 않으면 가만히 안 있겠다고 협박을 해서 놀랐어요. 그리고 가끔은 예전에 경험했던 민원이 다시 떠올라 분할 때도 있어요.

무엇보다 민원은 전화로 많이 받게 되는데, 학부모 민원에 상처받았던 경험 때문인지 휴대폰에 학부모 전화번호가 뜰 때면 심장이 쿵쾅거려요. 전화로 이야기 나누면서도 이런 대화가 민원으로 또 이어지진 않을지 두렵기도 해요. 그리고 민원을 받게 되면, 학부모가 생각한 것과 달리 아무 일도 아니면 좋겠단 생각을 하기도 해요. 저는 아이들을 위해서 정말 최선을 다하고 있고, 좋은 교사가 되려고 많이 노력하고 있는데, 이런 민원이 저를 정말 힘 빠지게 만들어요.

이런 이야기를 주변의 동료 선생님들께 해보니, 어떤 선생님은 그래서 학부모에게 전화번호를 공개하지 않는다고 하더라고요. 저도 그러고 싶은데 한편으로는 그로 인해 더 큰 문제가 생길까 봐 두려워요.

학부모 민원 때문에 가슴이 너무 답답해요. 민원이 들어올 때마다 어떻게 해야 할지 정말 가슴이 턱 막혀요. 어떻게 하면 좋을까요?

학부모 민원이 늘고 있다. 집단상담 프로그램을 진행하다 보면, 마치 교사에게 상처를 주려고 작정한 듯한 학부모들의 민원들로 트라우마가 생겨 '학부모'와 관련된 모든 활동에 두려움을 갖게 된 교사들을 만나곤 한다. 과거에 한 번 겪은 일인데도 현재의 교실과 학부모 관계에 큰 영향을 미치는 것을 보면, 민원이 교사의 삶에 미치는 영향이 정말 크다. 안타깝게도 갈수록 민원으로 힘들어하는 교사가 늘고 있다.

민원을 어떻게 바라보고 잘 흘려보낼 수 있을까? 민원은 종류도 다양하고 특별한 경우도 많아 모든 것을 다루기엔 한계가 있다. 학교에서 민원을 받는 시스템을 만들어주면 좋으련만, 바뀌지 않는다. 우선 이곳에서는 민원을 막 받았을 때 불씨를 줄일 수 있는 말들에 초점을 맞췄다.

황당한 사례들

최근 주변 선생님이 내게 알려준 사례 몇 개를 소개하면, 학부모가 몰래 찾아와 신발장 먼지를 물티슈로 닦아본 뒤 그걸 들고 가 민원을 넣은 경우, 학급 홈페이지에 아이들이 활동하는 사진들 속에 왜 자기 아이만 혼자 있냐며 민원을 넣은 경우, 왕따를 주도하는 학생을 불러 지도했더니 왜 우리 아이만 나쁘게 보냐며 민원을 넣은 경우, 수업 중이었는데 왜 전화를 바로 안 받느냐며 민원을 넣은 경우, 성대 결절이 생긴 교사가 오전 1~2시간 마이크를 사용했는데 자기 아이 귀를 어떻게 보호해줄 거냐며 민원을 넣은 경우, 옆 반 아이가 자기 아이에게 욕했다며 학교에서 교육을 어떻게 시켰냐며 교장실에 찾아와서 학교에 불을 지르겠다고 하는 경우, 교실 전화나 밴드를 통해 연락을 주고받자는 안내장을 보고 소통 창구를 왜 안 만드냐며 민원을 넣은 경우, 옆 학교에서 하는 행사를 왜 이 학교에서 안 하냐며 민원을 넣은 경우, 아이가 다쳐 학부모와 연락이 되지 않아 병원에 데려가 응급처치를 했는데 왜 멋대로 병원에 데려갔냐며 민원을 넣은 경우, 여자 선생님이 대부분인 학교에서 왜 남자 선생님이 자기 반 아이의 담임이 아니냐며 민원을 넣은 경우, 교사의 화장이 너무 진하다며 화장의 수준을 지적한 경우, 왜 휴일에 학부모 전화를 받지 않느냐며 민원을 넣은 경우 등이 있다. 이처럼 황당하면서도 이해 가지 않는 민원이 넘친다.

폭력적인 민원은 더 큰 힘으로 상대방을 누르려는 속성이 있다

도움을 요청하는 민원이 아닌, 폭력적인 민원이 많다. 이런 민원을 받으면 속상하고 거부하고 싶고, 녹음해 세상에 알리고 싶은 마음이 든다. 속마음 번역기가 있다고 해보자. 그래서 저 민원 내용들을 번역해보면 대부분 "왜 저에게 답답한 일이 생기는지 이해할 수 없어요. 어떻게 해결해야 할지 몰라 짜증 나요. 제발 빨리 바꿔주세요"라고 번역될 것이다. 자녀가 투덜거리거나 속상해하면, 부모가 이야기를 들어주는 것만으로도 자녀의 마음이 풀린다. 그런데 부모가 마음의 여유가 없다 보니 자녀가 스스로 해결할 수 있도록 지켜봐 주고 지지하거나, 담임선생님에게 도움을 요청하고 협력하지 못한다. 자녀에게 일이 생기면, 부모 자신이 먼저 감정조절이 되지 않는다고 볼 수 있다. 그래서 자녀 말을 듣다가 화가 올라오고 그 감정을 쏟을 대상을 찾는다. 힘과 공격이 나와 내 가정을 보호한다고 생각한다. 그래서 교장실에 가서 행패를 부리거나, 다짜고짜 교실에 와서 자신의 자녀를 괴롭힌 녀석이 누구냐며 고함치거나, 인터넷 커뮤니티에 왜곡된 글을 올리기도 한다. 이런 행위를 조금 더 속마음 번역기로 돌려보면 "그렇지 않아도 제 삶은 힘들고 짜증 나요. 앞으로 짜증 나는 일이 학교(교실)로 인해 생기지 않으면 좋겠어요"라고 번역될 것이다.

사실, 민원과 폭력적인 방식으로 자녀에게 생긴 일을 처리하려는 부모들은 학교 외에 다른 많은 곳에서도 비슷한 방식으로 처리하는 패턴이 있다. 이런 마음과 행동 뒤에는 조금 더 큰 힘으로 상대를 눌러 복종시키려는 의도가 숨겨져 있다. 대화를 나누며 해결하려는 인내심과 감정조절 능력이 없고, 갑질로 상대의 '복종'을 바라는 것이다. 강자에게 비굴하고 약자에게 비열한 패턴을 지녔다. 즉, 학교와 교사를 '을' 그리고 '약자'로 보는 것이다.

과거의 경험을 현재의 학교나 교사에게 투사한다

'요즘 학부모들의 부모' 일부는 가부장적이고 폭력적이었다. 가정보다는 일 중심이었고, 문제가 있을 땐 매로 다스리려는 성향도 있었다. 밖에선 친절하지만 가정에선 술에 취해 다투고 폭력을 사용하기도 했고, 자녀에게 함부로 했다. IMF 등으로 직장과 가정이 해체되면서 많은 고통과 어려움을 겪었다. '학부모들이 다녔던 학교'도 폭력적이었다. 지각을 하거나 성적이 떨어지면 몽둥이로 체벌을 했고, 일부 교사는 학생들을 함부로 대했다. 촌지나 차별이 교실에 자리하기도 했다. 현재의 학부모들이 어렸을 때의 '부모'와 '교사'는 무서운 사람이고 강자였다. 강자에게는 대들거나 잘못됐다고 말하지 못한다. 그래서 그때의 감정이 해결되지 않은 채로 나이를 먹었지만, 가슴 속에 남아 있다.

복합적인 과거의 상처가 현재의 '가정'을 중요시하고 '고통'을 피하고 싶어 하며 '분노'로 문제를 해결하려는 패턴의 일부를 만들었다. 그래서 일부 부모는 현재의 학교를 보며 과거 자신의 학교를 떠올려 믿음보다 불신을 선택했고, 현재의 교사를 보며 과거 자신의 부모와 교사를 떠올려 작은 것에도 쉽게 분노하고 억울해한다. 현재의 선택은 과거의 경험이 기반이 되는데 폭력적인 해결 방식을 오랫동안 경험했던 일부 '현재의 부모'는 익숙한 폭력적인 방식으로 해결하려고 하며, 원만하게 해결하는 방법을 배우지 못해 쉽게 접할 수 있는 커뮤니티 사이트나 인터넷의 정보를 신뢰해 현재의 문제를 해결하려는 모습을 보이곤 한다.

'협박하지 않으면 바뀌지 않는다'는 잘못된 생각

육아휴직을 하는 동안 학부모 모임과 회의에 지속해서 참여하면서 학부모들을 지켜보고 감정의 흐름을 볼 수 있었던 귀한 경험을 한 적이 있다. 건강하고 안정감이 있는 학부모들은 말을 아끼고 담임과 교실 상황을 믿고 지지했다. 하지만 건강하지 못한 일부 학부모는 자신들의 감정을 제대로 조절하지 못하고 말을 함부로 하고 자신들의 방식을 전체 학부모에게 강요했다. 작은 불만이 있었던 몇 명의 학부모가 '청와대 국민청원'을 언급하며 교사를 먼저 겁주려 했다. 거기에 모두가 동의하는 것은 아니었지만, 다른 학부모들은 서로 부딪치기 싫어서 속마음을 표현하지 않고 이러지도 저러지도 못했다.

그래서 내가 "청와대 국민청원을 언급하면서 담임선생님을 조정하려는 건 겁을 주려는 건 아닐까요? 여러분은 누군가에게 협박당하면 복수하거나 그곳에서 도망가고 싶지 않나요? 삶을 살다 보면 일이 생길 수도 있습니다. 하지만 어떻게 해결하느냐가 정말 중요하지요. 우리 학부모도 좋고 우리의 자녀도 좋고 담임선생님도 좋을 그 지점을 조금만 더 고민해봐요. 더 좋은 해결책은 없을까요?"라고 이야기했더니 분위기가 확 바뀌었다.

다른 행사 때 마침 옆자리에 그 학부모가 앉았다. 그래서 청와대 국민청원을 언급했던 이유가 궁금해 이야기를 나눴다. 그 분은 평소 활동하는 커뮤니티 사이트에서 학교에 강하게 협박하지 않으면 바뀌지 않는다는 글을 보았다는 이야기를 들려줬다. 그래서 그 커뮤니티 사이트에 들어가 글과 댓글들을 읽어봤다. 현재의 학교와 교사에 대한 불만보다 과거에 비추어보며 현재를 불신하는 경우가 많았고, 학교와 교사를 굴복시켰다는 글에 달린 댓글들은 그들을 영웅시하고 있었다.

현재의 많은 교사는 과거와 달리 폭력적이지 않고, 더 나은 교실을 위해 연구하고 있으며, 최선을 다하고 있다. 그런 것을 알면 좋을 텐데, 현재의 학부모 세대와 비슷한 삶을 살아온 현재의 기자들과 정책 담당자들 그리고 세상의 많은 사람이 과거의 눈으로 현재의 학교와 교사를 바라보고 있다. 학교의 더 좋은 모습, 더 따뜻한 모습이 세상에 알려지면 좋으련만, 몇 개의 사건만 유독 확대 생산되어 현재 학부모들의 불신을 더 키웠고, 그런 학부모들이 교사들에게 비정상적인 해결 방식을 강요해 더 움츠러들게 만들고 있다.

세상은 믿음과 감동은 줄어들고 불신과 복종만 가득해지고 있다. 우리가 살고 있는 사회 또한 각박하고 서로를 탓하고 TV 프로그램의 유행어처럼 '나만 아니면 돼' 라는 분위기가 가득해 안타깝다. 하지만 이걸 잘 생각해보면 평범한 민원이 어떻게 폭력적인 민원으로 흘러가는지에 대한 힌트를 얻을 수 있고, 민원을 어떻게 다룰지에 대한 요령도 찾을 수 있다.

조금만 공감해주어도 수위가 낮아진다

학부모가 힘으로 누르려는 것은 현재 내 이야기를 상대방이 들어주지 않고, 공감받지 못해 더 울컥한 마음에서 하는 행위다. 그래서 담임교사와 대화를 나누기보다 더 큰 힘이 있는 곳에 민원을 넣어 바꾸려고 한다.

학교 속 감정의 흐름을 살펴보면, 학부모와 이야기 나눌 수 있는 분위기와 통로, 교사의 대화 방식 등을 조금만 수정해도 폭력적인 민원이 줄어들었다.

현재의 교사들 또한 크고 작은 민원 때문에 움츠러들어 있어서 민원이 두려워 교실을 '폐쇄적'으로 운영하는 경우가 많다. 그리고 전화를 받다 보면 황당해서 마음이 조절되지 않는다. 두렵고 힘든 것은 당연하다. 그래서 우리도 차갑게 전화와 민원을 받는지도 모른다. 하지만 의외로 흥분한 학부모의 전화에 공감해주고 다독여주는 것만으로도 폭력적인(더 큰 힘으로 누르려는) 민원으로 확장되지 않았다.

따뜻한 교실과 대화 통로를 만들어 놨음에도 하루는 "우리 딸이 왜 혼자 있어야 해? 네가 뭔데 우리 딸을 이렇게 만들어? 심리치료 전공했다면서 도대체 왜 그래?" 하고 아침 8시에 소리 지르며 울부짖는 학부모 전화를 받은 적이 있다. 학부모 말이 내 가슴을 콕 찔렀다. 내가 뭘 잘못했기에. 사실, 딸은 엄마에게 받은 상처로 몸과 관계 패턴이 많이 움츠러든 상태였다. 그래서 다른 학생들보다 많은 대화와 관심을 그 학생에게 보냈고, 안타까워 여러 프로그램도 진행했지만, 가정에서 조각된 움츠러듦이 워낙 커서 나도 속상한 상태였고 전화에 화가 났다.

그런데 '이렇게 감정적이 되어 소리를 지르는 부모 아래서 딸은 얼마나 힘들었을까?'라는 생각이 들자 화난 마음이 안쓰러움으로 바뀌었다. 마음이 좀 내려앉으면서 "속상한 일이 있으셨나 봐요? 제가 뭘 좀 도와드리면 좋을까요?"라는 말을 건넬 수가 있었다. 그러자 학부모 목소리가 확 가라앉았다. 학부모는 딸이 자꾸 힘든 일을 자기에게 이야기하는데 자기도 어떻게 할 수 없어서 미치겠다며 화가 나서 전화를 했다고 말했다. 전형적인 감정조절이 되지 않는 학부모 유형이었다. 반 아이들만큼이나 어린 모습이었다.

우선 학부모를 달래주었다. "충분히 어머님 입장에서 그럴 수 있겠어요. 저라도 그러겠네요." 이야기를 들어주니 학부모 마음이 안정됐다. 하고 싶었던 말을 부드럽게 건넸다. "어머님, 저에게 소리 질렀더니 화는 좀 풀리셨어요? 그런데 궁금해요. 저에게 화가 나서 그러셨어요? 아니면 딸의 이야기를 듣고도 어떻게 해야 할지 몰라 답답한 마음이 들어서 그러셨어요?" 학부모는 사실 내게 화가 났던 건 아니라고 했다. "어머님이 정말 잘하고 싶었는데 답답함이 생길 수도 있어요. 하지만 이렇게 화를 낸다고 해서 딸이 바뀌는 건 아니잖아요. 학교에선 딸을 위해 더 많은 사랑과 여러 노력을 하고 있어요"라고 말한 다음 내가 노력했던 것들을 차례로 이야기했다. 마지막으로 "하지만 어머님이 그렇게 저에게 소리치고 절 원망하시니까 정말 속상해요. 제 노력들이 아무런 의미 없는 것 같고, 더 잘하고 싶은 마음이 다 사라져요. 저 이렇게 되라고 그렇게 소리 지르신 건 아니죠?"라고 묻자 학부모는 정말 미안하다며 전화를 끊었고, 이후로 단 한 번도 전화를 이런 방식으로 하지 않았고, 학교에도 찾아오지도 않았다.

황당한 전화에 속상할 때도 생긴다. 때론 이렇게 달래주는 것도 좋다. 그런 뒤, 학부모의 귀가 열렸을 때 정말 하고 싶은 말을 하자.

혼자 해결하지 말고 주변과 나누고, 관리자의 도움을 받자

소리치는 학부모 이야기를 듣고 있기 위해선 교사에게 힘이 있어야 하고, 무엇보다 '자존감'이 있어야 한다. 자존감이 높은 교사는 한두 개의 민원에도 흔들리지 않는다. 살다 보면 그럴 수도 있다면서 운이 나빴다며 넘어가기도 한다. 하지만 상처 경험이 있는 교사는 학부모 전화벨 소리에도 두려움이 생긴다. 상처받은 경험이 있다면, 치료받고 위로받아야 한다.

그리고 교사 개인이 상처받지 않도록 관리자가 잘 살펴보고 다독이면서 민원 처리를 잘 도와야 한다. 하지만 사람에게 상처받은 경험이 있는 관리자는 학부모가 두려워 교사를 보호하기보다 탓해버린다. 그럴 땐 막막하겠지만, 그래도 주변에 좋은 선생님이 많고 교권보호센터에서 이야기 나눌 수 있으니 너무 힘들어하지 말고 주변에 알리고 도움을 어떻든 받아야 한다.

간혹 힘든 민원을 혼자 해결하려는 '착한 아이'와 같은 교사가 있다. 내 고민을 남에게 이야기하고 도움을 요청하는 것을 남에게 피해를 주는 것이라 생각하는 경우가 많은데, 그런 민원을 받은 초반에 주변 누군가와 이야기를 나누고 지혜를 얻어보자. 교사 개인에 대한 민원이 들어왔을 때, 교사 또한 과거의 경험과 익숙한 처리 시스템에 따라 현재의 문제를 해결해간다. 한 선생님은 어렸을 때부터 부모에게 무릎 꿇고 사과하면 문제가 해결되던 방식 그대로 학부모의 집에 찾아가 현관 앞에 무릎 꿇고 사과했던 안타까운 일도 있었다. 이렇게 혼자 해결하려다 보면, 또 다른 상처로 남을 수 있다. 그러니 주변 사람과 이야기 나누고 관리자에게 도움을 요청하자.

공감해주고 위로해주고 다독여주고 편이 되어주자

자녀에 대한 민원은 공감해주고 위로해주고 다독여주고 조금씩 학부모 편이 되어주는 방식으로 이야기를 시작하는 것이 좋다. "정말 속상하셨겠어요." "최선을 다하면서 생활하고 있었는데 그런 일이 생겼다고 하니 저도 어머님 마음 같아요." "얼마나 힘드셨으면, 이 시간에 전화하셨을까요. 전화하기 전에 고민 많으셨죠?"라고 말하고 우선 이야기를 들어주자. 그리고 중간중간 "어머나", "세상에나", "속상하셨겠어요", "고민되셨겠네요", "저도 그래요"라고 하며 호응해주자. 교사가 이야기를 들어주고, 편이 되어준다는 생각에 우선 감정과 고민이 내려간다. 특히 순간적인 감정 때문에 전화를 한 학부모들은 이런 말에 달라지고 나중엔 오히려 교사의 편이 되어주고 걱정해준다.

어느 정도 이야기를 들은 뒤엔 "네, 충분히 어머님(아버님) 마음이 이해가 됩니다." "제가 할 수 있는 것은 첫째, ~ 둘째, ~ 인데 이걸 해보고 다시 연락드릴게요." "이야기 다 듣고 보니 저도 참 속상하네요. 제가 어머님(아버님) 입장을 잘 고려해서 잘 처리해 볼게요." 이런 말들을 해주는 것이 좋다. 때론 원하는 것을 제대로 잘 처리해주지 못할 수 있다. 하지만 첫 번째 민원에서 이렇게 해주는 것만으로도 나중에 민원 내용이 수용되지 않는다는 것을 전해야 할 때 훨씬 평온한 상태에서 이야기 나눌 수 있다.

그리고 민원이 들어왔을 때 언제까지 처리해보겠으니 기다려달라고 기한을 이야기하자. 언제 연락 올지 모르는 막연한 기다림이 학부모를 흥분하게 만든다. 그리고 그 시간이 되면 꼭 연락을 해서 "기다려주셔서 감사해요. 지금은 마음은 좀 어떠세요?" 하고 물어보고 또 공감해주고, 처리된 일을 알려주자. "덕분에 저도 알게 된 것이 있어 감사해요. 무엇보다 저와 이야기 나눠주셔서 저를 믿어주고 지지해주시는 듯해 더 열심히 처리할 수 있었답니다"라고 말하는 것도 좋다.

때론 전화보다 면대면으로 이야기를 나누면 쉽게 처리될 때도 있다. 전화는 학부모 상담 부분에서 이야기했듯 함부로 말하거나 왜곡된 이미지를 떠올리면서 대화를 나눌 가능성이 있다.

한 사람이 모두를 대표하지 않는다

교사의 학급운영이나 교육관 등 '학급'에 대한 민원인 경우에 한 학부모의 민원이 전체의 민원을 대표하지 않음을 기억해야 한다. 한 학부모가 민원을 넣어 밴드에 사진을 올려달라고 해서 매일 열심히 찍어 올렸더니, 다른 학부모가 교사가 수업은 안 하고 사진만 찍고 있냐는 민원을 넣었다. 도대체 누구의 말을 들어야 할까? 이렇게 한두 학부모의 말에 자꾸 흔들려선 안 된다. 내가 최선을 다하고 열심히 생활하고 있다면, 민원에 상처받지 말고 나 자신에게 '한 사람의 민원이 모든 학부모의 생각을 대표하지 않아!'라고 말해주자.

학급운영에 대한 민원은 언제나 화를 내기보다 내 감정을 드러내면서 차분히 물어보고 이야기 나누는 것이 좋다. "학부모님이 학년 초에 부탁하셔서 그쪽으로 조금 더 신경 써 왔는데, 그렇게 말씀하시니 저는 어떻게 해야 할지 모르겠어요. 혹시 여기에 대한 대안이 있으세요? 저와 교실에 관심을 주셔서 이렇게 연락 주신 것처럼 저에게 지혜를 좀 나눠주세요." 또는 "이런 활동들은 학부모님보다 제 반 아이들을 행복하게 만들기 위해 진행했던 것들인데 그렇게 말씀하시니까 조금 속상해요." "혹시 우리 반 학부모님 모두의 의견인지 궁금해요. 가끔은 한두 분 말씀대로 바꿨다가 나중에 또 다른 분들이 전화 주셔서 힘들 때가 많았거든요." "어머님 입장에서 충분히 그럴 수 있을 것 같아요. 이럴 땐 저도 좋고 어머님도 좋고 반 아이들도 좋고 다른 학부모님들도 좋은 지점을 찾으면 가장 좋더라고요. 어떻게 하면 좋을까요?" 하고 말하자. 무조건 학부모 말에 수긍하고 처리하겠다고 답하는 것보다 이런 질문들로 다른 학부모님의 입장이나 반 아이들 입장까지 고려해보게 하면 좋다.

그리고 함부로 학급 내의 운영을 바꾸지 말고 (밴드나 구글을 이용해) 설문조사로 확인해보자. 설문 결과를 보니 정말 민원 내용대로 불편함이 있다면, 재빨리 바꾸고 "열심히 하려다 보니 때론 이런 일이 생겼네요. 의견 주셔서 감사합니다. 덕분에 더 좋은 교실이 될 듯해요"라고 말하는 것도 나쁘지 않다. 하지만 설문 결과를 보니 한두 사람의 불평이라면 "의견대로 처리해보려고 설문을 해봤는데 많은 분이 바꾸는 것에 불편해하세요. 이번엔 어머님이 조금 저와 아이들 그리고 다른 학부모님을 도와주시면 어떨까요?"라고 이야기해보자.

학년 초에 대화를 나눌 시스템을 안내하자

무엇보다 학부모 민원이 교사 개인으로 가지 않도록 학교에서 소통의 창구를 만들어놓으면 좋은데, 현재의 학교는 이런 필요성은 알지만 쉽게 현재의 시스템을 바꾸지 못해 아쉽다. 그래서 학년 초 안내장과 학부모 총회 때 대화를 나눌 시스템에 대해 안내하고 부탁하는 것이 좋다. 나는 언제나 문자와 밴드 채팅창을 이용하는데, 여러 번의 전화보다 텍스트로 이야기를 나누면 좋겠다고 안내한다. 그래서 학년 초에 "말은 때론 서로 실수하거나 오해가 생기기도 해요. 조금 번거로울 수 있겠지만, 글로 이야기를 나누면 더 깊게 생각할 수 있고, 상황을 글로 써가면서 조금 더 객관적으로 볼 수 있답니다. 그러니 도와주세요"라고 부탁한다.

때론 문자를 보고 내가 전화를 걸었고, 문자나 채팅창으로 언제 조금 더 집중해서 이야기 나누기로 하자는 연락을 정해서 주변 상황 때문에 집중을 놓치는 일이 없도록 조절해나갔다. 이렇게 시스템을 만들었는데도 전화가 오는 것은 급한 일이 있을 수 있으니 바로 받기도 했다. 때론 바로 받지 말고 '혹시 무슨 일 있으세요? 지금은 전화가 곤란해 잠깐 사정 남겨주시면 일이 끝나는 대로 연락 드리겠습니다'라고 하며 전화를 문자로 돌려 이야기를 나누자. 전화를 연속으로 걸어 받을 때까지 전화하는 경우도 있는데, 전화를 받지 않으면 상대가 폭발할 수도 있으니 "지금 전화 받기 곤란한 상황이니 죄송하지만 10분 뒤에 전화 드리겠습니다"라고 먼저 응답하고 10분 동안 내 교실과 여러 상황을 점검하고 통화를 하는 것도 좋다.

민원거리를 들고 교실에 여러 명이 찾아올 때도 있다. 그럴 땐 혼자 만나는 것보다 학년부장이나 교감 선생님에게 도움을 요청하고 동석하자. 혼자 있는 것보다 안정감이 생기고, 학부모들도 함부로 하지 않는다. 그리고 학부모 상담에서 알려줬던 것처럼 여러 자리를 세팅한 뒤 가장 안정감이 있고 힘이 생기는 곳에 앉자.

모든 학부모 민원이 악성인 것은 아니다

학부모는 교사가 따뜻한 힘과 당당함이 있다고 느껴지고, 자신의 이야기를 잘 들어주고 공감해준다고 생각하면 '누르려는 힘'에 해당하는 악성 민원을 사용하지 않는다. 앞에서 말한 것처럼 학부모가 거절당했다는 느낌을 받지 않도록 적절한 대화 통로를 만들어놓는 것이 좋다. 그리고 모든 학부모 민원이 악성인 것은 아니라는 것을 기억하자.

이것만은 꼭!

- ✓ 폭력적인 민원은 더 큰 힘으로 상대방을 누르려는 속성이 있다.
- ✓ 민원인의 일부는 과거의 경험을 현재의 학교나 교사에게 투사한다.
- ✓ 민원이란 문제 해결법은 답답한 상황을 빨리 해결하기 위해 선택하는 것이다.
- ✓ 건강한 학부모는 대화로 해결하고 지켜봐 준다.
- ✓ 민원 초반, 조금만 공감해줘도 학부모 마음이 풀려 수위가 낮아진다.
- ✓ 어려운 민원은 혼자 해결하지 말고 주변과 나누고, 관리자의 도움을 받자.

✓ 한 학부모의 민원이 모든 학부모를 대표하지 않는다.

✓ 학부모와 소통 방법을 미리 약속해두면, 갑작스러운 민원을 줄일 수 있다.

5장

동료

· 성격 이해 ·

다른 사람들을
이해할 수가 없어요

교사로 발령받은 이후로 아이들을 가르칠 때마다 제 성격이 교사와 맞지 않는다는 생각을 많이 했어요. 어떤 선생님은 아이들을 단호하고 힘 있게 이끌어가고, 또 어떤 선생님은 따뜻하게 아이들을 챙기면서 이끌어 가는데, 두 방식 다 저에게는 안 맞는 것 같았거든요. 교실에서 수업을 할 때 저는 말 없이 조용히 있는 아이들은 예쁜데, 버릇없이 대들고 크게 떠 드는 아이들이 가장 힘들어요. 반면, 동료 선생님 한 분은 버릇없는 애들 가르치기는 오히려 편한데, 조용하고 말 없는 애들이 더 힘들다고 하셔서 전혀 이해가 되지 않았어요. 저랑은 반대였어요.

동료 선생님들과 함께할 땐 강하고 주도적인 분과는 대체로 함께하기 가 힘들었어요. 다 그런 것은 아니지만, 그중 어떤 분은 본인 뜻대로만 이 끌어가려고 하시는데 저는 그게 불편했어요. 한편으로는 의견이 있는데 도, 그것을 쉽게 내지 못하는 저 자신이 답답하게 느껴지기도 했어요.

학부모님들도 다양한데, 그중에서 성격이 급한 분도 많이 접하게 돼요. 그분들은 빠른 결과와 해답을 원하시는데, 저는 빠르고 논리 정연하게 말씀드리는 것이 어려워요. 그러다 보니 그런 학부모님들은 저를 답답하게 생각하세요. 저는 그분들이 부담되고요.

또, 예전에 만났던 교장 선생님은 학교의 사소한 것 하나하나를 다 파악하고 관리하려고 하셔서 이해하기가 힘들었어요. 특히 책임과 관련이 있는 경우에는 더욱 그러셨어요. 교장의 역할이 아니라 담임교사에게 맡길 수 있는 부분인데, 이해가 되지 않았어요.

그럴 때마다 그 사람들 진짜 마음속은 어떤가 궁금하기도 하고, 이해하고 싶지만 저와는 너무 다른 것 같아서 이해하기가 힘들어요. 그래서 그 사람들이 이상하다고 탓을 하다가도 어떨 때는 이런 제가 잘못됐나 하는 생각이 들기도 해요. 대체 무엇이 맞는 걸까요?

사람은 모두 다르다. 학생들은 관계를 맺는 방식이 다르고, 공부하는 방식이 다르고, 스트레스받는 지점도 다르다. 교사도 교실을 운영해가는 방법도, 꾸중하는 방식도, 공부를 가르치는 방식도 다르다. 관리자도 학교를 운영하고, 업무를 지시하고, 교사와 관계를 맺는 방식이 다르다. 모두가 각자 다르기 때문에 때론 오해가 생기고, 상처를 주고받게 된다.

성격에 대해 공부하면 자연스럽게 서로 다른 방식과 각자의 마음 끌림에 대해 알게 된다. 그래서 사람을 대할 때 대처 방식을 알게 되고 조금 더 편안한 관계를 만들어갈 수 있다.

성격 유형을 공부하면, 사람을 이해하는 힘이 생긴다

이를 위해 사람의 심리상태나 행복도를 측정하는 '특성론적 검사' 보다 사람을 분류하고 이해하고 성장에 초점을 맞춘 '유형론적 검사' 에 조금 관심을 갖도록 조언해왔다. 유형론적 검사에는 대표적으로 사람을 16개 유형으로 분류하는 MBTI, 9개 유형으로 분류하는 에니어그램, 4개의 유형으로 분류하는 LCSI 등이 있다. 이런 것들의 도움을 받아 나는 어느 유형에 속하는지 이해하는 도구로 먼저 사용한 뒤, 반 아이들과 학교에서 함께 근무하는 선생님들을 이해하는 (심리 파악이 아닌) 보조수단으로 삼으면 좋다.

유형론적 검사에서 알려주는 각 유형의 정보를 가지고 사람들을 관찰하면서 (100% 완벽하지 않아도) 유형을 분류해보고 어떻게 관계를 맺으면 좋을지 고민해보자. 상대가 외향형인지 내향형인지만 알아도, 가슴으로 소통하는지 힘을 중심으로 소통하는지 머리로 소통하는지로만 나눠 봐도 학교 내 여러 사람을 이해하는 데 도움이 된다.

LCSI 검사의 4가지 유형

LCSI에서는 주도형, 표출형, 분석형, 우호형으로 성격을 4개로 나눈다. '겉으로 드러나는 신체 단서' 를 살펴보면,* 주도형은 명령, 직선적, 건조하며, YES/NO가 분명하며, 힘 있고 강한 억양을 사용한다. 그리고 강한

---

* 출처 : http://www.lcsi.co.kr/lcsi/PDF_2018/LCSI_%EC%B2%AD%EC%86%8C%EB%85%84%EC%9A%A9.pdf

구분	표현형	표출형	우호형	분석형
언어 표현	명령, 직선적, 건조한, YES/NO 분명, 억양이 강하고 힘있음	즉흥적, 과장법, 감탄사, 미사여구, 말이 많고 빠름	우회적, 동조적, 말끝 흐림, 높낮이 없음, YES/NO 불분명	운율 없음, 논리적, 감정배제, 비판적, 사무적
감정 표현	강한 눈빛, 제압적 표정, 이동반경 큼, 흥분하면 격한 단어 사용,	생각과 감정이 얼굴에 드러남, 눈 맞춤, 대중의식, 스킨십	작은 몸짓, 표정 변화 적음, 고개 끄덕임, 좁은 행동반경	무표정, 제스처 없음, 생각은 많고 표현 적음, 눈 맞춤 어려움
대화 패턴	핵심만 간단히, 특정 주제 중심	활동하고 반응이 큰, 분위기 조성		들으면서 따져보는, 할 말만 함
자세/손동작	자주 변하지 않으나 동선이 큼, 직선적인 손동작	자주 변하고 과장된 몸짓, 다양하고 자유로운 손동작		자세 변화가 적고, 안정적, 손동작이나 신체적 움직임 적음

출처: http://www.lcsi.co.kr/lcsi/PDF_2014/LCSI_전문가_성인용.pdf

눈빛과 제압적인 표정을 지니고 있으며, 이동반경이 크며 흥분하면 격한 단어를 사용한다. 핵심만 간단히, 특정 주제 중심의 대화를 하며, 직선적인 손동작을 사용한다.

표출형은 즉흥적이며 감탄사와 미사여구를 많이 사용하며 말이 많고 빠르다. 얼굴엔 생각과 감정이 잘 드러나고 눈 맞춤을 잘하고 대중을 의식하며 스킨십이 많다. 그리고 활달하고 반응이 크며, 분위기를 조성하

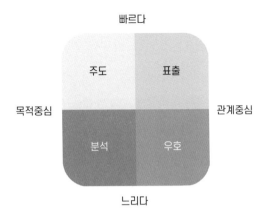

는 것에 익숙하며, 다양하고 자유로운 손동작을 사용한다.

우호형은 우회적이며, 동조하며, 말끝을 잘 흐리고, YES/NO가 불분명하다. 몸짓이 작고 표정 변화가 적지만, 고개를 끄덕여주고 행동반경도 좁다. 상대방의 말에 동의를 잘하며, 인간적 담소를 좋아하며, 움직임의 폭과 동선이 작고, 잔 손동작이 많다.

분석형은 말에 운율이 없고, 논리적이며 감정을 배제하고 비판적이고 사무적인 언어를 사용한다. 표정 변화가 없고, 제스처도 없으며, 사람과 눈 맞춤을 어려워한다. 들으면서 따져보며 할 말만 하며, 자세 변화가 적고 안정적이며 신체적 움직임이 적다.

모든 유형은 그 자체로 필요하다

자격과정에 참여해 위의 유형에 대해 공부를 하는 중에 검사를 개발한 임승환 소장님이 "어떤 유형이 간호사에 가장 적합할까요?"라는 질문을 했다. 그러자 많은 사람이 '우호형'을 지목했다. 그러자 소장님은 다음 이야기를 들려주셨다.

"피가 튀고 긴급한 상황에선 우호형의 간호사들은 빠른 판단을 내리지 못하고 피를 두려워하기 때문에 간호역할을 제대로 하지 못합니다. 그래서 주도형의 간호사가 응급실에선 빛이 납니다. 빠르고 강한 심장으로 재빨리 응급상황을 의사와 함께 처리해 나가지요. 하지만 호스피스 병동에선 주도형의 눈빛과 제스처가 상대에게 상처와 위축됨을 주기도 합니다. 그래서 호스피스 병동에선 밝은 에너지로 사람에게 유쾌함과 힘을 주는 표출형의 간호사가 좋습니다. 하지만 장시간 앉아서 피와 소변 검사를 하는 곳에선 표출형의 간호사가 못 견딥니다. 사람 속에 있어야 힘이 나거든요. 그런데 묵묵히 혼자 탐구하고 관찰하는 것을 좋아하는 분석형의 간호사는 실험실 환경을 선호하지요. 이렇게 모든 유형의 간호사가 필요합니다. 특정 유형에 맞는 직업은 없습니다. 여러분이 다니는 직장도 그렇습니다. 내 유형이기 때문에 그 직장에서 잘할 수 있는 것을 찾아보세요."

나는 이 말을 듣고 학교를 바라보는 눈이 확 바뀌었다. 나는 감정을 주로 사용하고 표현이 풍부하며 아이들과 놀며 이벤트를 좋아하지만, 한편으론 논리적이고 꼼꼼하며 분석적인 면이 부족해 '나는 부족한 교사'라는 생각을 많이 했었다. 그런데 그 이야기를 들으며 '그래 세상엔 나 같은 교사도 필요해'라는 생각이 생겼다. 그리고 완벽한 교사는 세상에 없으니, 내가 잘하는 것은 나누고 내가 부족한 부분은 함께 협력하는 것이 낫겠단 생각이 들었다.

그러자 다른 선생님들의 장점이 눈에 보이고, 나 혼자 모든 것을 잘하기 위해 애타는 마음이 줄었다. 더 편한 마음으로 '감정'을 활용해야 하는 수업들을 만들고, 더 감동과 관계를 돌아보는 활동을 만들어내게 됐다. '10명의 교사 가운데 나 한 사람 정도는 이런 부분을 다루는 것도 괜찮아' 하는 생각을 하게 됐다.

혹시 다른 선생님 때문에 초라함이 느껴지고, 자신이 교사에 잘 어울리는지 고민하고 있다면, 모든 선생님은 완벽하고 모든 선생님은 필요한 사람이라는 것을 기억하길 바란다.

유형에 따라 학생을 바라보면, 학급운영이 변한다

유형에 따라 학생을 바라보는 눈을 갖게 되자 학급운영 방식이 크게 변했다. 이전까지 내가 교실에서 사용하던 칭찬 방식은 학생을 일으켜 세운 뒤 모두가 함께 박수를 쳐주는 것이었다. 하지만 내향형의 학생에게는 이 방식이 불편하다는 것을 알게 됐다. 그래서 유형별로 칭찬 방법을 달리하게 됐다. 주도형의 특징이 있는 학생은 교실 앞쪽으로 나오게 한 뒤 악수해주면서 "자랑스러워", "인정한다", "네 덕분이야"라는 말로 칭찬을 해주고, 표출형은 일으켜 세운 뒤 박수쳐주거나 안아주거나 손으로 하트를 만들어 표현하는 것으로 칭찬해주었다. 앞의 두 방식을 힘들게 생각하는 우호형의 학생에게는 쪽지에 간단한 글을 써 주거나 문자로 잘했다고 칭찬을 해주고, 분석형 학생은 갑작스러운 칭찬을 의심스러워하기에 꼼꼼하게 이유를 알려주고 칭찬을 누적해주게 됐다.

책을 읽을 때도 모두가 돌아가면서 한 문장씩 읽던 도중 누군가 작은 목소리로 읽으면, 저 경력 때는 답답한 마음에 세워서 "크게 읽어보렴. 네가 크게 읽지 않으면 누군가 따라서 작은 목소리로 읽게 된단다"라고 말했다. 하지만 지금은 입 앞에 무선 마이크를 대주거나 모두가 각자의 목소리로 최선을 다해서 읽는다는 것을 이해하고 그 자체만으로도 '잘했다'라고 피드백을 줄 수 있게 됐다.

학습하는 방식도 달라 주도형 아이들에겐 높은 도전적 목표를 제시해주고, 표출형 아이들에겐 표현 활동과 에피소드와 이야기를 들려주면서 몰입을 시키고, 우호형은 따뜻한 말과 지속적인 격려로 마음을 안정시키면서 공부할 수 있도록 하며, 분석형은 분석해서 정확하게 꼭 필요한 말만 사용해 개별적으로 지도하게 됐다.

이뿐만 아니라 교실 속의 다른 여러 상황을 살펴보고 아이들 각 유형에 맞게 조각하게 됐다. 이 외에도 다양한 교실 내 상황에 성격 유형을 접목해보자.

유형에 따라 동료 교사 사이에서 어려움이 있다

학년부장이 됐을 때 동학년 선생님들과 성격검사를 하고 함께 검사 결과를 살펴봤다. 그리고 각 선생님의 유형에 맞게 도움을 요청했다. 주도형의 교사에겐 가끔 내가 결정을 못 하고 있을 때 옆에서 속 시원하게 결정할 수 있게 도와달라고 요청하고, 분석형의 교사에겐 내가 가끔 누락하거나 놓치는 경우가 있으니 서류 등을 꼼꼼하게 살펴보고 조언해달라고 부탁했다. 그리고 우호형의 선생님이 힘들어하지 않을까 자주 찾아가서 이야기 나눠주고 다독여줬다. 그러자 동학년 분위기도 좋았고, 어떤 일이든지 함께 잘 해결해나가서 좋았다.

하루는 학교에서 '성격 유형 워크숍'을 해달라고 내게 요청했다. 먼저 온라인으로 검사에 참여하도록 한 다음 출력한 검사지를 들고 전 교직원이 학교 도서관에 모였다. 유형별로 앉도록 한 것만으로도 웃음이 나오고 고개가 끄덕여졌다. 다른 유형에 앉아 있는 선생님을 보는 것만으로도 이해가 생겼기 때문이다. 유형별로 주로 사용하는 수업 기술, 꾸중하는 방법, 호감이 가는 학생들, 만들고 싶은 교실, 스트레스 상황에서 처리하는 방식 등을 발표하도록 했다. 서로가 달라도 이렇게 다를 수 있냐면서 웃었다. 그리고 관계가 좋지 않았던 교사들은 또 다른 통찰이 생겼다. '나를 미워해서 그런 게 아니라 성격이 달라서 그랬구나'라는 이해가 생겼다.

이 워크숍을 계기로 서로가 바뀌게 되었다. 교장 선생님은 주도형으로 눈매가 매섭고 목소리도 크고 빠르게 일 처리를 해왔는데, 우호형의 교사들이 교장 선생님의 눈빛만으로도 움찔한다는 사실을 알게 되면서 더 친절하게 바뀌려 노력했다. 우호형의 교사는 자신이 무섭게 생각하는 사람들이 사실 무서운 게 아니며, 그들 나름 자신의 성격 때문에 힘들어하고 있으며, 학교 일들은 때론 그들이 빨리 끌어당겨 줘서 잘 끝내주니 도와달라고 말을 하기로 했다. 그리고 분석형의 교사들이 교실 밖으로 잘 나오지 않는 것에 대해 다른 선생님들이 이상하게 생각지 않게 됐으며, 학교에선 관계가 중요하고 행복이 중요하니 표출형의 교사들은 분위기를 더 밝게 만들고 힘들어하는 선생님을 위로하고 기운을 불어넣어 주기로 했다.

워크숍 마지막에 함께 손을 잡고 했던 말이 특별했다. "우리는 모두 다릅니다. 다르기 때문에 오해와 상처를 만들기도 합니다. 이 워크숍으로 서로의 다름을 있는 그대로 인정하겠습니다. 그리고 지금처럼 서로의 손을 잡겠습니다. 내가 잘되는 부분은 나누고, 내가 잘되지 않는 부분은 도움을 요청하겠습니다. 우린 각자 다르면서도 '함께'라는 단어 아래 하나입니다." 그리고 이 말은 효과가 있었다.

'틀린' 것이 아니라 '다른' 것이다

관리자, 학생, 학부모 등 사람에 대한 어려움은 더 깊고 다양하겠지만, 먼저 성격적인 부분으로 전체를 관찰하면서 일차적인 이해를 만들어보자. 더 깊은 이야기는 다른 주제에서 다루겠다. 우선 무엇이든지 좋으니 성격 유형에 대해 공부하고 반 아이들과 학교 사람들을 관찰해보자. 그리고 나는 어떤 유형의 교사인지 확인해보자. 사람의 성격에 대해 이해가 조금 생기면 학생, 학부모, 교사, 관리자를 조금 더 편안하게 바라볼 수 있고, '틀리다'가 아닌 '다르다'라는 생각으로 다른 사람을 볼 수 있게 된다. 그리고 무엇보다 나는 부족한 사람이 아니고 충분한 사람이라는 생각을 갖길 바란다.

이것만은 꼭!

✓ 모든 사람이 다르기 때문에 불편한 일이 발생하기도 한다.

✓ 성격 유형을 공부하면, 사람을 이해하는 힘이 생긴다.

✓ LCSI 검사는 성격을 '주도형', '표출형', '우호형', '분석형'으로 나눈다.

✓ 모든 유형의 사람은 그 자체로 필요한 사람이다.

✓ 세상에 나와 같은 교사가 필요하다는 생각을 하자.

✓ 유형에 따라 학생을 바라보면, 학급운영이 변한다.

✓ 유형에 따라 동료 교사 사이에서 어려움이 있다.

✓ 성격 유형 워크숍은 서로를 이해하는 데 도움이 된다.

✓ '틀리다'가 아니라 '다르다'라는 눈을 갖자.

당신은 좋은 사람이에요.

· 관리자 ·

교장, 교감 선생님이 어려워요

　관리자들과 관계가 쉽지 않아요. 교감, 교장 선생님께 뭔가 말씀드려야
할 게 있으면 자꾸 움츠러들게 돼요. 그래서 교장실, 교무실 근처도 피하
고 싶어요. 교장 선생님은 개인적인 일을 처리하기 위해서 저를 교장실로
자주 불렀어요. 수업 중에 교실을 비운다는 것이 걱정이 됐지만, 교장 선
생님의 요청을 거절하기가 쉽지 않았어요.

　교장 선생님은 술을 좋아해서 교직원 술자리를 자주 만드는데, 저는 아
직 미혼이고 나이가 어린 데다가 딱히 핑계 댈 거리가 없다 보니 거절하
기가 너무 어려워요. 나이가 어리다는 이유로 은근슬쩍 제 이름도 그냥
부르고 반말하는데 아이 취급을 받는 것 같아서 기분이 좋지 않았어요.

　그리고 아침마다 교장, 교감 선생님께 인사를 해야 한다고 해서 하고
있어요. 그런데 반 아이들 챙기다 깜박하게 될 때가 있는데 그러면 서서
운함을 노골적으로 드러내요. 때론 수업 중간에 불쑥 들어와 한참 보다가

가기도 해요. 제가 경력이 적어 걱정되는 마음은 알겠지만, 너무나 불편하고 부담돼요.

또 한 교감 선생님은 업무상 굉장히 사소한 것까지 흠을 잡았어요. 업무상 절차, 서류 내용은 물론 공문서의 서식과 맞춤법까지 확인하셨어요. 교감 선생님도 교장 선생님 때문에 그러는 것 같았어요.

한 번은 학급에서 아이들 사이에 문제가 생겨 학부모 민원으로까지 이어진 적이 있었는데, 그 이야기를 들은 교장 선생님은 저를 교장실로 불러 학급운영과 학부모와의 관계 등에 관해 설교를 했어요. 도움을 주기보다는 책임을 지우려는 것 같았어요. 다행히 학부모 민원이 수습되기는 했지만, 제 마음은 찝찝했어요. 반면, 제가 만났던 또 다른 교장, 교감 선생님은 학부모와의 문제가 생겼을 때 학부모 입장도 들어주지만, 교사 입장도 학부모에게 이야기를 해주셔서 모두가 기분 좋게 자리에서 일어났던 경험도 있어요.

좋은 관리자분만 만나면 조금 더 행복한 교직 생활을 할 수 있을 것 같은데, 교직 사회에서 그런 분들을 만나기는 참 쉽지 않은 것 같아요. 관리자분들과의 힘들었던 그 상황이 다시 온다면 어떻게 해야 할지 막막해요. 저만 그런 걸까요?

관리자에게 상처받는 교사가 여전히 많다. 워크숍을 진행하면서 후배들의 사연을 듣다 보면, 괜히 내가 미안해진다. 과거에 비하면 갑질과 폭언 그리고 제왕적 관리자는 줄었지만, 여전히 비슷한 고민과 상처가 관리자로부터 시작되고 있다는 것이 안타깝다.

학교는 모두가 연결되어 있는 유기체와 같다. 그래서 큰 힘을 가진 관리자가 만드는 진동은 너무나 중요하다. '따뜻함과 사랑'이라는 진동을 만들면 학교 전체에 그 진동이 전달되지만, 관리자가 상처나 결핍 그리고 수치심이라는 진동을 만들면 학교에 진동이 전달되어 여러 상처가 파생된다. 어떤 관리자와 함께 지내느냐에 따라 교사의 행복도가 달라지는 것은 참 안타까운 일이다. 후배들이 관리자에게 상처받지 않으면 좋겠다. 그런 마음으로 상처 주는 관리자에 조금 더 초점을 맞춰 이야기하려 한다.

상처 주는 관리자의 유형

먼저 자기 생각대로 되지 않으면 못 견디는 관리자들이 있다. 그래서 폭언을 하고, 자신과 생각이 다른 교사를 불러 인신공격을 하거나, 결재 승인을 하지 않고 꼬투리 잡기도 한다. 자신의 의견을 차분히 이야기하면서 설득하거나 도움을 요청하는 것이 아니라 상처 주는 것으로 원하는 것을 취하는 방식을 선택한다.

책임을 회피하려는 관리자들이 있다. 민원이 발생하면 교사 편이 되어주지 못하고 교사 탓을 하고 가해자로 몰아가곤 한다. 자신에게 불이익과 불편함이 오면 누군가를 비난하며 감정조절을 하지 못한다. 일이 생기면 함께 의논해 현명하게 해결할 수 있지만 '탓하기'를 선택한다.

그리고 군림하려는 관리자들이 있다. 누군가 자신을 비난하는 것을 참을 수 없는 일로 생각해 교사를 불러내 상처 주기도 하고, 저 경력 교사에게 심부름을 시키거나 비서 역할까지 요구한다. 반말을 던지면서 이야기를 듣지 않고 명령으로 군대식으로 지시를 내린다.

이들을 잘 살펴보면, 겉은 나이든 어른이지만 내면은 성장하지 못한 어린아이와 같다. 두려워하며, 눈치 보고, 수치심이 가득하다. 자신의 욕구가 중요하고 상대의 마음에 공감하지 못하지 못한다. 왜 이런 관리자가 많을까?

그들은 왜 관리자가 되었을까?

관리자에 끌린 이유를 살펴보면 조금 이해가 된다. 교사였을 때 경험한 사건과 그 안에서 만난 감정이 그들을 '관리자가 돼야겠다'는 생각으로 이끈 경우가 많다. 더러운 꼴을 당하지 않기 위해서, 동기들은 다들 승진했는데 뒤처지는 게 싫어서, 자식들 결혼시키려는데 자신이 평교사이면 부끄러울 것 같아서, 힘을 갖고 싶어서, 주변에서 권하고 권유해서, 살다 보니 점수가 채워져서 등 다양한 이유가 존재한다.

그들도 과거에 교사였을 때 지금보다 몇 배로 권위적이었고 상처 주는 관리자를 겪었을 테지만, 그들과 다른 따뜻한 관리자가 돼야겠단 생각이 아닌, 그런 대접을 받고 싶고 힘을 갖고 싶다는 생각을 하게 됐다. 시대가 바뀌었지만 어떻게 해야 따뜻하게 교사들을 어루만져줄 수 있는지 경험으로 체득하지 못했고, 배워보지 못했다. 과거의 경험은 현재의 관리자 스타일을 만든다. 그래서 현재 몇몇 관리자는 함께 근무하는 교사들에게 상처를 주게 됐다. 물론 상처와 결핍이 있다고 해서 모두가 상처 주는 관리자가 되는 것은 아니다. 자신이 받았던 상처를 물려주지 않기 위해 따뜻하고, 사람을 챙기고, 편이 되어주는 관리자도 있다.

사적인 자리에서 관리자들과 이야기할 기회가 있다면 "교사로 생활하다가 관리자에 끌리게 된 특별한 일이 있으셨어요?" 하고 물어보자. 이야기를 나누는 가운데 그들의 상처와 결핍이 보인다면, 지금은 웃고 있더라도 '스트레스 상황'이 닥치면 그 상처와 결핍이 작동될 수 있다는 것을 기억하자.

관리자의 문제가 아니라 내 문제일 수 있다

나 또한 관리자들과 사이가 좋지 않아 힘들었던 적이 있었다. 많은 시간을 투자해 학교와 관리자를 위해 영상을 제작했는데 마음에 들지 않는다는 이유로 폐기처분당한 일도 있었고, 학교를 만기 전에 옮긴다는 이유로 여러 선생님이 떠나는 환송회 인사에서 날 빼버린 씁쓸한 일도 있었고, 학교 예산으로 산 물건을 잘 사용하고 있는지 사람을 보내 지켜보게 하는 등 여러 일을 경험하면서 이해되지 않는 관리자들이 있었다.

이런 고민을 상담과 심리치료 워크숍을 통해 해결해보려고 했다. 이과정에서 알게 된 것이 있었다. 나는 아버지와의 관계에서 생긴 분노와 결핍이 내가 근무하는 학교 관리자에게 투사되어 더 분노하고 인정을 갈구하고 있었고, 아버지를 바뀌게 하고 싶은 마음이 관리자에게 투사되어 그를 바꾸고 싶어 하는 마음으로 이어졌다. 그리고 무엇보다 내 얼굴과 비언어가 관리자에게 '당신이 싫어요!' 라는 메시지를 전달했고, 그걸 알아차린 관리자가 나를 더 힘들게 했다는 것을 알게 됐다. 관리자의 문제라 생각했는데 일부는 내 문제였다는 것에 충격받았다. 학교로 돌아와 다시 살펴보니 관리자는 관리자의 역할을 하고 있었는데, 나 혼자서 감정적으로 대하고 있었다는 것을 알게 되었다.

이 경험 때문에 내 얼굴과 비언어를 잘 돌아보게 됐고, 관리자를 비난하거나 그들과 다투지 않으면서도 내가 존중받을 수 있는 말과 대처 방법들을 고민하게 됐다. 때론 관리자의 문제가 아니라 내 문제일 수 있다는 것도 생각하자.

내 감정과 욕구를 표현해야 한다

내 생각과 욕구를 표현해야 한다. 표현하고 표현할수록 일이 해결되고, 부당함은 줄어가고, 내 안의 불편한 감정들도 줄어들었다. 학교를 옮겼을 때 교감 선생님이 내게 6학년 부장을 맡아달라고 한 일이 있었다. 많은 교사가 근무하는 곳인데도 대부분의 부장 자리가 비어 있는 것을 보고 거절해야겠단 생각이 들었다. 그래서 "교감 선생님, 저를 부장에 어울리는 사람으로 봐주셔서 감사합니다"라고 미소와 함께 감사 표현을 한 뒤, "하지만 학교에 막 와서 이 학교에 대한 정보가 없는 저에게까지 부장을 요청하는 것이 의아합니다. 이렇게 많은 교사가 근무하는 학교에서 부장 자리가 대부분 비어 있는 것은, 부장을 하더라도 고생했다는 말을 듣지 못했거나 때론 과한 희생을 해야 하는 불편함이 있어서가 아닐까 하는 생각이 들었어요. 그래서 조심스럽고, 쉽게 제가 하겠다고 말씀 못 드리겠어요"라고 말했다. 그러자 교감 선생님은 그 자리에서는 더 이상 내게 부장을 요청하지 않았다.

그런데 며칠 뒤, 아무도 부장을 희망하는 사람이 없자 교감 선생님은 동학년이 될 모두를 여교사 휴게실에 모아놓고 '부장을 정하라'는 황당한 자리를 만들었다. 선생님들과 이야기를 나누고 내가 부장을 하는 게 낫겠단 결론을 내렸다. 그 이야기를 교감 선생님에게 하면서 '일 년만 하는 것'으로 약속했다.

하지만 일 년이 지난 뒤, 교감 선생님은 다시 내게 부장을 요청했다. "제가 일 년간 잘했기 때문에 요청하시는 거죠? 먼저 감사드려요." 먼저 고마움의 표현을 하고 내 진짜 속마음을 이야기했다. "작년 저와 나눴던 이야기를 다 잊고 계신 듯해 서운합니다. 고생했다는 말보다 다시 부장을 맡아달라는 말씀을 먼저 하셔서 속상해요." 그러자 교감 선생님은 미안해하면서 더는 물어보지 않았다.

첫째, 비난하거나 경멸하는 비언어를 내려놓고 그들의 요청에 대해 잠깐 고마워하자. 둘째, 속마음을 표현하면서 하고픈 말을 하자. 이렇게 말하기가 처음엔 어려울 수 있다. 작은 일에서부터 하나씩 실험해보고 반응을 살피고 말들을 준비하고, 때론 주변 사람과 연습해보자.

교권보호센터나 국가인권위원회에 민원을 넣자

관리자에게 상처를 받았다면, 절대 혼자 끙끙대면 안 된다. 무엇보다 그들이 한 말에 내가 무가치하다는 생각을 하지 말자. 그들에게 복수하려는 마음에, 체념하려는 마음에 때론 스스로 목숨을 끊으려는 경우도 있어 안타깝다.

고통받고 너무나 부당하다고 생각되면, 가장 먼저 해야 할 것은 의사 표현을 하는 것이다. 고통받고 있다는 것을 표현하는 것만으로도 고통이 줄어든다. 표현하지 않으면 강도가 세지고 그 구조에 익숙해지게 된다.

비인격적으로 함부로 하는 관리자들은 사실 '강한 자에게 비굴하고, 약한 자에게 비열한' 특성이 있고, 밖에선 친절하지만 안에선 불친절한 특성이 있다.

'법'과 '단체'의 도움을 받아보는 것도 좋다. 관리자가 정말정말 고통스럽게 한다면, 교권침해에 해당하는 것이니 교육청 '교권보호센터'에 신고하자. 이곳에 신고가 들어가는 것만으로도 사실 확인 조사가 시작되고, 관리자의 침해 사실이 드러나면 징계 절차 때문에 감사도 받게 된다. 모욕당하거나 명예가 훼손됐다고 생각되면 경찰서나 검찰, 가까운 파출소에 가서 고소하자. 커피를 타오라고 하거나 개인적인 일을 시킨다면 노동청에, 인권침해에 해당하면 국가인권위원회에 민원을 넣자. 그러면 사실 확인을 위한 추후 절차가 진행된다.

관리자들은 이런 부분을 싫어하고 피하려 한다. 관리자들은 이런 일을 겪는 것에 대해 외부로 말하지 못할 때도 많다. 이 일로 인해 더 소리 지르고 괴롭힌다면 다시 접수하고 신고하면 된다. 법이 보장하는 부분이니 두려워 말고 녹취하고 민원을 넣자. 괜찮다. 이미 여러 교사가 사용한 방법이기도 하다. 나와 많은 이들에게 고통을 주고 있다면, 그래서 교실과 삶에 영향을 미치고 있다면 민원을 넣어도 괜찮다.

교원단체의 도움을 받자

혼자서 하기 힘들다면, 학교 내 마음이 비슷한 사람들과 함께하는 것도 좋고, 교원단체에 도움을 받는 것도 좋다. 실천교육교사모임, 전교조 등(관리자들이 대거 포진되어 있는 교총은 피하자) 실제 이런 일을 처리하고 도움을 주는 단체에 들어간 뒤, 도움을 요청하여 어려움을 해결해보자. 괜찮다. 이미 이런 일을 처리한 경험자들이 있다. 가까운 학교에 선생님들을 정말 힘들게 하는 관리자 한 명이 있었는데, 교원단체 대표들이 방문해 이야기 나누는 것만으로도 정도가 확 줄어들었다.

모든 관리자가 나쁜 것은 아니다

하지만 세상에 좋은 관리자도 많다는 것을 기억하자. 과거와 달리 따뜻한 손을 내밀어주는 관리자가 많아졌다. 관리자 선발 방법도 바뀌어 학교 내부에서 관리자를 추대하는 일도 생겼다. 시간이 갈수록 상처 주는 관리자가 줄어들 거라 생각한다.

나를 힘들게 하는 관리자가 있다면 그들의 말에 너무 상처받지 말고, 내 뼛속 깊숙한 곳까지 상처를 남기지 말고, 현재의 관리자에게 받았던 상처는 따뜻한 관리자를 만나면서 지워지고 덮어짐을 기억하자.

이것만은 꼭!

✓ 관리자의 진동은 학교 전체로 전달된다.

✓ 상처 주는 관리자는 겉은 어른이지만, 행동은 어린아이와 같다.

✓ 모두가 관리자 자리에 끌리는 것은 아니다.

✓ 상처와 결핍 때문에 관리자 위치가 끌린 경우에 상처 주는 일부의 관리자가 만들어진다.

✓ 과거 관리자와의 관계에서 경험이 현재 관리자 스타일을 만든다.

✓ 관리자의 문제가 아니라 내 문제일 수 있다.

✓ 내 감정과 욕구를 표현해야 한다.

✓ 고통받으면 교권보호센터, 국가인권위원회에 민원을 넣자.

✓ 교원단체의 도움을 받자.

✓ 모든 관리자가 나쁜 것은 아니다.

동학년 선생님들과
잘 지내고 싶어요

　수업이 끝나면 동학년이 모여서 오랜 시간 이야기를 나눠요. 그런데 저는 당장 수업 준비하고 교실 정리하기도 바빠서 그 시간이 너무나 아까워요. 가끔은 교실에서의 고민도 이야기 나누는 값진 시간도 있지만, 거의 대부분은 저는 관심 없는 이야기예요. 머릿속에는 해야 할 일에 대한 걱정이 태산인데, 말은 못 하겠고 그 상태에서 자리를 지키고 있으려니 힘들어요. 그리고 오가는 이야기 중에는 가끔 다른 선생님을 뒷담화하는 이야기도 있어요. 잘 모르는 척 아무 말 하지 않고는 있지만, 그런 자리가 불편해요. 동학년 회의에서는 제 의견을 꺼내기가 아직은 어려워요. 아직은 잘 모르는 부분이 많아서 주도적인 선생님들의 뜻에 따라 결정된 대로 따르는 경우가 많아요.

　그리고 가끔 아이들 문제로 인한 상담 때문에 동학년 회의에 늦을 때가 있어요. 몇 번 그러다 보니 어떤 선생님은 농담 반 진담 반으로 같은 학년이 아닌 것 같다고 말씀하시는데, 동학년에 정말 미안하면서도 교실을 놓을 수가 없네요. 동학년과 함께하는 시간을 늘리고 싶지만, 생활지도와 수업 준비, 업무 등 해야 할 일이 많아서 동학년과 함께하는 게 힘들기도 해요. 그러다 보니 어떤 해의 동학년은 업무상 회의만 하고 다른 이야기는 나누기 힘들었던 때도 있었어요. 교실도 안전하게 만들고 싶고 동학년과도 편안한 관계를 유지하고 싶은데, 교실에 신경 쓰다 보니 동학년 관계가 멀어지는 것 같기도 해요.

동학년 선생님과 교육관이 너무 달라서 힘든 적도 있어요. 저는 아이들이 자율성을 가지고 뭔가를 하게 하는 편인데, 아이들은 힘으로 제압해야 한다고 생각하는 선생님도 계셨거든요. 동료 선생님끼리 만나면 참 좋은 분인데, 아이들을 대하는 방식은 저와 달랐어요. 특히, 우리 반 아이와 그 반 아이가 싸워서 함께 문제를 중재해야 할 때 방식에 차이가 있어서 맞추기가 어려웠고, 우리 반 아이가 잘못을 해서 그 반에 가서 꾸중 듣고 올 때면 어떻게 해야 할지 모르겠어요. 저보다 연세도 많으셔서 말씀드리기도 어려워요.

교실에서도 잘하고 싶고, 동학년과의 관계도 가깝게 유지하고 싶은데, 동학년 관계를 좋게 유지하는 일에 은근히 신경이 많이 쓰여요. 어떻게 하면 동학년과의 관계를 좋게 만들 수 있을까요?

학교가 클수록 동학년을 중심으로 생활한다. 그렇기 때문에 마음 맞는 동학년이 모여 일 년을 보내는 것은 큰 복이라 할 수 있다. 동학년이 위로하고 편들어주는 것만으로도 상처가 줄어들고 힘이 생긴다. 하지만 동학년 내에서도 복잡미묘한 일들이 일어나고, 사람이 모인 곳이기 때문에 관계에 대한 여러 사건과 감정이 생긴다. 사람을 만나는 것도 중요하지만, 함께 있는 사람들과 어떻게 지내는가도 중요하다. 반 아이들과의 관계도 중요하지만, 동학년과의 관계도 잘 만들어가야 한다.

좋은 사람이 더 많다

먼저 좋은 사람이 많다는 것을 기억하자. 동학년과 아직 함께 지내보지도 않았는데 누군가 불편하고 거리를 두고 싶어진다면, 과거의 경험이 현재 첫 만남에 작용하는 것이다. 속으로 '내가 좋은 사람인 것처럼, 함께할 저분들도 좋은 사람일 거야'라고 말하고 조금 더 편안한 마음과 눈으로 상대방을 대하자. 생활하다 보면 조금씩 알아가게 되고 편안해질 것이다. 한두 가지 일로 함부로 상대방을 단정 짓지 말고 각자의 방식이 있고 세상을 바라보는 눈이 다르다는 것을 생각하자. 성격 편에서도 이야기했지만, 서로 다르다고 생각하면 마음이 편하지만, '틀리다'고 생각하면 사람을 바꾸고 싶은 마음이 생기고 불편한 감정이 생긴다.

정말 중요한 것은 동학년 관계는 혼자 만들어가는 것이 아니라 함께 만들어간다는 사실을 이해해야 한다. 혼자 일을 다 하려고 하면 나중에 내가 힘들어지고 서운한 감정이 들 수도 있다. 작은 것도 이야기하면서 서로 나누고 도움을 요청하는 것이 중요하다. 도와주려고만 하고 폐를 끼치기 싫다는 마음에 도움 요청하지 않으면 불균형이 생긴다. 좋은 관계를 유지하려고 하는데 막상 불편해지면 내가 했던 노력에 서운함이 생길 수 있다.

학부모 때문에 힘들어하던 선생님이 있었는데, 동학년 선생님들에게 불편함을 주지 않기 위해서 혼자 끙끙댔다. 나중에서야 동학년 선생님들이 그 사실을 알고 도와주려고 했지만, 일이 더 커져 버려 감정과 신체적으로 소진이 된 선생님은 끝내 휴직을 하게 됐고, 자신이 휴직하면서 동학년 선생님들에게 더 큰 폐를 끼치게 됐다는 생각에 더 연락을 끊은 일이 있었다. 사실, 초반에 함께 지혜를 나누면 해결할 수 있는 작은 일이었던 터라 동학년 모두 서운하고 크고 작은 상처가 서로에게 생겼다. 도울 수 있고, 나눌 수 있고, 분담할 수 있었는데 우리에게 도움을 요청하지 않았다는 것에 서운했고, 고통스러워 휴직하는 것을 바라보는 것이 모두에게 무력감을 만들었고, 나중에라도 위로를 나누고 싶었지만 우리에게 미안해하면서 연락을 끊어버리고 죄인처럼 생활하는 모습이 모두에게 아쉬움으로 남았다.

다시 말하지만 좋은 사람이 많으니 작은 것도 나누며 이야기하고, 그게 불편함을 만드는 일이 아니라는 것을 기억하면서 생활하자. 대화할 수 있는 동학년이 좋은 동학년이다.

자연스럽게 대화할 수 있는 분위기가 중요하다

동학년이 함께 이야기 나누는 것은 생활지도와 학습, 교육과정의 흐름 등 정보를 주고받고, 학년 내 중요한 일을 결정하며, 선생님들의 어려움을 줄이는 데 중요한 역할을 한다. 그래서 일이 생기면, 모임을 요청하고, 의논할 수 있는 분위기가 중요하다. 간혹 교실 내에 문제가 있을 때, 내향형-관계형 교사의 일부는 회의 모임 요청이나 함께 이야기 나누는 것이 폐를 끼친다고 생각해 주저하는 경우가 있다. 그러니 일주일에 30분 정도는 서로 이야기 나누는 특별한 시간을 따로 만들어놓자. 깊게 나눌 이야기가 없다면, 간단히 차라도 한 잔 마시면서 서로 위로하고 격려하는 시간을 잠깐이라도 꼭 갖는 것이 좋다.

이렇게 요청해서 모임을 갖기도 하겠지만, 따로 모여서 이야기하는 시간을 정해놓는 것도 좋다. 그리고 이런 분위기를 학년부장이 주도하면 좋다. '나눔 시간'이라고 이름 붙여보는 것도 좋다. 수업 고민과 경험을 나누고, 생활지도 문제에 대한 지혜를 나누고, 각자의 경험과 노하우를 나누자. 나눔은 서로의 존중이 담겨 있어 '강압'이나 '강요' 그리고 '강제'가 아니다. 그래서 모임은 민주적이어야 한다. 상대의 방식을 존중하고 서로 이야기하면서 약간의 조율을 만들어가자.

동학년 모임이 잘되지 않고, 각자 교실에서 무인도처럼 생활한다는 것은 모임 내에 '불편함'이 있다는 의미다. 학년부장이라면 특별히 이 부분을 잘 살펴봐야 한다. 동학년 속 불편함이 소통의 단절을 만들어 동학년 선생님을 더 힘들고 외롭게 만들기 때문이다.

일이 있을 땐, 양해를 구하고 일어나자

그리고 자주 모이거나 오랫동안 모이면, 피로도가 올라간다. 필요한 이야기만 나누자. 친목과 일상(사적인) 이야기를 나누는 시간은 따로 운영하자. 그리고 모임 도중에 일어나도 된다. 상담이 있거나 학급 내 일이 있을 때 편하게 양해를 구하고 일어나자. 반대로 누군가 나 때문에 자리에서 일어나지 못하고 말 못 한다고 생각해보자. 각 교실에 일이 있을 때 각자 양해를 구할 수 있도록 나부터 말하고 일어서자.

그리고 함께 맛있는 음식과 차를 즐기자. 음식은 서로를 친하게 만든다. 동학년 모두가 힘든 날엔 오후에 따뜻한 차를 함께 마시거나, 치킨이나 피자를 배달시켜 먹으면서 서로를 토닥거리는 것도 좋다. 가끔 학교 밖에서 식사하는 것도 좋다.

하지만 과함은 언제나 불편함을 만드니 밤늦게까지 술을 마시거나 친목을 강요하진 말자. 근무시간 외의 일은 각자의 선택이고, 그 선택은 존중받아야 한다. 내가 사정이 있는 것처럼 다른 사람도 사정이 있음을 기억하자.

불편함을 표현하자

때론 동학년 관계에서 고통이 생길 수도 있다. 특정 교원단체 가입을 강요하거나, 친목 모임이나 배구, 가끔은 종교를 강요하는 경우도 있다. 그리고 인터넷 물품 구입 등 사적인 부탁을 자주 하거나, 무엇이든지 트집을 잡는 가슴 속에 불만이 가득 찬 동학년 선생님이 있을 수도 있다. 무엇보다 동학년 모두가 똑같이 해야 한다며 개인의 개성과 자율성을 깨뜨리는 사람이 있을 때도 있다. 대부분 상대방의 입장을 공감하지 못하고, 자신이 좋아하고 끌리는 것에 남들도 그럴 거라 생각하는 착각이다.

이럴 땐 감정적으로 대처하기보다 대화로 속마음을 잘 전달해야 한다. 동학년 사이에 금이 가면 헤어지기 전까지 계속해서 힘들기 때문에 무엇이든지 초반에 잘 표현하고 해결해야 한다. 미소를 지은 뒤, "저에게 여러 번 함께하자고 해주셔서 진심으로 감사해요. 선생님은 저를 생각해서 나눠주고 싶고 함께하고 싶어서 그런 것으로 이해된답니다. 하지만 저는 끌리지 않아요. 이젠 제 마음이 불편해요. 저도 성인인데 편안한 눈으로 봐주세요. 그게 더 존중받고 이해받는 기분이에요. 양해 부탁드려요." "답답해서 저에게 도움 요청하는 거라 생각해요. 그래서 처음엔 진심으로 도와드리고 싶었는데, 여러 번 반복되니까 선생님의 어려움이 저에게 더해지는 느낌이 들어요. 선생님, 그 일 저도 힘들어요." 이렇게 말하면서 마음을 표현하자.

아무리 좋은 것도 소개하고 제안하는 것까지만 하자

반대로 나도 누군가에게 일을 너무 강요하거나 시키지 말고, 내가 좋다고 믿는 것을 상대방도 좋아해야 한다는 마음으로 강요하지 말자. 제안하고 소개하는 선에서 멈추자. 선택은 상대의 몫이다. 강요는 상대방이 틀렸다는 것을 전제로 한다. 동학년은 협력과 존중의 관계여야 한다. 일방적으로 상대를 평가하고 옳거나 그르다고 판단해서는 안 된다는 걸 기억하자.

내 노력으로 동학년 분위기가 좋아지지 않을 수 있다. 살아보니 동학년에게 받은 상처는 동학년에게 치유받게 되고, 때론 마음이 잘 맞는 동학년을 만나기도 하지만 때론 너무나 색깔이 달라 불편함이 생길 때도 있다. 그냥 그럴 수 있다고 생각하고 한 해를 보내보는 것도 좋다.

내가 학년부장 역할을 할 때, 가끔 서로 손을 잡고 "우리는 동학년입니다. 동학년이란 이름으로 어려움을 함께 이겨내겠습니다." "동학년이란 이름으로 함께 행복을 만들어 가겠습니다. 비난과 비판은 내려놓고 협력과 이해로 함께하겠습니다." 이렇게 함께 말하는 시간을 운영한 적이 있었다. 이 말을 함께하는 것만으로도 특별한 관계가 됨을 느꼈다. 정말 동학년이란 이름 안에서 여러 일을 잘 이겨내 보길 바란다.

이것만은 꼭!

✓ 좋은 사람이 동학년에 더 많다는 것을 기억하자.

✓ 다르다고 생각하고, 틀리다고 생각하지 말자.

✓ 작은 것도 이야기 나누고 서로 도움을 요청하자.

✓ 편하게 대화를 나눌 수 있는 동학년이 좋은 동학년이다.

✓ 모임을 요청하고 자연스럽게 대화 나눌 수 있는 분위기가 중요하다.

✓ 학년부장이 모임을 주도하면 좋다.

✓ 모임을 '나눔 시간'으로 만들어보자.

✓ 일이 있을 땐, 양해를 구하고 일어나자.

✓ 음식은 동학년을 가깝게 만든다.

✓ 친목과 퇴근 후 일정을 강요하지 말자.

✓ 동학년 속에서 날 힘들게 하는 사람이 있다면 불편함을 표현하자.

✓ 나누고 싶은 것은 소개하고 제안하는 것까지만 하자.

✓ 동학년이란 이름 안에서 여러 일을 이겨내 보자.

· 교과전담 교사 ·

교과전담 시간에
아이들이 달라져요

반 아이들이 교과전담 선생님 수업에서 떠들지 않을까 걱정이 돼요. 제 앞에서도 말썽을 많이 피우고 아무리 말을 해도 듣지 않는데, 교과전담 선생님 앞에서는 얼마나 더 심할까 싶어요. 힘들어도 제 앞에서 떠드는 것은 괜찮지만, 다른 선생님 앞에서 그런 모습을 보이는 건 창피해요.

아이들 지도가 힘들긴 하지만, 그래도 이전 해에 비하면 나름 괜찮게 학급을 운영한다고 생각했어요. 하지만 그러면서도 우리 반 아이들이 객관적으로 봤을 때 어떤 편인지 궁금해서 교과전담 선생님을 뵐 기회가 생겨 여쭤봤습니다. 그런데 교담 선생님께서 저희 반 애들은 힘없이 죽어 있는 것 같다고 하시더라고요. 제가 수업할 때는 떠들어서 힘들 정도로 활동적인데, 교담 시간에는 힘없이 앉아 있다는 이야기를 들으니 제가 뭔가 잘못하고 있나 하는 생각이 들었어요.

어떤 때는 반 아이들이 저랑 잘 있다가, 교담 선생님하고 생활할 땐 엉망으로 변할 때도 있어서 창피하기도 하고 지도가 어려워요. 또 어떤 교담 선생님은 무섭고 에누리가 없는데, 반 아이들이 저보다 그 선생님을 더 좋아한다는 말을 들으니 친절하게 대해준 제가 바보처럼 느껴졌어요.

그리고 저도 처음 발령받았을 때 잠깐 교과전담을 해본 적이 있어요. 교과전담을 하면서는 수업만 할 수 있어서 편하긴 했지만, 아이들의 문제 행동에 대처하기가 어려웠어요. 반마다 방식이 다 다른데, 저는 저만의 방식이 없어서 우물쭈물하다가 넘어가 버릴 때가 많았어요. 그리고 아이를 따로 불러 꾸중을 하고 싶어도 교담이기에 담임선생님이 신경 쓰였어요. 담임선생님에게 이야기를 해보기도 했는데 별 효과는 없었던 것 같아요. 한 아이는 수업에는 관심이 하나도 없고 다른 아이들을 방해하기만 했는데, 그냥 무시하고 넘어가는 것밖에는 딱히 방법이 없더라고요. 교담이기에 그 아이를 지속해서 보는 게 아니라는 사실에 위안을 삼아요 교과전담 선생님과 담임선생님 사이에서 아이들의 모습이 달라서 고민됩니다.

반 아이들이 교과전담 시간에 다른 모습을 보일 때가 있다. 담임 시간엔 차분하고 집중하던 아이들이 교과전담 교사(교담 또는 교담 선생님) 시간에 함부로 행동하거나, 반대로 내 시간엔 엉망인데 교담 시간엔 더 집중하고 차분할 때도 있다. 잘 살펴보면 만만한 선생님에게 아이들이 더 함부로 하는 경우가 많다. 담임이 만만하면 멋대로, 교담이 만만하면 멋대로 구는 아이들. 같은 아이들인데 교사가 누구냐에 따라 달라지는 것을 보면 가슴 한쪽이 콕 아플 때도 있다.

눈치 보는 아이들이 교담 시간에 돌변한다

담임 시간과 달리 교담 시간에 돌변한다면, '눈치 보는 아이들'이란 뜻이다. 눈치 보는 아이들은 강한 사람에겐 비굴하고, 약한 사람에게 비열해진다. 이런 경우에는 반 아이들의 경험과 감정을 이용해 선생님을 달리 대하는 것은 때론 선생님에게 상처 주는 일임을 이해시켜줘야 한다. 그래서 교담 교사를 대할 때와 나를 대할 때가 다르다는 사실을 알게 되면, 잠깐 이야기 나눠보는 시간을 갖는다. 반 아이들에게 각자 '차별' 당했을 때 경험과 감정을 이야기해보도록 한다. 그런 뒤 자신들이 선생님을 차별하는 것은 아닌지 돌아보게 한다.

이 정도도 효과가 있지만, 나는 더 깊게 느낄 수 있도록 간단한 역할극 기법을 활용한다. 간단한 상황을 재연해본다. 칠판 앞에 학생 2~3명을 세워놓고 '반 아이들'이라고 이름 붙여주고 오른쪽엔 '담임 역할의 학생' 한 명, 왼쪽엔 '교담 교사 역할의 학생' 한 명을 세워둔다. 반 아이들이 담임을 바라볼 땐 바르고 공손한 자세로 서 있게 하고, 교담 교사를 바라볼 땐 건방진 자세로 바라보고 말도 함부로 하게 한다. 그런 뒤 '담임 역할의 학생'에게 '달리 대하는 반 아이들'을 보면서 들었던 생각을 말해보도록 한다. 그리고 나서 (무엇보다 중요한) '교담 교사 역할의 학생'에게 담임에겐 친절하고 공손하지만, 자신에겐 함부로 대하는 반 아이들을 바라보는 마음이 어떤지 물어본다. 이렇게 담임의 눈으로도, 교담 교사의 눈으로도 불편하다는 것을 돌아보게 한다.

그런 뒤 모두를 바라보며 "너희는 차별을 당하고 싶어 하지 않는데, 지금 선생님과 교담 선생님을 대하는 모습은 일종의 '차별'이 아닐까? 더 친절하고 착한 선생님에게 감사한 마음으로 생활해야 하는데, 너희 모습은 선생님에게 상처를 주고 있는 건 아닐까?" 하고 말한다. 아이들은 침묵하고 내 말에 더 집중한다. 그런 뒤 '교담 교사 역할의 학생'에게 '반 아이들 역할' 아이들이 어떻게 하면 불편한 마음이 줄어들지 이야기해 달라고 부탁한다. 또는 반 아이들 모두에게 포스트잇을 한 장씩 나눠주고 교담 교사의 마음으로 반 아이들에게 부탁하는 말을 적어 칠판에 붙이게 한다. 그 말들을 모아 읽어주는 과정에서 어떻게 생활해야겠단 생각도 들고, 그 포스트잇을 바탕으로 교담 시간에 어떻게 하면 좋을지 간단한 가이드라인을 만들 수 있었다.

그날 아이들의 일기장을 보면, 교담 선생님 시간은 조금 더 편한 시간, 자유로운 시간이라 생각해서 좀 마음껏 했는데 그런 자신을 돌아보게 됐다는 이야기도 있고, 자신들의 행동이 '차별'일 수 있다는 것에 놀랐다는 글도 있었다.

교담 교사가 내 교실에 들어오는 것을 불편하게 생각하지 말자

가끔 교담 교사가 내 교실에 들어와서 교실 환경을 보거나 반 아이들의 생활지도 정도를 살펴보는 것을 불편하게 생각하는 담임도 있다. 하지만 교담 교사 입장에서는 분위기와 규칙이 반마다 달라서 어려움이 많다. 담임이 하는 말은 잘 듣지만, 교담 교사 말은 무시하는 등의 경험을 하면서 속상해하곤 한다. 이런 점들을 이해하고 너무 불편하게 생각하지 말자.

교담 교사가 집중된 수업을 할 수 있도록 도와주자

담임교사가 완벽한 교실, 완벽한 상태의 아이들을 준비시키는 것은 불가능하지만, 내 교실에서 교담 교사 수업으로 전환이 이뤄질 수 있도록 아이들을 차분히 앉히고 수업에 들어갈 수 있도록 준비시켜 놓자. 이것만으로도 교담 교사가 훨씬 수월하게 수업을 진행할 수 있게 된다.

내가 교담 교사로 생활했던 경험을 떠올려보면, 담임교사가 아이들을 집중시키고 기다렸다가 내게 넘겨준 반과 그냥 신나게 놀고 있던 반은 수업 분위기와 집중의 정도가 크게 달랐다. 이 외에도 음악을 들으며 나를 기다리도록 준비해준 담임도 있었고, 내게 잠깐 기다리라고 하고 반 아이들에게 몇 마디 당부와 함께 집중을 만들어놓은 뒤 나를 교실로 들여보낸 담임도 있었다. 수업 들어가기 전에 내가 특별히 알아야 하거나 당부할 것이 있는 경우엔 친절하게 메신저로 미리 알려준 고마운 분도 있었다.

다시 담임으로 생활하게 되었을 때는 교담을 할 때 좋았던 것을 떠올려 내 반 아이들이 교담 수업에 조금 더 집중할 수 있도록 운영하게 됐다. 아이들이 수업을 할 수 있도록 준비시켜두고 교실을 넘겨주고 수업이 끝난 뒤엔 수업 중에 특별한 일은 없었는지, 내가 알아야 할 것은 없는지 물어보고 "진심으로 감사합니다" 하고 인사드린다.

교담 교사가 있는 특별실로 갈 때는 반 아이들을 조용히 한 줄로 세워 차분히 데리고 가고, 자리에 앉는 것을 확인한 뒤 교담 교사에게 "잘 부탁드립니다" 하고 공손히 인사하고 돌아오면 된다. 혹시 시간과 에너지가 있다면, 끝날 때 특별실 앞에서 기다렸다가 수업 중 특별한 일이나 사건이 있었는지 물어보고 공손하게 인사하고 오자. 여유가 없다면 학교에서 사용하는 메신저를 이용해 오후에 이야기 나눠보는 것도 좋다.

특정 아이에게 교담 시간에 장난친 아이들을 적게 하지 말자

교담 교사 시간에 반 아이들이 잘했으면 하는 마음에 한 학생에게 '떠들거나 장난친 아이'를 적으라고 할 수도 있다. 하지만 그리 좋은 방법은 아니다. 무엇보다 이 방법은 '난 너희를 믿을 수가 없어'라는 메시지를 반 아이들에게 전달한다. 게다가 적는 아이는 떠들거나 장난친 것을 제대로 판단하는 기준이나 능력도 없다. 그리고 자기 이름이 적혔다는 사실을 알게 된 아이는 복수하고 싶은 마음이 들거나 될 대로 되라는 마음으로 더 멋대로 굴게 된다. 지적하고 꾸중하고 교정하는 것은 '담임'의 몫이고 영역인데, 학생들은 특정 학생이 담임처럼 구는 것을 싫어해 또 다른 갈등으로 이어진다.

지적하고 고자질하는 역할보다는 친구를 응원하고 격려하는 역할을 주는 게 좋다. 또래 상담사를 반에서 운영할 때 '친구가 교담 시간에도 더 잘 집중할 수 있도록 어떻게 하면 좋을까?'라는 주제로 상담사들이 서로 이야기 나누고 챙기는 것을 봤다. 이런 관점이 더 좋지 않을까? 우선 아이들을 믿고 "선생님 시간처럼 교담 선생님 시간에도 잘 집중하렴, 파이팅!" 하고 응원을 보내고, 정말 아이들이 잘하고 또는 내 시간보다 더 잘했다면 "정말 잘했구나!" 하고 칭찬해주자. 완벽하게 통제하려는 마음을 내려놓고, 반 아이들에게 '믿는다', '할 수 있다'는 메시지를 보내보자. 그리고 내 수업시간과 달리 교담 시간을 좋아한다면, 아이들에게 좋은 일이니 기뻐하고, 교담 교사가 나보다 잘하는 부분만 보면서 나를 초라하게 만들지 말자. 그 교담 교사도 잘되는 부분이 있고 잘되지 않는 부분이 있다.

교과전담을 해보면 수업 전문성이 생긴다

교담 교사를 해보면 수업 전문성이 생긴다. 준비한 '하나의 수업'을 여러 번 하는 과정에서 뜯어고치고 바꾸고 변형하면서 더 나은 수업을 고민할 기회를 갖게 된다. 첫 반에는 미안할 때도 있지만, 덕분에 그다음 반부터 조금 더 높은 수준의 수업을 제공해줄 수 있다. 수업에 관심이 있다면 교담 교사를 꼭 해보길 권한다.

교담 교사도 수업 중 문제가 생기면 즉시 개입하자

교담 교사에게도 나름의 어려움이 있다. 수업에 들어가는 교실이 내 반이 아닌 데다가 반마다 분위기와 시스템과 문화가 다르기 때문에 고민되고 어려운 순간들이 생긴다. 훈육을 하려는 순간 내 반이 아니기 때문에 멈칫하거나 담임교사에게 문제 상황을 인계하는 경우가 있다. 하지만 수업하는 그 시간만큼은 교담 교사가 책임지고 생활지도에서부터 집중, 문제 해결까지 확실히 해야 한다. 종 치는 규칙, 발표하는 방법 등 교담 시간만의 간단한 약속을 정하고 일관성 있게 적용하자. 정해진 시간만큼 내가 그 반의 담임이라고 생각해야 수업하는 교사에게도, 수업을 받는 학생들에게도 집중이 생긴다. 이게 되지 않으면 담임과 협력하여 풀어가야 한다.

제대로 처리하지 못하고 애매하게 담임에게 넘기면, 아이들은 순간 '담임 아래 교담 교사'라는 서열을 매긴다. 그러면 아이들은 자신들을 어찌하지 못할 거라 생각하고 교담 교사를 만만하게 보기도 한다. 그러므로 문제 상황이 생기면 그 즉시 개입해서 해결해야 한다. 앞의 수업 편에 나왔던 것처럼 "수업을 방해하는 특별한 이유가 있니?"라고 질문하거나 "선생님이 열심히 수업을 준비했는데, 방해받는 느낌이 들어 속상하구나"라고 감정을 말한다. 그런 다음 "어떻게 하면 좋을까?" "그 행동을 줄여줄 수 있니?" 하고 요청한 뒤, 쉬는 시간에 따로 불러 노력해준 것에 대해 잘했다는 말도 하고, 수업 방해 행위에 대해 꼭 집어 따로 이야기를 나눠야 한다. 그래야 다음 교담 수업 때 방해 행동이 줄어든다.

때론 아이들이 "담임선생님보다 교담 선생님이 좋아요!"라고 말할 때가 있다. 그 말을 듣고 뿌듯함이 들 수 있다. 하지만 내가 담임교사보다 더 나은 사람으로 아이들에게 인식되면, 그 반 아이들은 담임교사를 보면서 부정하고 싶고 부족하게 여긴다. 그래서 담임교사에게 함부로 할 수도 있다. 이 경우에도 아이들이 그렇게 말해준 것에 감사함을 갖지만, 모두가 다 소중하고 각자 잘하는 것이 있는 것처럼 담임선생님도 나도 각자 잘하는 부분이 있다고 이야기하면서 "담임선생님은 첫 번째 자리, 교담 선생님은 두 번째 자리에 놓아주렴" 하고 상기시켜주는 것이 좋다.

교담 교사를 해보자

교담 교사를 꼭 해보자. 수업도 그렇지만 여러 학생을 동시에 만나고 여러 반에 들어가다 보니 아이들을 또 다른 관점으로 이해할 수 있다. 수업에 몰입할 수 있는 상황에 이게 정말 '교사' 같다는 생각이 들 때도 있다. 그리고 교담 교사를 해보면 쉽지 않은 자리라는 것을 알게 된다. 담임이 아니기 때문에 더 수업을 준비하고, 담임이 감당하기 힘든 수업들을 해내기도 하고, 연속으로 에너지를 계속 써야 하기 때문에 (수업 강도를 과목과 주제에 따라 조절하는 담임과 달리) 녹초가 될 때가 많다.

그리고 교담이란 이유로 학교에서 부여받은 일도 많다. 혹시 교담 교사가 편하고 좋을 거라 생각한다면 편견을 내려놓으면 좋겠다. 내가 힘들수록 상대방의 고통은 보이지 않고 불합리하고 손해 본다는 생각이 든다. 담임은 담임대로 힘들고, 교담 교사는 교담 교사 나름의 어려움이 있다. 서로 비교하기보다 서로 응원하고 격려하고 이해하면서 생활하자. 담임을 하던 교사가 교담 교사로 가면 생각이 달라지는 것을 많이 봤다. 각자의 입장에서 각자의 눈으로 바라보기 때문에 그렇다. 될 수 있으면 서로 좋은 것을 보면서 위로와 격려를 나누자. 그래서 담임과 교담 교사가 서로 편하게 이야기 나누고 반 아이들의 성장을 위해 함께 하자.

교담 교사와 담임이 협력하는 구조를 만들자

나는 담임으로 생활하는 것도 좋지만, 교담 교사로 생활하는 것이 너무나 좋았다. 여러 반 아이들을 만나면서 즐거움을 만드는 일이 곧 학교를 즐겁게 만드는 일이라 생각됐다. 그리고 수업하다가 심리적으로 어려움이 보인 학생들을 발견하면 담임과 연계해 정보를 나누고 함께 그 학생을 다독이는 과정도 좋았다.

이때의 경험이 정말 좋아서 내가 담임을 할 때 특별히 살펴봐야 할 반 아이 몇 명에 대해 교담 교사와 가끔 마주 앉아 이야기를 나누며 아이의 성장을 위해 함께할 수 있는 일을 찾아보게 됐다. 교담 교사와 협력해 내 반을 조각해보자.

이것만은 꼭!

✓ 눈치 보는 아이들이 교담 시간에 돌변한다.

✓ 차별에 관해 이야기를 나누고 선생님을 차별하는 건 아닌지 돌아보게 하자.

✓ 교담 교사가 내 교실에 들어오는 것을 불편하게 생각하지 말자.

✓ 담임은 교담 교사가 집중된 수업을 할 수 있도록 도와주자.

✓ 특정 아이에게 교담 시간에 장난친 아이들을 적게 하지 말자.

✓ 교과전담 교사를 해보자.

✓ 교과전담을 해보면 수업 전문성이 생긴다.

✓ 교담 교사는 담임에게 의지하지 말고 수업 중 문제 상황에 그 즉시 개입하자.

✓ 교담 교사와 담임이 함께 반 아이들을 위해 회의하고 협력하는 구조를 만들자.

6장

업무

· 업무 파악과 처리 ·

제 업무가 무엇인지,
어떻게 해야 하는지 모르겠어요

학교에 처음 발령을 받자마자 업무를 어떻게 해야 하나 난감했어요. 교생실습 때도 업무는 배우지 못했거든요. 업무관리시스템에서 공문을 쓰고 결재를 올리고 하는 것 자체도 쉽지 않았어요. 옆 반 선생님께 여쭤봐서 했지만, 반려되어 다시 해야 했던 적도 많아요.

그리고 제가 맡은 업무를 어떻게 해야 하는지 전혀 모르니까 힘들었어요. 3월 첫날부터 전화벨이 쉴 틈 없이 울렸어요. 수업 중에도 급하다고 전화가 오는데, 일에 대해서 이해를 하지 못하고 있으니 전화로 요청하시는 것도 제가 잘 알지 못해서 알아보고 다시 연락해야 하는 경우가 많았어요. 일을 처리할 때도 어떻게 해야 하는지 잘 모르니 먼저 방법을 알아보는 데도 시간이 걸리고, 실제로 처리하는 과정에서도 시행착오로 인해 시간이 걸려서 수업에 지장이 되기도 했어요. 방법을 모르니 업무를 해야 할 때마다 이리저리 헤매느라 시간을 다 썼어요.

이전에 업무를 맡으셨던 분이 인수인계 자료를 주긴 했는데, 달랑 파일 몇 개만 있을 뿐 일에 대한 설명은 없어서 어디에 필요한 자료인지 이해할 수가 없었던 적도 많아요. 그리고 거기에 있는 일보다 없는 일도 많았고요. 이전에 하셨던 분에게 여쭤보는 것도 한두 번이지, 계속 그러기에는 죄송스러워요. 업무에 시간과 에너지가 너무 많이 들어가는데도 업무에 허덕이고 있는 저 자신을 보니 좌절감이 느껴요.

그런 상황에서 저를 더 힘들게 한 건 주변 몇몇 분의 질타였어요. 잘 몰라서 실수로 일을 놓치기도 하고, 과정에서도 실수를 해서 처리가 늦어지는 일이 많아서 저도 죄송한 마음이지만, 저에게 화를 내기도 하고 저책임을 묻기도 해서 힘들었어요. 자세한 매뉴얼이라도 있었다면, 이 정도까지는 아니었을 텐데 하는 아쉬움이 들었어요.

일 년간 헤매고 나서는 제가 맡은 업무에 대해서는 어느 정도 이해가 되었지만, 다시 새로운 업무를 맡는다면 똑같은 일이 반복될 것 같아서 두려워요. 수업과 생활지도에 무리가 없이도 업무를 잘 처리하는 좋은 노하우 없을까요?

학교에는 처리해야 할 업무가 많다. 그런데 일을 막 맡았을 때, 전 담당자가 제대로 인수인계해주지 않아 일이 파악되지 않으면 너무나 고통스럽다. 일을 해야 하는 순서와 처리 방법을 제대로 알려주지도 않았는데, 시간 내에 제대로 처리하지 않은 것에 대해 책임을 물을 때면 황당하고 화가 난다. 장난감 조립설명서처럼 자세하고 친절한 매뉴얼(설명서)이 꼼꼼하게 작성되어 제공되면 좋을 텐데 그렇지 못해 아쉽다. 그리고 매뉴얼이 있더라도 매뉴얼대로 처리되지 않거나, 매뉴얼이 무시되고 일이 처리되기도 해 속상할 때가 있다. 내가 해야 하는 일은 어떻게 파악하면 좋을까?

'인수인계의 날'을 운영하자

일을 어떻게 해야 하는지는 전 담당자와 만나 자세히 전달받는 것이 좋다. 일부 학교에선 업무 발표를 새 학년을 시작할 때 하지 않고 조금 일찍 발표한 뒤, 인수인계하는 날을 운영한다. 그날은 업무 인계서를 작성하고 전달해야 할 장부와 물품까지 챙기고 앞으로 해야 할 일을 꼼꼼하게 적은 뒤 다음 업무 담당자에게 전달한다. 만나서 이야기를 나누고, 일하면서 만들거나 모았던 여러 파일을 따로 USB에 담아 전달해준다. 전입할 교사(새로 올 교사)에게 전달해야 하는 경우엔 봉투에 관련 장부와 USB(또는 CD)를 담고, 당부하는 말과 연락처를 적어 넣어둔다. 내가 그랬던 것처럼 다른 누군가도 업무를 파악하는 것이 힘들 수 있음을 전제로 하고 최대한 친절하게 준비한다.

그리고 일정 기간(약 한 달) 전화와 메시지로 연락을 주고받기로 약속하는 것이 좋다. 내가 방송을 담당했을 땐 카카오톡의 영상통화를 이용해 방송 장비를 비추고 사용법을 레슨 받으며 이야기 나누는 것도 좋았다. 때론 이런 편리한 매체들을 이용해보자.

전 담당자와 꼭 만나거나 전화 통화를 해서 업무를 파악하자

하지만 대부분의 학교에는 이런 시스템이 구축되지 않았을 거라 생각한다. 업무 파악을 위해 전 담당자를 만나서 이야기를 나눠보자. 일을 하면서 어렵고 속상했던 것, 시간 흐름 순으로 해야 할 일, 일을 잘 처리하기 위한 요령을 물어보는 것도 좋다. 그리고 전 담당자가 일하면서 만들었던 여러 파일과 문서를 USB로 받아두자. 그런 뒤 자세히 알려준 것에 감사한 마음 담아 인사하자. 그리고 정말 힘들고 업무에 대해 감이 생기지 않을 때 도와달라고 하며 꼭 연락처를 받자. 완벽하게 일을 처리하지 못해 다음 사람을 위해 제대로 정리하지 못했다는 미안함과 죄책감이 있는 전 담당자도 있을 수 있으니 얼마나 고생했고 애썼냐며 덕분에 일을 잘 시작할 듯해 고맙다고 이야기하자. 좋은 관계를 유지하면 다음에 연락하기 쉽다.

무엇보다 내가 원치 않은 일을 맡았을 때 화가 날 수 있는데 그 상태로 이야기 나누지는 말자. 내 비언어가 소통을 단절시킨다. 업무를 받은 것에 화가 난 것이니 그 화가 전 담당자에게 가지 않도록 주의하면서 이야기 나누자. 그리고 한 번에 많은 것을 물어보는 것보다 자주 연락하는 것을 불편해하니 잘 모르는 부분들을 잘 정리하고 모아서 한 번에 물어보는 것이 좋다.

문서함에 들어가 내 업무 공문들을 읽어보자

오래전엔 공문을 일일이 출력해서 접수하고, 철해서 보관하던 때가 있었다. 그래서 문서 보관실에 가서, 새로 맡은 업무의 공문철을 빼 온 뒤, 지난 1~2년간 공문을 읽어보면 내가 어떤 일을 하는지 그리고 하게 되는지까지 파악할 수 있었다. 그리고 일을 할 때는 전 담당자가 했던 것을 기준으로 조금씩 바꾸고 보완해갔다.

만약 올해 내가 맡은 업무가 파악되지 않고 내 업무에 대한 '매뉴얼'이 없을 땐, 이런 방식으로 먼저 나이스-업무처리시스템에 들어가 문서보관함에 들어가자. 그리고 그 전년도 담당자가 접수하고 기안한 공문들을 열람해보자. 그러면 대략 어떤 일을 하는지 파악이 된다. 그리고 파일들을 따로 폴더에 보관하고 자세히 읽어봐야 할 것들은 출력해 철해두면 좋다. 비슷한 공문들이 비슷한 시기에 도착하고, 학교 내 행사도 그 틀에 맞춰서 해나갈 수 있어 좋다. 업무 인수인계를 받지 못하고 전 담당자를 만나지 못했을 때도 이런 방식으로 업무를 파악하면 좋다.

부장과 교감 선생님에게 물어보자

잘 모르는 일이 있을 땐 담당 부장에게 물어보자. 부장은 각 부서의 일이 원활하게 돌아가도록 지원하는 역할이지 대우받고 대접받기 위해 그 자리에 있는 것이 아니다. 그러니 잘 모르는 부분은 물어보고 도와달라고 하자. 괜찮다. 그리고 물어보지 않고 일이 제대로 처리되지 않아 생기는 불편함보다 부장의 시간을 약간 빼앗는 불편함이 낫다. 만약 부장이 화를 내거나 그것도 모르냐고 상처 준다면 표현해야 한다. "부장님이 경험도 많으시고 제 담당 부장님이라 물어봤는데 그렇게 말씀하시니까 상처받아요. 그러면 저는 누구에게 물어봐야 하나요?" "부장님이 그렇게 말씀하셔서서 속상해요." 이렇게 말해보고 어떻게 반응하는지 실험하고 관찰해보자.

그리고 교감 선생님에게도 물어보자. 교감 선생님도 그런 도움을 주기 위해 그 자리에 있는 것이다. 대접받고 대우받기 위해 그 자리에 있는 것이 아니니 어려워 말고 가서 물어보자. 그리고 도와달라고 하자.

누군가 질타하더라도 그냥 죄송하다고 하지 말고 표현해야 한다. "최선을 다하고 있는데 그렇게 말씀하시니까 상처받아요. 답답하신 건 이해되지만, 저는 이제 막 업무를 맡아 어려워요." "선생님, 많이 답답하시죠? 선생님들이 힘들어하실까 봐 최선을 다해서 일을 파악하고 다듬어가는데 그래도 어려워요. 저도 정말 답답한데 어떻게 해야 할지 모르겠어요. 혹시 도와줄 수 있으세요?" 표현해야 본인만 힘든 게 아니라 담당자도 힘들다는 것을 알게 된다.

내 불안함 때문일 수 있다

자주 물어보는 것은 일을 잘 처리하려면 당연한 것이지만, 때론 내 불안한 마음과 연결되어 있기 때문이기도 하다. 모든 것을 허락 맡아야 안심이 되는 어린아이처럼 내 일을 누군가에게 보고하고 OK가 되어야 안심되기 때문일 수도 있다. 완벽하게 일을 처리하지 않아도 된다. 대부분의 일은 정말 좋은 퀄리티를 원하는 게 아니라 그저 무난하게 처리만 하면 되는 경우가 많다. 혹시나 업무에 조금 문제가 생겨 그 당시엔 불편한 일이 생겼다 하더라도 시간이 지나면 기억하는 사람도 없다.

그리고 학교란 곳은 하나의 능력을 보여주면 하나의 업무가 돌아오는 곳이다. 나와 내 반 아이들을 위해서는 일을 적당히 하는 것도 중요하다. 내가 정말 일을 완벽하게 처리하면, 그 일이 고스란히 내게 찾아온다. 일을 시키는 입장에서는 일을 잘하는 사람이 그 일을 다시 하길 바라기 때문이다. 내가 어려움을 삼키고 내 시간과 에너지를 깎아가며 최선을 다해 해낸 일이 다시 나에게 돌아올 수 있다는 것을 기억하자.

그리고 완벽하게 일을 처리하려는 것은 사랑받고 싶고 인정받고 싶은 마음에서 기인할 수도 있다. 아이들을 위하는 것이라면 최선을 다해야겠지만, 행정과 서류작업 등 아이들과 거리가 좀 있는 일이라면 덜 완벽하게 해도 괜찮다.

다음 사람을 위해 파일과 자료를 잘 모아두자

내가 업무 파악이 되지 않아 힘들었던 것을 떠올리면서 다음 사람을 위해 자료를 모으고 약간의 매뉴얼을 준비해두자. 학교에서 진행되는 일은 시간에 따라 흘러가기 때문에 파일 이름을 '연-월-일-일의 종류-세부설명'으로 만들어놓는 것이 좋다.(예 : 2019-05-01-과학축제-학년안내자료) 그렇게 일 년 동안 일하면서 만든 파일만 한곳에 넣어두어도 다음 사람에게는 큰 도움이 되고, 내가 다시 그 업무를 맡았을 때도 수월하다.

일을 처리한 뒤엔 그와 관련된 설명을 바로 작성해 넣어두는 것도 좋다. 파일철 하나를 만들어 일하면서 어려웠던 것들, 일을 끝내면서 들었던 생각들을 조금만 써놓아도 좋다. 나는 방송부를 담당하게 되면서 전년도 담당 선생님이 방송 장비가 고장 날 때마다 어디가 어떻게 고장 났고, 해결했는지 기록한 것을 받고 감동했었다. 지금도 비슷한 부분의 고장은 계속되고 있지만, 그 선생님이 넘겨준 기록을 보면서 난감해하지 않고 문제를 잘 해결해가고 있다. 내가 받은 기록 뒤로 내가 만난 문제들과 해결 방법을 추가하여 적어주면서 나 또한 다음 사람을 위해 미리 준비하게 됐다. 무엇보다 학생들이 방송 장비를 켜고 방송하는 과정을 스마트폰으로 촬영해 나중에 그 영상을 보고 할 수 있도록 남겨두고 있다. 아마 다음 방송 업무 담당자는 나보다 더 쉽게 업무를 파악하지 않을까 한다.

이렇게 누군가의 약간의 수고는 다음 담당자에게 조금 수월함을 만들어주고, 그다음 담당자에게도 이어지니 매뉴얼이나 일 처리 방식에 대한 안내를 전달받지 못해 아쉬웠던 경험이 있는 사람이라면, 불평하거나 푸념만 하고 있지 말고 자신이 먼저 만들어주자.

완벽하지 않아도 된다

일이 잘 처리되지 않는다고 누군가 꾸중할 수 있고, 생각했던 것과 달리 일을 처리하는 데 조금 버벅댈 수도 있다. 그래도 '나는 최선을 다하고 있고, 잘하고 있다'고 나 자신을 다독이자. 그리고 모르는 것에 관해 물어보는 것을 어려워하지 말자. 생각보다 많은 선생님은 친절하고 잘 가르쳐준다. 그리고 꼭 전 업무 담당자가 아니어도 주변에 물어보는 것이 좋다. 교사들은 여러 업무를 거쳐온 경험이 있기 때문에 그 업무에 대한 지혜를 나눠줄 사람이 있다. 그리고 마지막으로 한 번 더, 완벽하게 하지 않아도 된다.

이것만은 꼭!

✓ 인수인계하는 날을 운영하면 좋다.

✓ 파일을 묶어 USB에 담고 여러 문서와 물건은 하나의 봉투에 담자.

✓ 전 담당자와 꼭 만나거나 전화 통화를 해서 업무를 파악하자.

✓ 연락은 자주 하기보다 잘 정리하고 모아서 한 번에 물어보자.

✓ 문서함에 들어가 지난 1~2년간의 내 업무 공문들을 읽어보자.

✓ 부장과 교감 선생님에게 물어가며 일을 하자.

✓ 자주 물어보면서 일을 하는 것은 내 불안함 때문일 수 있다.

✓ 일을 완벽하게 하면 그 일이 내게 다시 돌아올 수 있다.

✓ 세상엔 완벽한 일 처리는 없다.

✓ 다음 사람을 위해 파일과 자료를 잘 모아두자.

✓ 내 업무가 얼마나 힘든지 티를 내자.

괜찮아요.
선생님은 최선을 다했어요.

· 업무 과중과 거절 ·

업무가 너무 많아요
거절하고 싶어요

학교에서 업무를 하면서 힘들었던 점 중 하나는 제가 해야 할 업무 자체가 많다는 것이었어요. 처음 발령받았을 때는 어떤 업무가 있는지, 어떤 게 힘든 업무인지 아예 모르는 상태였는데, 젊은 사람이니까 잘할 것 같다며 일을 많이 주셨어요. 생활지도와 수업도 아직 익숙하지 않고 모든 게 새로운데, 그런 상황에서 업무까지 많으니 아이들에 치이고 업무에 치여서 하루 종일 정신이 없었어요. 업무를 하다 보면 퇴근도 늦기가 일쑤였어요. 다른 선생님들은 어떻게 업무를 그렇게 쉽게 처리하는지 대단해 보였어요.

한편으로는 저보다 경력이 많은 분들이 오히려 업무가 적어서 뭔가 맞지 않는다는 생각이 들기도 해요. 경력이 많아서 익숙할수록 경력이 적은 사람들이 하기 힘든 업무를 맡아주어야 하는 것이 아닌가 싶거든요. 연세가 정말 많으신 분들은 이해가 되지만, 그래도 전체적으로 뭔가 불공평하다는 느낌은 지울 수가 없어요.

업무 분장을 할 때도 희망 업무를 적어서 제출하긴 하지만, 젊다는 이유로 제가 쓴 것은 무시될 때가 많았어요. 그래서 제가 써내지 않은 전혀 다른 업무를 받게 되어 당황스러웠어요. 합리적인 관리자를 만났을 때는 사전에 소통하며 비교적 공평하게 업무를 분배했지만, 그렇지 않은 경우도 많았어요. 사전 조율 없이 업무가 결정되고 원치 않는 업무를 받게 되어 당황스러웠어요. 하지만 이미 결정된 상태이기에 제가 뭔가를 한다고 해도 바꿀 수는 없었어요.

한편, 업무 분장 과정에서 업무를 적게 받기 위해 관리자에게 자신이 원하는 대로 해달라고 계속해서 요구하는 선생님들도 있었어요. 그렇게까지 해야 하나 하는 생각이 들었지만, 그 결과로 그분들이 원하는 것을 얻어냈다는 것을 알게 됐을 때는 정말 허탈했어요. 그리고 열심히 하는 사람에게 오히려 일이 더 많이 주어지는 방식이라는 생각에 화가 나기도 했어요.

하지만 제 업무가 많다고 해서 그걸 줄여달라고 말하기도 조심스러워요. 제가 안 하면 누군가가 그 업무를 맡게 되고, 분위기상 제가 일을 많이 안 하면 젊은 사람이 일도 제대로 안 한다고 할까 봐 두렵기도 해요. 그래도 한번은 말해볼까 싶어서 다른 반 선생님께 어떻게 말하면 좋을지 여쭤봤는데, 학교 내에서 제가 그런 말을 할 위치는 아닌 것 같다고 하셔서 힘이 빠지기도 했어요. 업무를 공평하게 받고 업무로 스트레스받고 싶지 않은데 쉽지 않네요. 어떻게 하면 좋을까요?

학교에서 함께 근무하는 교사들에게 업무가 공평하게 나뉘면 좋겠지만, 공평함이란 이상적인 것이고, 실현이 거의 불가능하다. 어떤 업무를 맡더라도 쉬운 건 없다고 느껴진다. 내 업무는 힘들게 느껴지고, 다른 사람의 업무는 덜 힘들게 보인다. 사실 쉬운 업무는 없는데 내가 업무 때문에 힘들어질수록 외롭게 느껴지고, 내 고통이 내 몸과 마음을 누르고 있기에 다른 사람의 어려움과 고통이 보이지 않는다.

거절하지 못하면 더 많은 업무가 온다

일은 왜 하는 사람만 하게 될까? 여러 복합적인 이유가 있지만, 무엇보다 거절하지 못하기 때문이다. 내가 진행하는 집단 프로그램에 '관리자 입장 되어보기'라는 활동이 있다. 자꾸 일이 더해져 힘들어하는 교사를 위한 활동인데, 참가자 중 한 사람이 관리자 입장이 되어 판단 내리고 말을 해보기로 하고 의자에 앉는다. 급한 공문이 도착해 빨리 처리해야 하는 압박을 받는 상황이라 가정하고, 관리자로서 이 상황에서 어떤 생각이 드는지 물어본다. 그러면 관리자의 입장에서 마음이 불편해 일을 빨리 처리하고 싶다고 대답한다. 그 상태에서 두 명의 교사를 만나게 하는데, 한 명은 거절하지 못하고 일을 주면 넙죽 받는 유형이고, 다른 한 명은 자신을 선택한 것에 대해 고마워하지만 다음에 하겠다며 미소 지으며 거절하는 유형이다.

관리자의 입장에서 일을 넙죽 받는 교사를 보면서 어떤 생각이 드는지 물어보면, 자신의 어려움이 사라져 다행이란 안도감이 들고, 다음에도 어려운 일이 있으면 이 교사를 찾겠다고 답을 한다. 일을 받은 교사에게 가슴 깊게 감사함이 있냐고 물어보면, 그렇지 않고 자신의 일이 처리됐음에 안도하게 되었다고 말한다. 미소 지으며 거절하며 설득이 어려운 교사를 보면서 어떤 생각이 드는지 물어보면, 어렵게 자주 설득해야 하는 교사보다는 거절하지 못하고 그냥 'YES' 하는 교사를 찾아 일을 시키고 싶다고 말한다.

이렇게 관리자의 입장에서는 착하고 편한 교사가 일을 시키기에 좋다는 것을 알게 된다. 이처럼 친절하고 거절을 잘 하지 못하는 교사가 일을 더 받게 되고 힘들어한다는 것을 함께 확인하고, 각자 학교에서 관리자가 어려운 일을 부탁하면, 거절해보기로 했다. 거절은 어려웠지만, 시간이 지날수록 삶이 더 편해졌다는 공통된 이야기를 들려줬다.

그러니 내 몸이 힘들고 이미 감당하기 힘들 정도의 일을 하는 중이라면, 내가 어떤 상황인지 설명하고 끝까지 거절하자. 우선 내가 살아야 내 반 아이들과 생활할 수 있고, 내 삶도 지킬 수 있다.

학교 전체가 업무 때문에 허덕이는 것은 관리자의 책임이다

학교의 선생님들이 얼마나 힘들어하는지 알아차리는 것은 관리자의 공감 능력에 해당한다. 그런데 선생님들이 힘들어하는데도 전체적인 업무를 조절하지 못하고, 불필요한 일을 고집하고, 더 많은 일을 부여한다는 것은 그들이 자신의 삶을 쥐어짜고 희생과 학대를 하는 패턴을 지니고 있기 때문이기도 하다.

또한 관리자의 불안감 때문이기도 하다. 불안해서 뭔가를 쉽게 없애지 못하고 유지하려 하고 더 늘리려 한다. 학부모의 눈치를 보고 교사들의 희생을 토양 삼아 자신이 박수를 받으려는 경우도 있다. 관리자의 내적 건강함에 따라 업무가 많아지고 적어지는 것 또한 안타까운 일이다.

학교에서 근무하는 동안 여러 관리자를 만났는데, 같은 일에도 대처 방식이 달랐다. "교육청에서 온 것은 모두 다 진행해야 합니다!"라고 지시했던 관리자가 있었고, "그거 조금 안 한다고 큰일 생기지 않으니 요 몇 가지는 없애버립시다!"라고 선을 그어준 관리자가 있었다. 어떤 관리자는 선생님들이 소진되어도 주어진 일은 완벽히 처리해야 한다고 하는 경우도 있었고, 반대로 선생님이 소진되면 안 되니 일을 적당히 하라며 다독이던 관리자가 있었다. 교장의 진동이 교감에게, 그리고 교감의 진동이 부장과 각 학년으로 전달되는 것을 보며 관리자가 어떤 마인드를 갖고 있느냐에 따라 학교에 일이 많거나 적어지는 것을 볼 수 있었다.

표현하지 않으면, 얼마나 힘든지 모른다

그래서 내 업무가 힘들고 동료 교사들이 힘들면 함께 모여서 의견을 말해야 한다. 내가 업무 때문에 힘들고 어려운 상태라면, 주변 사람들에게 표현해야 한다. 남에게 피해를 주지 않기 위해, 내가 조금 더 완벽한 교사로 보이기 위해, 감당하기 힘든 업무를 맡고 있음에도 미소 지으며 괜찮다고 말하며 혼자 끙끙대는 교사들이 있다. 그러면 남들은 내가 얼마나 힘든지 모른다. 감당할 정도라 생각해서 오히려 또 다른 일이 부여되기도 한다. 표현해야 그들도 나를 배려한다. 얼마나 힘든지 표현하지 않으면 다른 사람들은 알지 못한다. 그리고 내가 표현하지 않으면 다음 사람이 이 업무를 맡았을 때 관리자가 "○○은 말없이 잘만 했는데 선생님은 왜 그래요?"라는 말로 상처를 줄 수 있다. 내가 감당하기 힘들다면, 다음 사람도 감당하기 힘들다고 생각하자. 그러니 힘들다면 당장 업무를 조금씩 줄여서 그렇게 줄어든 업무를 다음 사람에게 흘려보내 주는 마음이 우리 모두에게 필요하다.

힘든 것을 표현할 땐 감정적으로 표현하기보단 일을 처리했을 때마다 생각과 느낌을 잘 적어서 회의 시간에 이야기하고, 연말 교육과정 반성 때 말하자. 각자가 자신의 업무에서 도망가기보다는 학교 구성원 모두가 각자의 업무를 줄이는 방법을 함께 만들어가야 한다. 늦은 시간까지 남아서 일을 하고 있다면, 이미 업무가 과한 것이다. 교사의 삶의 많은 부분을 깎아내야 한다면, 그건 부당한 것이고, 그 희생의 결과가 정말 가치 있는 것인지 함께 돌아봐야 한다. 혼자서 바꾸기에는 무리가 있으니 주변 사람들과 이야기 나누고 조언을 받고, 혼자가 아닌 여럿이 함께 바꿔나가자. 그게 나도 좋고 동료도 좋은 일이다.

저 경력 시절 받은 상처 때문에 업무가 두렵다

이미 선배들은 업무 때문에 상처받고 트라우마를 겪은 경험이 있다. 그래서 두렵다. 또다시 상처받는 일은 고통스럽기 때문에 새 학년이 되고 업무를 배정받을 때면 내가 일을 잘할 수 있는 곳이 아닌, 상처를 덜 받을 곳을 찾는다. 그래서 덜 상처받을 곳에 먼저 자리하고 안도의 한숨을 쉬고 웅크려 있는다. 전입 교사나 저 경력 교사들에게 힘든 업무가 가는 것을 보면서도 본인이 나서서 "제가 해볼게요!"라고 말하지 못한다. 상처받았던 경험이 두려움을 만들기 때문이다. 그래서 선배들은 크고 중한 업무를 경력자와 그 학교에 오래 근무했던 사람이 해야 함을 알면서도 피한다.

이런 일이 발생하는 것은 학교에서 교사를 보호해주지 못하기 때문이다. 관리자가 교사를 보호해주고 고생한 일에 수고했다고 다독여주면 좋으련만, 이런 건강한 관리자를 만나기가 쉽지 않다.

모든 교사가 상처받지 않고 자부심을 갖고 자기 일에 뿌듯함을 가지면 좋을 텐데 민원과 비난이 두려워 웅크리게 됐다. 이런 분위기에서 저 경력 교사들은 선배들이 감당하지 못하는 어려운 업무를 맡게 된다. 그리고 그 안에서 상처받게 되고, 그들이 경력 교사가 되면 우선 내가 먼저 살아야겠다는 생각에 덜 상처받는 업무를 희망해 맡는 악순환이 생겼다. 사실, 이런 상황을 보면서 선배들도 부끄럽다. 하지만 어떻게 해야 할지 모른다. 저 경력 교사들이 외롭고 힘든 것처럼 그들도 과거에 그랬다.

점수제를 운영하는 것도 좋다

특정 지역과 학교에서는 점수제를 운영한다. 6학년과 1학년은 6점, 4학년은 4점 등 학년별 점수가 있고, 근무 경력에 따라 월별로 0.2점씩, 부장을 한 사람에겐 2점, 비부장은 1점 등 구성원이 회의를 해 점수를 정해놓았다. 그리고 각자 자신의 점수를 기준으로 학년과 업무를 1지망부터 5지망까지 써서 제출하는데, 업무와 학년을 배정할 때 철저하게 점수를 기준으로 희망자부터 채워나간다. 인사위원회는 누군가의 정치 행위가 끼어들지 않도록 그 과정을 지켜본다. 각자 학교에 기여한 만큼 받은 점수이니 이 점수를 기준으로 업무를 정하면 크게 상처받는 사람이 없었다.

저 경력 교사가 교직 초반에 상처를 받아 앞으로 다가올 교직 생활을 두려워하지 않도록 3년 이하의 교사는 부장이나 학교폭력 등 어려운 업무를 하지 않게 회의를 통해 만들어놓은 곳도 있고, 부장은 모두가 돌아가면서 한 번씩 한다는 등 회의를 통해 힘든 일이 한 사람에게 몰리지 않도록 조절하는 곳도 있다.

이 모든 것은 구성원들이 함께 회의하고 모두가 덜 상처받고 어려워지지 않도록 만들어갔기 때문에 가능했다. 그러니 여러 학교에 전화하고 선생님들을 만나보면서 업무 때문에 학교 전체 선생님이 상처를 받지 않는 방법을 하나씩 배워보고 회의를 통해 조금씩 바꿔나가자.

어려운 업무를 제안받으면, 바로 답을 하지 말고 일단 물러나자

나에게도 오랫동안 일이 따라다녔다. 과학부장, 정보부장, 6학년 부장을 하면서 방송부를 운영한 해가 있었다. 퇴직을 앞둔 경력 교사가 많은 곳에 전입하면서 업무로 삶이 휘청거렸다. 며칠 밤을 새우며 만든 영상은 관리자의 입맛에 맞지 않아 바로 처분된 일도 있었고, 동학년 모두 그 학교의 4년 차 교사인데 전입인 내가 부장을 하면서 곤란한 점도 많았다. 끝내 추갑판 탈출증으로 병원에 입원하고 몸이 아파지자 그제야 내게 과한 업무를 줬다는 것을 알아차렸고 다음 해엔 업무가 여러 사람에게 분산됐다. 그리고 나에게는 교과전담으로 내 재능을 살려 학교를 즐겁게 만드는, 나와 맞는 업무가 주어졌다.

새로운 학교에 갈 때면 내게 과한 업무를 부탁하기도 하고 부장을 맡아달라고 요구한다. 그때마다 "학교에 대해 이해가 전혀 없는 사람이 부장을 하면 동학년도 힘들고 부장을 하는 사람도 힘듭니다. 그러니 2년 뒤에 부장을 하면 어떨까요?"라고 하거나 "이렇게 많은 선생님이 있는 곳에서 부장이 비어 있다는 것은 이전 부장들이 수고했다는 말을 듣지 못하고 어려운 일을 처리한 것에 대해 다독임을 받지 못했기 때문이라고 생각합니다. 그래서 쉽게 하겠다는 말을 못 하겠습니다"라고 이야기하면서 피한다. 그런 뒤, 학교를 파악하면서 내가 학교근무 경력자가 됐을 땐, 정말 내가 이 학교와 아이들에게 기여할 수 있는 일을 찾고 지원한다.

앞에서 말했던 것처럼 관리자는 지금 당장 일을 해결하고 싶어서 어려운 업무를 제시할 수 있다. 그런 경우에도 바로 답을 하지 말고 "조금 생각해 보겠습니다" 하고 일단 그 자리를 떠나자. 그런 다음 할 말을 준비하고 주변 사람과 시뮬레이션을 해본 뒤, 그래도 할 수 없거나 부담스럽다고 생각되면 돌아가 생각과 마음을 표현하고 거절하자.

정치하는 교사가 아니라 감사를 표현하는 교사가 되자

마지막으로 정치하는 교사는 되지 말자. 사람을 조정하고 관리자를 조정하면서 '나만 괜찮으면 돼!' 라는 마음보다 '함께 괜찮아야 한다' 는 생각을 갖자. 선배라면 어려운 일이 후배들에게 가지 않도록 한두 해는 어려운 일을 좀 해주면서 일을 알려주자. 그리고 충분히 어려운 일을 해낸 뒤에는 미안해하지 말고 내가 하고 싶은 업무와 만나고 싶은 학년의 아이들을 만나보자.

업무 전담팀이 있는 학교에선 업무를 전담하는 사람들이 얼마나 큰일을 해주고 있으며, 각자의 어려움을 겪고 있는지 살펴보는 것도 좋다. 어떤 업무든 업무 전담팀 누군가 우리에게 일 협조를 구할 때면 "애쓰시네요", "덕분입니다", "고맙습니다" 등 그들의 고생에 감사함을 표현하자.

이것만은 꼭!

✓ 내가 업무 때문에 힘들 때는 다른 사람의 어려움이 보이지 않는다.

✓ 거절하지 못하면 더 많은 업무가 온다.

✓ 관리자도 어려움이 있어 빨리 해결하고자 하는 마음에 거절을 잘하지 못 하는 교사에게 부탁한다.

✓ 학교 전체가 업무 때문에 허덕이는 것은 관리자의 책임이다.

✓ 학교 내 대다수 교사가 업무 때문에 힘들어한다면, 학교 전체 선생님이 의견을 모아 함께 바꿔야 한다.

✓ 표현하지 않으면, 내가 얼마나 힘든지 사람들은 모른다.

✓ 힘들지 않게 보이면, 또 업무가 돌아온다.

✓ 모두가 함께 각자 업무 중 불필요한 것을 줄이는 노력이 중요하다.

✓ 저 경력 시절 받았던 상처가 경력 교사가 됐을 때 업무를 두려워하게 만든다.

✓ 관리자들이 본인 입맛에 맞게 배치하기보다 점수제를 운영하는 것도 좋다.

✓ 어려운 업무를 제안받았을 때, 바로 답을 하지 말고 약간의 시간을 두고 거절 방법 등을 시뮬레이션해보고 나서 대화하자.

✓ 정치하는 교사가 되지 말자.

✓ 서로 감사함을 표현하는 교사가 되자.

거절해도 괜찮아요.

· 성장과 승진 ·

교사로서 더욱 성장하고 싶어요

지난 몇 해 동안 나름대로 연수도 듣고 제 삶의 많은 부분을 교사로서 성장하기 위해 노력했지만, 예전 그대로인 것 같아요. 어떤 선생님은 교실을 적당히 신경 쓰면서도 자기 삶을 살고 계시는데 저에게는 그게 너무 어려워요. 그리고 선배들을 봐도 단순히 경력이 쌓인다고 해서 더 나은 교사로 성장하는 것 같지는 않았어요.

주변에서도 '애들 가르치는데 뭐 특별하게 할 거 있냐' 하는 시선이고, 열심히 노력해서 장학사도 하고 교감, 교장도 하라는 식으로 이야기를 해요. 그리고 지금부터 점수 잘 쌓아놔서 나중에 후회하지 말라고 하는 선배들의 이야기도 많이 들었어요. 동년배인 다른 교사가 교감, 교장이 됐는데 그때도 여전히 평교사로 있으면 얼마나 창피하겠냐고 하더라고요.

승진을 위해서 아이들에 신경을 쓰기보다는 승진 점수에 더 관심을 가지고 생활하시는 분들도 있었어요. 저는 발령을 받을 때는 승진에 마음이 없었는데, 주변에서 승진 이야기를 하니 저도 승진을 해야 하나 하는 생각도 들어요. 하지만 교사에서 벗어나기 위해서 교사 생활을 한다는 것이 뭔가 이상하고 불행해진 느낌이 들었어요.

한편으로 대학교 친구들을 보면, 이미 대학원에 진학해서 세부 전공을 찾아가는 친구도 있어요. 다들 뭔가를 하니 저도 뭐라도 해야겠다는 불안감에 대학원 모집 요강도 살펴보지만, 제 마음에 끌리는 것은 없었어요.

그리고 어떤 선생님은 자기 취미활동을 우선으로 하는 분들도 계세요. 자기 삶을 즐긴다는 점은 좋아 보이는데, 아이들에게는 신경을 덜 쓰는 것 같아서 저는 그런 삶의 방식이 그다지 끌리지는 않았어요. 갈림길 사이에서 고민이 많이 돼요. 어떻게 하면 제가 성장하는 데 조금 더 나은 길을 찾아갈 수 있을까요?

사람들에게 인정받고 존경받고 싶은 마음은 당연하다. 그래서 교사로 생활하면서도 교직 사회 안에서 더 나은 자리와 위치로 가기 위한 방법들을 찾는다. 이런 마음은 자연스럽게 성장 욕구로 이어진다. 그래서 대학원을 가거나 여러 배움의 장소를 찾아가거나 때론 승진에 끌리곤 한다. 이를 잘 살펴보면 '더 공부하고 싶고, 배우고 싶고, 도전해보고 싶다'와 '남들이 하는데 내가 안 하면 불안하니 하고 싶다' 로 나눌 수 있다.

내 마음속 불안감이 작동하다

가끔 대학원 진학 시점에 대해 고민하는 후배들을 만나는 경우가 있다. 자신의 동기들이 대학교를 졸업하자마자 대학원에 진학한다는 소식을 들으면, 자신은 이미 늦은 건 아닌지 그리고 뒤처지는 것은 아닌지 걱정했다. 남보다 뒤처지지 않기 위해 대학원에 가는 것은 내 마음속 불안감이 작동해서 그런 것이니, 정작 대학원에 진학하더라도 크게 감동이 생기지 않는다. 물론 대학원에 가서 정말 자신의 적성에 맞는 공부를 하는 교사도 있다.

근무하는 학교에 대학원을 졸업한 교사들이 있을 것이다. 그들과 이야기를 나눠보고 대학원이 현재의 삶에 어떻게 작용하는지 대화를 나눠보면 좋다. 학위가 생기고 어려운 논문을 써냈음에 뿌듯함은 틀림없이 있겠지만, 자신의 전공에 대해 자랑스러워하기보다 거쳐 가는 관문으로 생각하는 사람도 있다. 그리고 전공이 학교 현장과 자기 삶에 크게 연결되지 않는 사람도 많다.

나는 대학교 졸업 후 7년이 된 해에 대학원에 진학했다. 서울 대학로쪽 한 연극 워크숍에 참여했다가 옆자리 선생님에게 '연극치료' 과가 있다는 것을 듣고 대학원을 알아보기 시작했다. 그리고 그 즉시 준비해서 (원광대학교 동서보완의학대학원) 예술치료학과 무용연극치료 전공을 했다. 그곳에서 '심리극' 치료기법을 만났고, 학회에 가입해서 자격과정을 밟았다. 내 상처를 치료하기도 했고, 폐쇄 병동에서 실습도 경험했고, 내 삶과 가정도 바뀌었으며, 이젠 내가 선생님들의 마음을 다독거리는 집단 워크숍을 진행할 수 있게 됐다. 그 모든 과정이 내게는 즐거움과 감동이었다.

대학교 졸업하고 바로 대학원에 진학하는 것도 장점이 있겠지만, 나처럼 조금 천천히 진학해도 늦지 않다. 다양한 워크숍과 연수에 참여해보면서 마음에 끌리는 것들을 학교에서 실험하고 생활하다가, 정말 내 심장을 두근거리게 만들고 더 공부하고 싶은 분야가 보인다면, 그때 대학원에 진학해도 좋다. 그러면 대학원 공부도 내가 하려는 일에 동력이 되고 공부 자체도 즐거움이 된다.

교사로 생활하면서 다른 분야의 전문가가 될 수 있다

다른 직업을 꿈꾸다가 부모의 조언에 자신의 꿈을 내려놓고 사회적인 안정감 등 다양한 이유로 교직에 들어선 후배들을 가끔 만나게 된다. 이들 중 일부는 학교에서 근무를 하지만, 끊임없이 다른 직업을 꿈꾸고 교사란 직업을 사랑하지 못한다. 어려운 일을 만나고 학교 환경이 힘들 땐 더욱더 교사라는 현재의 직업에 불만족감이 올라오고 과거로 돌아가 '다른 선택을 했더라면 내 삶은 어땠을까?' 생각한다.(그리고 일부는 정말 그만둔다) 그래서 뭘 해도 행복하지 못하다.

그럴 땐, 내가 하고 싶었던 일들을 학교 안에서 실현해보도록 살짝 시선을 바꿔보면 좋다. 내가 좋아하고 사랑하는 일을 교사로 생활하면서도 얼마든지 할 수 있다. 가수가 되고 싶다면, 교사로 근무하면서 보컬학원에 다니고 노래를 작곡하고 유튜브에 뮤직비디오를 올리고 음원을 내면 된다. 학교 현장의 감동이나 부조리를 노래나 랩으로 표현하면서 독특한 장르를 만들어갈 수 있다. 작가가 되고 싶다면, 교사로 근무하면서 글쓰기 학원에 다니고 동화나 웹툰을 창작해 웹과 포털사이트에 올리고 출판해보자. 무엇보다 학생들을 관찰하며 알게 되는 수많은 이해와 통찰이 글과 그림에 녹아 들어가 더 특별한 생명력을 만들어낼 수 있다. 춤을 추는 것에 관심이 있다면, 교사로 생활하면서 퇴근 후의 시간과 주말을 활용하자. 충분히 배우고 연습할 시간이 있고, 주말을 이용해 공연 활동과 여러 워크숍에 참여할 수 있다. 그리고 학교에 작은 동아리를 만들어 학생들에게 흘려보내 주고 그들 중 일부가 춤을 더 사랑하게 해줄 수도 있다. 이렇게 학교 안에서 내가 꿈꾸던 것들을 실현할 수 있는지 찾아보자.

내가 학교에서 오케스트라를 운영하고 지휘를 하던 시절의 제자들이 음대에 진학했고, 뮤지컬 제작을 할 때 제자의 일부는 연극영화과에, 방송부를 운영했을 때 제자 중 한 명은 PD가 되기 위해 방송연출과로 진학하는 것을 경험했다. 내가 관심을 가졌던 분야가 반 아이들의 진로에 영향을 주는 것은 특별한 경험이었다. 그래서 교사가 공부로만 아이들에게 직접적인 영향을 주는 게 아니구나 하는 생각을 하게 되었다.

내가 관심 갖고 좋아하는 분야가 있다면, 혹시 그 분야에 소질이 있는 아이도 있을지 모르니 교육과정 재구성과 특별활동 등을 이용해 흘려보내 주자. 교사가 뭔가를 좋아하고 사랑하면 반 아이들은 그 열정을 알아차리고 함께 꿈꾸게 된다. 학교는 공부만 가르치는 곳이 아니라 삶을 바라보는 눈과 마음을 아이들에게 흘려보내는 곳이기도 하니 내가 좋아하고 꿈꾸는 것을 더 사랑하고 지속해서 가꿔 가보자.

승진을 해야 하는 특정 유형의 사람들이 있다

승진 때문에 고민인 후배도 많다. 승진하지 못하면 무능력한 교사가 되는 건 아닌지 걱정한다. 경력이 있는 교사들도 동기나 아는 사람이 장학사가 되고 교감으로 발령 났다는 소식을 들으면 자신이 초라해 보일 때도 있다. 사실, 이 부분은 남에게 내가 어떻게 비치는지에 대한 것이기에 내 자존감과 연결되어 있다. 각자의 삶을 존중하고 내 삶 또한 아름답고 가치 있다고 생각하면, 어디에서 무엇을 하든지 마음에 평온함이 자리한다. 승진과 관련된 여러 일과 소식이 내 마음을 콕콕 찔러대는 불편함이 생겨 승진에 끌리는 것이라면 '승진'이 문제가 아닐 수 있다.

성격 유형을 공부하다 보니 승진해야 행복하고 그 위치에서 남을 돕고 지켜주는 일에 끌리는 유형이 있었다. 자연스럽게 그 위치에 가기 위해 승진을 선택하고, 실제 그 위치에 가면 듬직하고 학교에 따뜻한 진동을 만드는 것을 볼 수 있었다. 하지만 그와 달리 남과 비교해 내가 이룬 것이 없어서, 뒤처지기 싫다는 열등감과 불안감에서 출발해 승진 과정에서 고통받는 사람이 있다. 내 워크숍에 참여했던 장학사와 연구사, 관리자들의 이야기를 들어보면, 학부모들의 황당한 민원에 그들도 고통받고 있었다. 그들은 부모로서 자녀에게 더 나은 모습을 보여주기 위해 승진의 길을 선택했는데, 그 과정에서 자신의 부재 등으로 자녀에게 불안감과 외로움을 흘려보낸 것을 후회했다. 그들의 자녀 일부는 심리적으로 불안정해 은둔형 외톨이나 분노조절장애에 빠진 경우도 있었다. 승진했음에도 퇴직 후 사람들에게 존중받지 못하고 외톨이가 된 이야기도 접한다.

승진이 진정한 성공일까에 대해 생각해볼 필요가 있다. (관리자 편에서 이야기했지만) 불안감과 열등감, 수치심에서 출발한 승진은 관리자가 되어 대접받고 싶고 권위를 세우는 행위와 연결돼 있기도 하다. 세상엔 다양한 길과 행복이 있으니 세상의 많은 사람을 만나보고 어떻게 삶을 즐겁게 살아가는지 관찰하고 배워보자. 만약 경력자라면 내 업무를·줄이고 어려움에서 탈출하기 위해 "난 승진 안 할 거니까, 이런 일 안 할 겁니다"

라는 말로 후배들에게 일을 몰아주지 말고 때론 필요한 순간에 도움을 주고 지혜를 나눠주자.

그러니 승진을 생각하고 있다면 너무 성급하게 하기보다 주변 사람들을 돕고 다독이면서, 무엇보다 내 가정을 희생시키지 않으면서 천천히 가보자.

좋아하는 것을 꾸준히 오래 하면 전문가가 된다

심리극을 전공하고 심리치료자격을 얻기 위해 가는 길이 쉽지 않았다. 걸리는 시간과 공이 어마어마했다. 시작부터 기가 죽어 있던 나에게 지도교수님은 가장 마지막까지 남은 사람이 그 분야의 전문가라는 이야기를 해줬다. "아무리 힘들어도 남아 보세요"라는 말을 듣고 꾸준히 과정을 밟아갔다. 이수 시간을 채워야 했고, 들여야 하는 돈도 많았다. 폐쇄병동에서 실습해야 했고, 내 상처를 수많은 사람에게 드러내야 할 때도 많았다. 그래서인지 24명이 함께 시작했지만, 모두 포기하고 나와 동기 한 명이 2년 만에 2급을 취득했다. 그리고 다시 2년 뒤엔 나 혼자 1급을 취득했다. 그 뒤로 혼자 수련감독급을 묵묵히 밟아가다가 상처받은 교사들을 위로하기 위해 성장교실을 열게 됐다. 그리고 그 안에서 나는 또 다른 성장을 하고 있다.

돌아보면 내 모든 전문적인 분야는 10년 넘게 꾸준히 해온 것들이다. 뭐든 꾸준히 오래 하다 보면 전문가가 된다. 그리고 다른 사람에게 존경을 받고 존중을 받게 된다. 이게 진리다. 내 가슴을 뛰게 하고 내가 좋아하는 일이 있다면, 그 일을 꾸준히 오랫동안 아끼고 사랑해보자. 그리고 주변에 나눠주자. 그러면 자연스럽게 전문가가 된다. 세상엔 여러 길이 있으니 주변 사람 몇 명이 하는 말에 흔들리지 말고 내가 좋아하는 것을 꽉 잡길 바란다.

이것만은 꼭!

✓ 성장과 승진에 대한 마음은 두 가지로 나뉜다. (더 공부하고 싶고, 배우고 싶고, 도전하고 싶다 + 남이 하는데 내가 안 하면 불안하고 창피하다)

✓ 남보다 뒤처지지 않기 위해 가는 대학원은 내 마음속 불안감이 작동한 것이다.

✓ 대학원을 졸업한 사람들이 취득한 전공을 어떻게 사용하는지 확인해 보자.

✓ 천천히 기다렸다가, 정말 공부하고 싶은 것을 만난 뒤에 진학해보자.

✓ 교사로 생활하면서 다른 분야의 전문가가 될 수 있다.

✓ 승진을 해야 하는 특정 유형의 사람들이 있다.

✓ 열등감과 불안감에서 출발한다면 주변을 잘 돌아보고 챙겨야 한다.

✓ 승진 또는 승진 안 함을 무기로 삼지 말자.

✓ 좋아하는 것을 꾸준히 오래 하면 전문가가 된다.

스트레스를 관리하는
좋은 방법이 있나요?

학생 생활지도에 업무 처리를 하다 보면 스트레스를 너무 많이 받아서 힘들어요. 하지만 힘든 점을 딱히 마음 터놓고 이야기할 사람이 없어요. 교사가 아닌 주변 친구들과 이야기를 나눠보면, 그 친구들이 하는 일에 비하면 제가 하는 일은 편한 것 같아서 말도 못 꺼내겠더라고요.

학교에서는 각자의 일에 바쁘다 보니 이야기 나눌 사람을 찾기가 힘든 것 같아요. 동학년 선생님들이 모인 자리에서 토로하면 잠시 기분이 나아지는 것 같지만 그때뿐이에요. 그리고 깊은 이야기를 하기에는 동학년도 한계가 있는 것 같아요. 교사 친구들에게나 터놓고 이야기하는데, 그래도 큰 도움이 되지는 않았어요. 그러다 보니 다른 사람들에게 쉽게 이야기하지 못하고 혼자 삭히는 것도 많아요.

그렇게 스트레스가 쌓이고 몸이 피곤하다 보니 퇴근 후나 주말에 힘들어서 밥 먹고 하루 종일 잠만 잘 때도 많아요. 때때로 학교에 해결해야 할 일이 있을 때는 그 일을 마음속에서 쉽게 없애지 못하고 속앓이하느라 잠을 설칠 때도 많아요. 힘든 아이들, 업무, 동료 선생님들과의 관계에서 하나씩 생긴 스트레스가 제때 풀리지 못해서 누적되는 것 같아요.

그래서인지 교실에서 꽤히 작은 일만 생겨도 저도 모르게 그 순간 아이들에게 화를 내게 돼요. 하지만 화를 내고 난 뒤에 생각해보면 아이 입장에서는 충분히 그럴 수 있는데, 제가 스트레스 때문에 너무 화를 낸 것 같아 아이들에게 미안하고 죄책감이 들기도 해요.

스트레스를 받는 상황이다 보니 아이들 하교시키고 나서 하는 일 처리에도 효율이 떨어져요. 어떨 때는 하루 종일 정신없이 사는 것 같고, 내가 지금 뭘 하고 있는지도 모르는 상태가 돼요. 그러다 보니 퇴근이 늦어질 때도 많고, 더 악순환이 되는 것 같아요.

학교에서 받는 스트레스가 너무 커요. 그런데 해소가 안 되니 자꾸 누적이 돼서 더 힘들어지는 것 같기도 해요. 스트레스를 관리하는 좋은 방법이 없을까요?

'힘든 일이 생기면, 어떻게 나를 위로하느냐?'는 질문에 여러 사람이 답을 해줬다. '혼자서 펑펑 울어요', '울고 참아요', '혼자 속으로 삭여요', '교사 커뮤니티에 사연을 올리고 댓글을 받아요', '혼자 술 마셔요', '음악 듣거나 책을 읽고 영화 보면서 풀어요', '그냥 맛있는 것 먹어요' 등 내게 보내준 이야기를 읽다 보면 안타깝다. 무엇보다 외로움이 느껴졌다.

학교는 힘든 일이 생기고, 여러 자극이 내게 스트레스를 주는 곳인데 학교에서 교사들이 스트레스받지 않도록 시스템을 구축해놓지 않았으니 각자 해결할 수밖에 없는 곳도 있다. 사실, 이런 구조가 더 많은 스트레스와 상처를 유발하는지도 모른다.

화가 나고 억울한 상황, 그리고 답답한 일이 내 주변에 끊임없이 찾아오면 몸도 마음도 힘들어진다. 회복될 시간도 필요하고, 마음이 정리될 시간도 너무나 중요한데, 그런 시간을 제대로 확보하지 못한다면 몸도 마음도 힘들어진다. 그리고 감정을 억누르는 경우가 많아 마치 풍선이 잔뜩 부풀어 있는 상태와 같다. 작은 자극에도 욱하게 되고, 반 아이들에게도 여유나 아량이 없어지고, 내가 처해 있는 상황에 감정이 격해진다. 그러니 스트레스, 그리고 이와 관련된 감정들은 쌓아두지 말고 빼내야 한다. 그래야 내가 산다.

맛있는 음식으로 잠깐 나를 위로해주자

가장 쉽게 나를 위로할 수 있는 방법은 '음식'이다. 작은 스트레스나 잠깐의 스트레스는 혀를 자극하여 조금 수위를 낮출 수 있다. 달콤한 것을 입에 넣거나, 따뜻한 커피 한 잔을 마시거나, 나를 기분 좋게 만드는 외식을 하자. 몸과 마음이 힘들 때 달콤한 것을 먹으면, 도파민이 증가해 행복감이 올라온다. 나에게 맛난 것을 선물하며 "정말 힘들었지? 이거 먹고 힘내!"라고 이야기해주자. 때론 분위기 좋은 곳에 가서 힘든 일은 잠깐 잊고 멋진 시간과 음식을 나에게 선물해주자. "정말 고생했어. 너 이거 누릴 자격 있어!"라고 말해주자.

하지만 지속적이고 큰 어려움이라면, 음식으로 나를 위로하는 것에 의지하진 말자. 음식은 잠깐 위로해주는 수단에 불과하다. 너무 크게 의지하면 나중에 허무함도 생기고, 습관적으로 입에 뭔가를 넣게 된다. 먹는 것으로 달래는 것을 반복하면 살이 찌고, 그러면 살과 관련된 스트레스가 생겨 스스로를 탓하게 된다.

가까운 사람들에게 상황을 알리고 말하자

때론 말로 풀어보자. 동학년 선생님이나 주변 선생님들을 힘들고 귀찮게 만든다고 생각하지 말고 주변 선생님들과 힘들었던 일을 이야기하자. 상대방까지 힘들게 만드는 것이 아니다. 그들도 비슷한 고민을 많이 겪었거나 겪고 있으며, 어쩌면 남에게 피해 주지 않기 위해서 각자 속으로 삭이고 있는지도 모른다. 이야기 나누다 보면 생각이 정리되고 감정도 내려간다. 옆 반 선생님의 교실 문을 두드리고 "저 정말 속상한 일이 있는데, 잠깐만 제 이야기 들어줄 수 있어요?" 하고 말 걸어보자. 생각보다 많은 사람이 주변 사람들을 위로하고 힘이 되어주려고 한다.

말하지 않으면 모르고, 표현하지 않으면 어느 누구도 모른다. 고민을 이야기하고 어려움을 이야기하는 것은 잘못된 것이 아니다. 누구에게나 크고 작은 어려움이 있으며, 사람에게 받은 상처는 사람에게 치유받을 수 있다. 그러니 스트레스가 있고 힘든 일이 있으면 이야기하고 주변 사람들에게 지혜를 얻자. 그리고 상대방이 힘들 때 이야기 들어주고 손잡아주는 것으로 돌려드리자. 학교 시스템이 힘들고 주변 모두가 힘들 때 섬처럼 따로 떨어져 있는 게 아니라 더 서로 편이 되어주고 힘이 되어주고 이야기를 나눠야 한다. 그리고 정말 그게 힘이 된다.

말로 하는 것이 힘들다면, 글로 풀어보자. 힘든 것들을 글로 써 내려가다 보면, 마음이 좀 풀린다. 글쓰기를 통해 감정까지 빠져나가는 효과가 있다. 단체 대화방이나 SNS에 글을 올려 여러 사람과 댓글로 이야기 나누며 공감받는 것도 좋고, 나만의 글쓰기 공책에 적어보는 것도 좋다. 무엇보다 생각이 조금 정리가 된다. 상황을 객관적으로 돌아보고 글을 쓰며 이미지를 떠올리면서 다른 관점으로 내 힘든 상황을 볼 수도 있다.

몸을 움직이자

스트레스 상황은 내 어깨를 누르고 날 긴장하게 만들고 움츠러들게 만든다. 어깨가 꽉 뭉쳐 있는 상황에선 세상 모든 게 다 짜증스럽다. 목과 어깨에 통증이 가득하면 신경이 계속해서 그곳과 연결되어 내가 하고자 하는 일에 집중이 떨어질 수밖에 없다. 몸을 이완시켜주면 학교에서 하는 일에도, 내 삶에도 좀 더 유연함이 생긴다.

내가 학년부장을 할 때 한 학부모님이 찾아와 동학년 선생님 한 명에게 심한 말을 한 적이 있었다. 그러면 안 된다며 그 학부모를 말렸다. 하지만 그 학부모는 나에게까지 심한 말을 했다. 화가 가득 올라왔지만, 꾹 참아야 했다. 그런 상태로 집에 갔더니 평소와 같은 모습으로 놀고 있는 딸과 아들이 시끄럽게 느껴졌고 짜증이 올라왔다. 그래서 평소에 다니던 체육관으로 어깨 운동과 유산소 운동을 하러 갔다. 화가 난 상태라 그런지 평소보다 더 무거운 것도 들 수 있었고 러닝머신도 평소보다 더 오래 뛰어도 지치지 않았다. "네가 뭔데! 착한 우리 동학년 선생님을 괴롭혀!"라고 중얼거리며 몸이 지칠 때까지 운동했다. 그랬더니 감정이 내려앉았고, 집에 가서도 아이들이 노는 소리가 불편하지 않았다. 이처럼 몸을 움직이는 것만으로도 감정을 빼낼 수 있다. 그리고 학교에서 생긴 불편한 감정이 내 가족에게 전달되지 않게 해준다.

춤을 추는 것도 좋다. 댄스 학원이나 동호회에서 땀 흘리며 춤을 추는 건 몸에 작은 진동을 만들어 이완시키는 효과도 있지만, 음악이 몸을 조금 더 생기 있게 만들어주는 효과도 있다. 이 외에도 요가나 산책, 조깅, 등산 등 몸을 움직여서 감정을 빼내 보자. 조금 더 숨 쉴 여유를 만들어줄 것이다.

잠을 충분히 자면 몸과 감정이 조금 풀린다

충분히 잠을 자자. 잠은 마음을 풀리게 한다. 몸이 뭉친 것도, 속상한 마음도 일정 시간 잠을 자는 동안 정리가 되고 힘든 수위가 줄어든다. 따뜻한 물로 샤워한 뒤, 평소보다 조금 더 일찍 잠자리에 드는 것도 좋다. 자기 전에 "오늘도 애썼어. 잠자면서 풀어보자"라며 내가 나에게 토닥토닥 해주자. 잠은 몸을 이완시켜주고 아픔을 회복시켜준다. 가끔 학교에서 10~20분 정도 엎드려 쪽잠을 자는 것도 좋다. 힘들고 답답한데 눈꺼풀이 감긴다면, 교실 불을 끄고 알람을 맞춰놓고 잠깐 엎드려 자보자. 정말 잠깐이지만 조금 더 맑은 상태가 된다.

하지만 잠은 잠깐의 위로이니 매번 잠에 의지하지는 말자. 너무 오래 잠을 자고, 무기력하게 이불 속에 있다면 우울증을 의심해보는 것이 좋다. 이런 경우에는 산책 등으로 방법을 바꾸거나 전문가의 도움을 받아보자.

관리자에게 도움을 요청하는 것은 나쁘지 않다

하지만 앞의 방법들은 일시적으로 도움이 되는 것이다. 음식, 수다, 운동과 춤, 잠은 내 마음을 잠깐 위로해주는 것으로 진정한 문제 해결이라 할 수 없다. 혼자 해결할 수 있는 정도가 아니라면 관리자에게 도움을 요청해보자. 책임지지 않으려 하고 탓하는 관리자도 있지만, 정말 따뜻하게 감싸주고 편이 되어주는 관리자도 있다.

학생 지도에 힘들어서 휴직을 생각하는데 말을 못 하고 부장인 내게 먼저 울면서 이야기했던 동학년 선생님이 있었다. 교장 선생님에게 가서 이 이야기를 했더니 "○○ 선생님이 제 딸 또는 제 아내라고 생각해보면, 제가 먼저 휴직을 제안해야 했는데 참 안타깝네요. 앞으로의 교직 생활이 힘들어지지 않도록 잠깐 쉬었다 오는 게 현명하지 않을까요?"라고 말씀해주셨다. 그리고 진심으로 선생님이 잘 쉬고 돌아오도록 손잡아줬다. 그 선생님은 6개월간 휴직을 하고 돌아왔고, 더 건강한 상태로 조금 더 안정적으로 교직 생활을 했다.

정말 힘든 업무가 있다면, 관리자에게 어려움을 호소하고 울어도 괜찮다. 멋도 모르고 초빙으로 한 학교에 갔다가 과학부장, 정보부장, 6학년 부장, 방송 업무를 동시에 맡은 적이 있었다. 잠시도 쉴 틈이 없을 정도로 끝이 없는 일에 정말 힘들어 교감실에 주저앉아 서럽게 운 적이 있었다. 다 큰 어른이 꼴불견이라고 볼 수도 있고 창피한 일일 수도 있지만, 정말 힘들다고 표현한 덕분에 관리자들도 내게 진심으로 미안해했고, 그다음 해에는 조금 일이 줄어들었다.

관리자도 말하고 표현해야 안다. 그들도 업무와 살펴봐야 할 것이 정말 많아 말하고 표현하지 않으면 내가 정말 잘 지낸다고 생각한다. 상처와 결핍이 있어 어려움을 이야기해도 공감해주지 못하는 관리자들도 있다. 나의 어려움은 그들이 살아오며 겪었던 어려움이 비해 작게 느껴질 수 있다. 이럴 땐 감정적으로 이야기하기보다 약간의 정리된 자료를 준비하거나 할 말을 미리 연습해보고 가는 것도 좋다.

외부 기관이나 전문가의 도움을 받아보자

앞의 방법들처럼 혼자 해결하는 것에 멈추지 말고, 외부 기관이나 전문가의 도움을 받아보자. 내게 생긴 어려운 일이 한두 번의 상담이나 워크숍으로 사라지지 않겠지만, 그 일을 다른 관점으로 바라볼 수 있는 힘을 만들어준다. 그리고 감정을 풀어주고, 어려움을 이겨낼 수 있는 내 안의 힘을 찾아준다. 스트레스 상황에 빠지지 않도록 연습도 시켜준다.

앞에서 이야기했던 학부모와의 일이 나중에도 지속해서 감정적인 불편함으로 이어졌었다. 그래서 내 지도교수님이 계신 상담센터로 찾아가 동학년 선생님에게 막말하던 학부모를 말리다 듣게 된 욕설 때문에 여전히 힘들어 마음이 편해지도록 도움 받고 싶다고 했다. 집단 워크숍 속에서 학부모와의 일을 재연했다. 가상의 학부모와 가상의 상황을 재연하면서 당시에 하고 싶었던 소리 지르기와 욕 시원하게 하기로 감정을 빼낼 수 있었다. 그리고 당시의 상황을 객관적으로 살펴보면서 내가 당시에 화내지 않고 잘 처리했음에 뿌듯했다. 이런 경험과 찾아낸 생각이 학부모에게 욕설을 들었다는 불편한 마음을 줄였다. 그리고 비슷한 유형의 학부모를 만났을 때 어떻게 조금 더 차분하게 해결할 수 있을지 연습까지 했다. 같은 상황이 오면 조금 더 잘 처리할 수 있겠다는 힘이 생겼다.

이렇게 상담과 워크숍으로 학교에서 생긴 어려움을 지속적으로 해결해보려고 했다. 그리고 그 과정에서 알게 된 것이 많았다. 특정 동학년 선생님이 나를 불편하게 생각했던 것은 내가 원인이 아니라 그 사람의 결핍과 열등감이 작동했기 때문이라는 것을 알게 됐고, 가정과 학교 모두 즐겁게 생활하기 위해 시간을 잘 분배해야 한다는 것을 알게 됐다. 또한 관리자가 부당한 일을 요구했을 때 쉽게 거절하지 못한 것은 내 과거 경험 속 상처가 작동되었기 때문이라는 것을 알게 됐으며, 'YES' 하는 일이 그들에게 인정받거나 사랑받는 게 아니라는 것 등을 알게 됐다. 그리고 정말 학교와 관련된 내 삶이 좋아졌다.

때론 시간과 비용 때문에 망설이기도 하지만, 그 덕분에 더 큰 행복이 내게 찾아왔다고 생각하며 지금도 내게 어려움이 있을 때 워크숍에 참여하고 있다. 괜찮으니 가까운 상담센터에 가서 주절주절 속상함을 이야기하는 것부터 시작해보자.

나만의 스트레스 관리 방법을 마련하자

스트레스를 풀어내는 나만의 시스템이 있다. 나는 '수다, 운동, 상담센터'라는 3단계를 마련해놨다. 학교에서 일이 생기면 주변 사람들과 이야기하면서 흉도 조금 보고 때론 지혜를 얻고 힘을 얻는다. 그래도 감정이 격해지면 그 힘듦이 내 가정으로까지 이어지지 않도록 집에 연락해 잠깐 운동하고 들어가겠다고 허락을 받은 뒤 불편한 감정이 조금 풀릴 때까지 격하게 운동을 한다. 이것만으로 어느 정도 풀어지는데, 며칠간 지속적으로 나를 힘들게 하는 일이 생기면, 전문가에게 의뢰하고 조금 다른 관점으로 풀어볼 기회를 만들어본다. 각자 여러 방법이 있겠지만, 자신만의 단계를 만들어보는 것을 추천한다.

그리고 사람들 안으로 들어가자. 힘들수록 사람들 안에 있어야 하고 사람들에게 힘을 받아야 한다. 그리고 정말 힘들 땐 병가를 쓰거나 휴직을 내도 괜찮다. 부러지면 다시 붙이기 힘들지만, 휜 것을 펴긴 쉽다. 그러니 정말 힘들 땐 죄책감 갖지 말고 쉬었다가 충전하고 돌아와서 더 열심히 생활하자.

이것만은 꼭!

✓ 맛있는 음식으로 잠깐 나를 위로해주자.

✓ 가까운 사람들과 이야기로 상황을 알리고 말해보자.

✓ 몸을 이완시키는 운동, 춤, 산책 등을 해보자.

✓ 잠을 충분히 자면 몸과 감정이 조금 풀린다.

✓ 관리자에게 도움을 요청하는 것은 나쁘지 않다.

✓ 외부 기관이나 전문가의 도움을 받아보자.

✓ 나만의 단계별 스트레스 관리 방법을 마련하자.

에필로그

나는 서준호 선생님께 배움을 얻고자 했는데, 만남의 과정에서 그보다 더 큰 것을 받았다. 바로 나 스스로 자신을 이해하고 격려하는 힘과 관점을 달리해서 현상이 아닌 다른 부분을 보게 하는 통찰이었다. 서준호 선생님에게 질문하고 대화를 나누고 돌아와 사색하는 과정에서 교실의 문제를 다른 관점으로 바라보는 힘이 조금 더 생겼다. 서준호 선생님은 질문에 질문대로 답해주시지 않았다. 오히려 관점을 바꾸는 다른 질문을 던졌다. 그리고 그 질문은 나로 하여금 학교와 교실, 학부모, 학생들 문제를 포괄적으로 이해하게 해주었다. 지금은 그 이해를 바탕으로 다양한 방법들을 내 성향과 상황에 맞게 적용할 수 있게 됐다.

지금의 교실은 과거에 비해 훨씬 평화롭다. 아이들의 비난은 줄어들었고, 그 자리를 존중이 채우고 있다. 나와 아이들의 관계도 과거에 비해 끈끈하다. 물론, 문제가 없는 것은 아니다. 하지만 문제를 배움의 기회로 만들어갈 수 있는 힘이 생겼다. 지금의 나는 문제가 생겼을 때 아이들에게 화내지 않는다. 서준호 선생님과 대화 나누며 알게 된 중요한 관점인, 교사가 그렇듯이 아이도 학부모도 일부러 나쁜 사람이 되려고 하는 사람은 없다는 것을 기억한다. 그걸 떠올리고 화가 올라올 때면 잠시 멈춘 뒤, 일단 괜찮다고 해결해나갈 수 있다고 나 자신을 먼저 다독이고, 아이들에게도 비슷한 말로 다독임을 한다. 그리고 질문을 통해 아이가 스스로 자신을 돌아보게 한다. 이런 방식으로 친절하게 문제를 해결하도록 도와주되 책임은 명확하게 하게 됐다. 이렇게 하려면 내 시간과 노력이 많이 들어가지만, 이런 방식으로 아이들은 존중과 책임을 배우고, 스스로 감정을 조절하는 방법을 배우게 됐다. 내 교실은 오늘보다 내일 더 평화로울 거라 생각한다.

이 책에 소개한 고민은 나뿐만 아니라 다른 누군가의 고민이기도 하다. 나는 이것저것 도움이 필요하고 궁금한 점이 많았지만, 주변의 누군가에게서 답을 구하지 못하고 혼자 고민할 때가 많았다. 그런 상황에서 내가 서준호 선생님을 만나고 내 교실에 변화가 생기기 시작한 것처럼 여러분에게도 이 책이 한 걸음씩 나아가게 해주는 힘이 되면 좋겠다. 끝으로 이 모든 변화와 성장이 있게끔 든든하게 도움 주

시고, 함께 이 책을 쓸 수 있도록 끝까지 응원해주신 서준호 선생님께
존경하고 감사하다는 말씀 전하고 싶다.

동현샘의 교실이 조금 더 안정적이고 평온해졌다는 소식에 기뻤다. 나
또한 많은 것을 돌아볼 수 있었고, 정리할 수 있어 기뻤다. 동현샘 덕분에
나도 더 성장할 수 있었다. 이 모든 과정이 즐거운 여행과도 같았다.

한편으론 내 학교와 선생님들이 떠올랐다. 나는 지금까지 내 교실 문
을 두드리고 도움을 요청해야 내 경험과 생각을 나눠주는 편이었다. 상
대가 원치 않았는데 조언하고 나눠주는 것 이면에는 '네가 하는 방식은
잘못됐고, 내가 하는 방식이 옳아' 라는 의미가 감춰져 있다고 생각해왔
기 때문이다. 그래서 상대방을 존중한다는 의미에서 함부로 이야기하거
나 조언하지 않았다.

하지만 동현샘과 이야기 나누고 설문 결과를 보면서 먼저 다가와 손을
잡아주길 바라는 후배도 있겠단 생각이 들었다. 옆 교실이나 선배들에게
폐가 될까 봐 차마 물어보지 못하고, 혼자 끙끙대고 있을 수도 있겠단 생
각이 들었다. 이젠 내가 먼저 다가가 괜찮냐고 물어보고, 토닥거리고, 이
책을 선물하면서 어려움이 있을 때 언제나 동현샘처럼 내 교실에 와서
도움 요청하라고 말하게 될 것 같다.

이 책에선 다루는 내용과 답변의 정도가 한정되어 있지만, 내 학교 안
에서 함께 겪는 문제의 일부라면 더 깊고 더 자세한 조언을 줄 수 있겠단

생각이 들었다. 나를 조금 더 선배답게 만들어주는 듯해, 이 책을 위한 모든 과정에 감사하다.

우리 후배들을 다독이고, 상처를 덜 받도록 돕는 일에 선배들이 함께하면 좋겠다. 선배들이 우리에게 준 상처를 후배들에게 물려주는 이런 구조가 조금 바뀌었으면 한다. 우리 후배들이 덜 상처받고 존중과 사랑을 받고 교직 생활을 하면, 그들이 선배가 되었을 때 상처가 아닌 존중과 사랑을 그들의 후배들에게 나눠줄 거라 생각한다.

이를 위해 심리적으로 건강한 (대 선배인) 관리자들도 학교에 많아지길 바란다. 가장 안정감이 있어야 할 관리자가 자신의 상처와 결핍에서 출발한 불편한 진동으로 학교를 통째로 흔드는 것을 자주 목격했다. 특히 신규와 저 경력 교사들이 어려운 일을 가득 짊어지지 않도록 잘 다독이는 따뜻한 관리자가 많아졌으면 한다.

이 책을 쓰면서 내 경험이 부족한 부분은 또 다른 선배들의 도움을 받았다. 실천교육교사모임 회장인 정성식 선생님이 '관리자' 편의 법과 관련한 이야기를, 성장교실 2기 송석희 특수 선생님과 내 학교 최옥희 특수 선생님이 '특수아동' 쪽의 조언을 주셨다. 내가 근무하는 학교의 이경진 교감 선생님과 정민주 부장 선생님, 노소민 상담 선생님이 '학교폭력' 쪽의 도움을 주셨다.

그리고 '초임공까페'의 김현선 선생님이 신규, 저 경력 교사의 고민 일부를 보내주었고, 구글 설문으로 최다솜, 이희재, 박지희, 강민지, 박수연

곽기우, 임혜린, 하예지, 원치수, 신유경, 김재윤, 하유미, 권민지, 장아람, 김보경, 정인영, 조지연, 이나경, 김수성, 심정원, 김민주, 박은지, 정일신 선생님 외 이름을 밝히지 않은 많은 선생님이 자신의 고민과 경험을 들려주셨다.

그리고 성장교실 졸업생인 노유림, 박민영, 최선주, 김한진, 김성주, 문예지, 김수훈, 이슬, 이지영, 오인선, 김진, 이정은, 김현아, 길준선, 임소연, 정은진, 송미숙, 김다솜, 송윤희, 박병주, 최보민, 조지훈 선생님이 자신들의 경험과 조언을 나눠주셨다. 이 책은 이분들의 도움이 있었기에 가능했다. 진심으로 감사 인사 올린다. 그리고 무엇보다 동현샘, 땡큐!!

현재 자신의 어려움에 대한 답을 멀리서 찾고 있는지도 모른다. 백마 탄 왕자님이나 램프의 요정 같은 뭔가 특별한 사람이 나타나 내 주변을 바꿔줄 거란 환상을 품고 있는지도 모른다. 그래서 답을 학교 밖, 내가 근무하는 지역 밖, 때론 외국으로 눈을 돌리는지 모른다.

하지만 잘 살펴보면, 내 교실과 내 학교 문제에 대한 답은 내 내면과 나와 내 학교 선생님들에게 있을 수 있다. 다만 환경이 갖춰지지 않았고, 소통의 기회가 없기 때문은 밖으로 눈을 돌리는 건 아닐까 생각한다. 가장 가까운 옆 반의 선생님과 함께 나누고, 손을 잡고, 이야기 나누면서 작은 변화를 만들어가길 바란다. 그리고 성격 편에서 이야기했듯이, 틀린 게 아니라 다른 것이고, 다르기 때문에 함께 손을 잡으면 더 큰 힘이 생긴다는 것을 기억하자.

교사, 여행에서 나를 찾다

차승민 지음

여행이라는 교과서를 넘기며 '몸으로 세상 읽기'

당신에게 여행은 어떤 의미인가? 이 책은 교사에게 여행이 어떤 의미인지를 찾게 해줄 것이다. 저자의 지난 여행을 함께 돌아보면서, 여행을 떠나야 하는 이유와 여행을 떠나는 작은 용기를 얻을 수 있을 것이다.

토론이 수업이 되려면

경기도토론교육연구회 지음

생각을 이끌어내는 토론 수업 안내서

교실에서 가장 많이 활용되는 찬반 토론, 소크라틱 세미나, 하브루타, 에르티아 토론, 그림책 토론의 이론적인 토대와 어떻게 수업에 적용할 수 있는지를 여러 교과의 적용 사례로 보여준다.

그림책 학급운영

그림책사랑교사모임 지음

그림책에서 찾아낸 학급운영의 지혜

평화로운 학급이 되려면 학생과 학생, 학생과 교사 간의 관계가 중요하다. 관계를 형성하려면 대화가 이루어져야 하고, 그러려면 먼저 마음을 여는 것이 필요하다. 어떻게 해야 학생들의 마음을 열 수 있을까? 이 책은 그 해답으로 '그림책'을 제시한다.

놀이로 풀어보는 유치원 학급운영

정유진, 정나라 지음

"이 책을 읽고 빨리 아이들을 만나고 싶어졌다!"

'황금의 5주' 3월을 위한 놀이 중심 학급운영. 유치원 일 년 학급운영의 기초가 되는 기본생활습관 지도를 위한 다양한 활동과 팁, 친밀감을 높이는 관계형성놀이 그리고 3월이 시작되기 전 교사의 마음가짐과 준비할 것들을 소개한다.

회복적 생활교육으로 학급을 운영하다

강현경, 김승아, 김준호, 노슬기, 박수미, 이현주, 전안나, 한득재 씀

학생과 공동체의 건강한 성장을 위한 관계의 집짓기

회복적 생활교육에 기반한 학급운영을 통해 학급 아이들의 마음에 소통과 지지, 공감과 존중, 격려와 연결, 협력과 회복, 공동체 등이 자리 잡게 하며, 나아가 학급을 마음으로 연결되는 평화로운 공동체로 만들어나갈 수 있을 것이다.

과정중심평가

김덕년, 강민서, 박병두, 김진영, 최우성, 연현정, 전소영 씀

학생의 궁극적인 배움과 성장을 위한 평가와 피드백

2015 개정 교육과정의 핵심 내용 중 하나로, 최근 교육 현장에서 가장 큰 화두가 되고 있는 '과정중심평가'를 소개한다. 특히 학교와 교실 현장에서 '과정중심평가를 어떻게 실천할 것인가'에 대한 실마리를 제시한다.

제라드의 우주쉼터

제인 넬슨 지음, 빌 쇼어 그림, 김성환 옮김

감정을 스스로 조절하는 비법 '긍정의 타임아웃'

이 책은 아이 스스로 감정을 조절할 수 있는 '긍정의 타임아웃'을 알려준다. '긍정의 타임아웃'이 무엇인지 알 수 있으며, 이 공간을 활용하여 어떻게 자기감정을 조절할 수 있는지 알 수 있다.

리질리언스 (2018 세종도서 교양부문)

천경호 지음

아이의 회복탄력성을 위한 긍정심리학

현직 교사인 저자는 '어떻게 하면 아이들이 역경을 성장의 밑거름으로 삼도록 도울 수 있는지', 아이들에게 리질리언스를 키워주려면 가정과 사회가 어떤 노력을 해야 하는지 이야기한다.

학급긍정훈육법 실천편

PD 코리아 지음

대한민국 교사들의 'PDC' 실천기

한국 교사들이 학급긍정훈육법(PDC)을 실천하고 적용해본 이야기를 담았다. 한국 교실의 사례를 담은 최초의 책으로 마치 '내 교실', '내 이야기' 같은 생생함과 공감을 느낄 수 있을 것이다

교육전문출판사를 지향하는 '교육과실천'은
현장에서 교육을 실천하시는 선생님들의 목소리를 잘 담아낸 한 권의 책이
아이들의 행복은 물론 학부모의 삶과 교사의 삶,
나아가 우리 교육이 더 나아지는 데 보탬이 된다고 믿습니다.

· 도서 구입 문의: 02-2264-7775 ·